Arte-Finalização

Preparação e Fechamento de Arquivos PDF

Seja Nosso Parceiro no Combate à Cópia Ilegal

A cópia ilegal é crime. Ao efetuá-la, o infrator estará cometendo um grave erro, que é inibir a produção de obras literárias, prejudicando profissionais que serão atingidos pelo crime praticado.

Junte-se a nós nesta corrente contra a pirataria. Diga não à cópia ilegal.

Seu Cadastro É Muito Importante para Nós

Ao preencher e remeter a ficha de cadastro constante no final desta publicação, você passará a receber informações sobre nossos lançamentos em sua área de preferência.

Conhecendo melhor nossos leitores e suas preferências, vamos produzir títulos que atendam suas necessidades.

Obrigado pela sua escolha.

Fale Conosco!

Eventuais problemas referentes ao conteúdo deste livro serão encaminhados ao(s) respectivo(s) autor(es) para esclarecimento, excetuando-se as dúvidas que dizem respeito a pacotes de softwares, as quais sugerimos que sejam encaminhadas aos distribuidores e revendedores desses produtos, que estão habilitados a prestar todos os esclarecimentos.

Os problemas só podem ser enviados por:

1. E-mail: producao@erica.com.br
2. Fax: (11) 2097.4060
3. Carta: Rua São Gil, 159 - Tatuapé - CEP 03401-030 - São Paulo - SP

Ricardo Minoru Horie

Arte-Finalização
Preparação e Fechamento de Arquivos PDF

1ª Edição

São Paulo

2008 - Editora Érica Ltda.

Dados Internacionais de Catalogação na Publicação (CIP)
(Câmara Brasileira do Livro, SP, Brasil)

Horie, Ricardo Minoru
Arte-finalização: preparação e fechamento de arquivos PDF / Ricardo Minoru Horie. -- 1. ed. -- São Paulo: Érica, 2008.

Bibliografia.
ISBN 978-85-365-0219-9

1. Adobe Acrobat 2. Editoração eletrônica 3. PDF (Formato de arquivo) I. Título

08-11365 CDD-005.72

Índices para catálogo sistemático

1. PDF: Formato de arquivo: Computadores: Processamento de dados 005.72

Editora Érica Ltda.
Rua São Gil, 159 - Tatuapé
CEP: 03401-030 - São Paulo - SP
Fone: (11) 2295-3066 - Fax: (11) 2097-4060
www.editoraerica.com.br

Fabricantes dos aplicativos

- **Produtos: Acrobat Pro 8 e 9, AdobePS, InDesign CS3 e CS4, PageMaker 7, Illustrator CS3 e CS4, Photoshop CS3 e CS4 e Adobe Type Manager 4.1**

  Fabricante: Adobe Systems Incorporated

  Web Site: www.adobe.com

  Adobe Systems Brasil

  Rua Gomes de Carvalho, 1510, conjunto 121

  04547-005 - São Paulo - SP

  0800-16-1009

  Web Site: www.adobe.com.br

- **Produtos: CorelDRAW X3 e X4**

  Fabricante: Corel Corporation

  Web Site: www.corel.com

  Corel Corporation do Brasil

  Av. Cidade Jardim, 400 - 20º andar

  01454-000 - São Paulo - SP

  Fones: (11) 3818-0809 / 3818-0809

  Fax: (11) 3818-0818

  Web Site: www.corel.com.br

- **Produto: Windows XP**

  Fabricante: Microsoft Corporation

  Web Site: www.microsoft.com

  Microsoft Informática Ltda.

  Av. Nações Unidas, 12901 - Torre Norte - 27º andar

  04578-000 - São Paulo - SP

  Fone: (11) 5504-2155

  Fax: (11) 5504-2227 / 5504-2228

  Web Site: www.microsoft.com.br

- **Produtos: Macintosh e Mac OS X 10.5 Leopard**

  Fabricante: Apple Computer Inc.

  Apple Computer Brasil

  Av. Dr. Chucri Zaidan, 80 - Bl. B - Cj. 07 - Brooklin Novo

  04583-110 - São Paulo - SP

  Fone: (11) 5503-0000

  Web Site: www.apple.com.br

- **Produto: QuarkXPress 7 e 8**

  Fabricante: Quark Inc.

  Web Site: www.quark.com

  1800 Grant Street

  Denver, CO 80203

Dedicatórias

À minha esposa Cibele;

Ao meu filho Pedro;

Aos meus pais Maria Neuza e Massato;

Às minhas irmãs Carolina e Juliana;

E, principalmente, à memória do meu querido irmão Fabio.

Agradecimentos

Em especial ao André Borges Lopes pelas eventuais consultas, revisões, dicas e constantes discussões técnicas, além de ter colaborado com a atualização do conteúdo do capítulo 6 ("Dicas & Cuidados: Imagens Bitmap").

Reconhecimentos

Gostaria de reconhecer, e agradecer, a ajuda que me foi dada, de forma direta ou indireta, pelas milhares de pessoas com as quais tive a oportunidade de manter contato eletrônico, e pelas várias centenas que tive o prazer de conhecer pessoalmente nesses quase 20 anos de área gráfica e "de estrada" por este País.

Agradeço às pessoas que me ensinaram por meio de cursos e palestras que freqüentei, dos livros que li e, sobretudo, às que me fizeram perguntas (que nem sempre consigo responder de imediato), sugestões e críticas (sempre bem-vindas).

Pessoas que me ajudaram a chegar ao patamar de amadurecimento e conhecimento técnico em que me encontro neste momento e ainda me ajudarão a evoluir mais, pois tenho plena certeza de que há ainda muito a aprender e a ensinar.

Afinal de contas, também é ensinando que se aprende!

Sobre o autor

Ricardo Minoru Horie atua há quase vinte anos na indústria gráfica no segmento de pré-impressão com treinamentos e consultorias técnicas para empresas, além de ministrar regularmente seminários, palestras, oficinas e cursos pelo País.

Autor de 30 livros técnicos na área de editoração eletrônica, entre eles: "Catálogo de Fontes do Adobe Font Folio 9", "Acrobat 9 Pro para uso gráfico", "Acrobat 8 Professional para uso gráfico", "PitStop 8 Professional – Análise e edição avançada de PDFs", "Dicas, Truques & Macetes – Adobe InDesign", "Preparação e Fechamento de Arquivos para Artes Gráficas", "Catálogo de Fontes do Font Folio 9", "Utilizando o Photoshop 7" e "Utilizando o InDesign".

Por 11 anos colaborou com a edição brasileira da revista Publish, tendo atuado como colunista e editor executivo. Desde 2007 passou a compor a equipe de colunistas, palestrantes e consultores da revista Desktop. Também é membro das comissões de estudos de Pré-Impressão Eletrônica e Impressão Digital da ONS 27/ABTG.

Foi colunista do jornal "O Estado de São Paulo" e docente do curso superior de tecnologia gráfica do Senai "Theobaldo De Nigris", considerado e reconhecido internacionalmente como o mais importante centro de aprendizado gráfico na América Latina.

É sócio junto com André Borges Lopes na Bytes & Types (www.bytestypes.com.br), empresa especializada em consultorias técnicas e treinamentos na área gráfica.

Requisitos mínimos de hardware e de software

PC

- Processador de 1,3 GHz
- Windows 2000 ou versões mais recentes
- 1 GB de RAM e 4 GB de espaço em disco rígido
- Drive de CD-ROM/DVD-ROM
- 1.024 X 768 de resolução mínima do monitor
- Photoshop CS3 ou versão mais recente
- QuarkXPress 7.0 ou versão mais recente
- InDesign CS3 ou versão mais recente
- Illustrator CS3 ou versão mais recente
- CoreDRAW X3 ou versão mais recente
- Acrobat Professional 8 ou versão mais recente

Mac OS

- Mac OS com processador de 1,3 GHz
- Mac OS 10.4 ou versões mais recentes
- 1 GB de RAM e 4 GB de espaço em disco rígido
- Drive de CD-ROM/DVD-ROM
- 1.024 X 768 de resolução mínima do monitor
- Photoshop CS3 ou versão mais recente
- QuarkXPress 7.0 ou versão mais recente
- InDesign CS3 ou versão mais recente
- Illustrator CS3 ou versão mais recente
- Acrobat Professional 8 ou versão mais recente

Sistemas operacionais usados

Para a confecção deste livro nos baseamos no Windows XP e o Mac OS X (10.5 - Leopard). Os procedimentos descritos costumam ser os mesmos para versões anteriores.

ATENÇÃO

O autor deste livro não recomenda o uso do sistema operacional Windows Vista na área gráfica devido à ausência de utilitários importantes e fundamentais para o segmento que sejam compatíveis com essa versão de Windows.

Como utilizar este livro

Ele foi idealizado para ser uma referência àqueles que produzem arquivos digitais nas plataformas Windows e Mac OS, utilizando os principais e mais renomados aplicativos destinados a editorar eletronicamente peças de comunicação para serem impressas.

Foi projetado de modo a fornecer exemplos práticos, dicas, macetes, truques e, principalmente, apontar as "armadilhas" dos aplicativos que a cada dia ganham mais recursos que se prestam a outras mídias eletrônicas e não servem para a mídia impressa.

Algumas vezes essas "armadilhas" são voltadas para a mídia impressa e exigem atenção redobrada do usuário para que não ultrapassem a barreira das limitações do processo de impressão comercial.

Para facilitar o aprendizado, utilizou-se um exemplo da criação de um anúncio para acompanhar o desenvolvimento de um material impresso, desde a análise dos quesitos de qualidade para a escolha de um prestador de serviços gráficos, a instalação e a configuração da impressora da gráfica, a escolha do padrão de fontes a serem utilizadas no documento, os requisitos de qualidade de imagem bitmap e ilustrações vetoriais, montagem e finalização, geração do arquivo fechado, seus respectivos testes e a geração de arquivos PDF para a área de artes gráficas.

Nos capítulos 11 e 12 (que tratam da geração do arquivo PostScript), existem muitas opções que podem ter nomes diferentes em vários aplicativos e funções importantes decisivas em diferentes sistemas de pré-impressão e impressão digital, e que merecem ser confirmadas com seu prestador de serviços gráficos. Elas serão identificadas por numerais romanos e terão explicações unificadas e detalhadas no final de cada um desses capítulos.

Tudo neste livro foi direcionado a quem precisa obter fotolitos ou chapas de impressão, devido ao fato de os equipamentos usados para sensibilizar filmes (imagesetters) ou chapas (platesetters) serem os mais exigentes em relação à qualidade dos arquivos digitais. Se este não é o seu caso, se você utiliza as modernas impressoras digitais de tiragem comercial, todo o conteúdo deste livro pode ser facilmente reaproveitado para sua realidade. Basta que você entre em contato com seu prestador de serviços e requisite algumas poucas informações.

Lembre-se de que um arquivo bem construído imprime corretamente em qualquer equipamento, independente do regime de entrega do arquivo.

Prefácio

Durante os quase vinte anos em que atuei como instrutor de editoração eletrônica, consultor, gerente de produção de um birô e editor da revista Publish, respondi e deparei-me com as mais diversas dúvidas e problemas que ocorrem no dia-a-dia dessa tão complexa (mas nem por isso difícil) área que é a editoração eletrônica.

Os aplicativos estão em constante evolução, com novos recursos, e a cada nova versão, muitos problemas ou bugs de programação foram resolvidos, mas não todos e, infelizmente, novos sempre são criados. A tecnologia das impressoras e seus RIPs também evoluíram, digerem mais facilmente arquivos com problemas, que os RIPs mais antigos recusariam.

Com o passar do tempo, descobri que as soluções para os problemas nem sempre estão escritas nos manuais dos aplicativos ou nos *Read-me*. Descobri, também, que não existe um sistema operacional nem software perfeito, principalmente agora que se propõem a auxiliar tanto os profissionais da área gráfica quanto os de construção de páginas para a Internet, e de publicação e distribuição eletrônica. Muitas vezes os recursos que são idealizados para criação de impressos não são aplicáveis para veiculação na Internet e vice-versa.

Neste material, está incluída boa parte da minha experiência acumulada na construção de arquivos para a área gráfica de maneira a minimizar e até eliminar os problemas na fase de pré-impressão, impressão convencional ou digital, assim como as principais formas para evitar e resolver os "pepinos e abacaxis" que porventura possam aparecer. Afinal, eu já estive dos dois lados; como responsável por um prestador de serviços gráficos eu resolvia os problemas dos arquivos enviados pelos meus clientes e como cliente de outros prestadores, construía os meus arquivos de maneira que não dessem problemas.

Este é um livro que eu sonhava que existisse há vinte anos, que cobrisse vários aplicativos para produzir arquivos digitais com qualidade, que explicasse como os aplicativos interagem entre si ou com trechos produzidos por outros e, principalmente, que evitasse que eu tivesse de jogar no lixo tantos materiais com defeitos.

Ele foi estruturado de forma bastante didática e criteriosa, para que o leitor, independente do seu nível de informação nos processos e aplicativos de editoração eletrônica, possa aprender ou atualizar seus conhecimentos. Oferece uma visão completa de todas as etapas de produção dos arquivos digitais de um impresso e também dicas, truques, macetes dos processos e aplicativos e, principalmente, suas armadilhas.

O livro se baseia nas edições anteriores da obra "Preparação e Fechamento de Arquivos para Birôs" e "Preparação e Fechamento de Arquivos para Artes Gráficas" , com uma revisão apurada dos conceitos e técnicas, várias atualizações e reformulações com a inclusão de sistemas de workflow baseados em impressoras digitais de última geração, tais como as platesetters (impressoras que gravam diretamente as chapas de impressão offset).

Os leitores mais atentos de edições anteriores vão notar que nesta nova edição não mais uso o termo "birô" e sim o termo "prestador de serviços gráficos". Isso se justifica pelo fato de que uma parte considerável das empresas que apenas forneciam fotolitos e provas, passou a oferecer serviços de impressão seja usando equipamentos digitais ou convencionais. Por outro lado, uma boa parte das gráficas que antes apenas forneciam serviços de impressão usando equipamentos digitais ou convencionais, fotolitos e provas, passou a oferecer serviços de pré-impressão.

Por isso minha decisão em usar o termo "prestador de serviços gráficos" para definir as empresas que fornecem insumos gráficos (fotolitos, provas) e também as gráficas que fornecem serviços de impressão usando impressoras convencionais ou digitais.

Além da atualização na estrutura e nos novos conceitos da indústria gráfica mundial, essa edição cobre as últimas versões dos aplicativos de criação (QuarkXPress 7 e 8, InDesign CS3 e CS4, Illustrator CS3 e CS4 e CorelDRAW X3 e X4), a última versão do sistema operacional da Apple (Mac OS 10.5 - Leopard) e mostra o processo de preparação de arquivos PDF para pré-impressão utilizando o Acrobat Pro 8 e 9.

Boa leitura!

Ricardo Minoru Horie

Sumário

1

Regime de Entrega de Arquivos:
Abertos x PostScript x PDFs x XPS

Além do designer (que doravante será o termo usado para identificar o profissional que cria os arquivos digitais para o impresso), um ou mais prestadores de serviços gráficos são necessários para a produção de um impresso: os que fornecem os insumos (filmes, provas etc.) e o que faz a impressão comercial.

Os arquivos digitais são entregues para esses prestadores de serviços gráficos em três regimes distintos:

- **Abertos**
- **PostScript**
- **PDF / XPS**

Conceito de arquivo em regime aberto

O arquivo em regime aberto tem como base o documento nativo ou proprietário do aplicativo utilizado para arte-finalizar uma determinada peça gráfica. É todo e qualquer arquivo que, para ser impresso remotamente, ou seja, a partir de um computador que não o do usuário que o criou, tem de estar acompanhado de todos os seus vínculos (tais como ilustrações e imagens que o compõem), além das fontes utilizadas.

No Brasil ele recebeu o apelido de "aberto", pois para ser utilizado pelo prestador de serviços gráficos, ele precisa ser aberto no mesmo aplicativo, na mesma versão e, preferencialmente, na mesma plataforma em que foi gerado. Todas as fontes utilizadas devem ser instaladas, os vínculos conferidos e, baseando-se nas informações da ordem de serviço que foi preenchida pelo designer, será gerado um arquivo PostScript e, finalmente, enviado para a impressora.

O processo de reunir todos esses arquivos, que podem chegar a algumas dezenas e até centenas, dependendo da complexidade e da quantidade de páginas e elementos de página utilizados, pode ser trabalhoso e tedioso, dependendo do aplicativo utilizado para a finalização do projeto e da forma como o usuário organiza seus arquivos.

Reunir os arquivos que compõem as fontes que foram utilizadas no projeto talvez seja a parte mais "penosa" desse processo, pois nem sempre o nome do arquivo refere-se à fonte utilizada. A penalidade pelo esquecimento de envio de um único arquivo de ilustração ou imagem bitmap, no mínimo, vai fazer com que o processamento dos arquivos atrase, pois você vai precisar enviá-lo posteriormente. Em muitos casos, quando esse esquecimento não for detectado, o elemento será impresso em baixa resolução.

O prazo de entrega dos materiais (filmes, provas, impressos) costuma ser maior (muitas empresas pedem até 48 horas para entregar os materiais) do que o estabelecido para quem envia os arquivos em regime PostScript ou em PDF, pois as gráficas precisam realizar procedimentos como a instalação das fontes, conferência dos vínculos, revisar o arquivo em busca de elementos ou recursos problemáticos, gerar um arquivo PostScript e enviar para a impressora.

Por outro lado, o designer pode solicitar alterações e correções de última hora nos seus arquivos.

Conceito de arquivo em regime PostScript

No Brasil, o arquivo PostScript (de extensão PS, EPS ou PRN), como é conhecido internacionalmente, recebeu o nome de "PostScript". Ele concentra num único arquivo digital todas as informações e elementos, tais como textos, ilustrações, fotos e fontes, necessários para que ele seja processado por um prestador de serviços gráficos . Em outras palavras, é um arquivo preparado para impressão remota e o termo "PostScript" vem do fato de estar codificado na linguagem PostScript e só poder ser visualizado e impresso.

O prazo de entrega costuma ser menor (às vezes a metade, dependendo da política da empresa e da qualidade do arquivo) do que o prometido para quem envia os arquivos em regime aberto, pois os PostScript seguem diretamente para a impressora - na verdade, para um RIP (Raster Image Processor), um equipamento dedicado com um software que interpreta as linhas do código PostScript, transformando-o numa imagem bitmap para então ser verificado pelo funcionário e enviado para a impressora.

Materiais gerados a partir de arquivos PostScript normalmente recebem descontos no orçamento devido à agilidade que eles fornecem para os prestadores de serviços gráficos e por ser desnecessário deslocar funcionários especializados para a conferência dos arquivos abertos. Os PostScript minimizam também a necessidade do prestador de serviços gráficos em investir constantemente em computadores de diversas plataformas e em várias cópias de versões atualizadas de aplicativos.

A outra razão deste incentivo por parte deles é que se acredita (com certa razão) que se um designer enviou um arquivo em regime PostScript, ele confia na qualidade do próprio trabalho em relação aos próprios arquivos: soube construí-los respeitando as limitações dos aplicativos de editoração eletrônica e da própria produção gráfica.

Para quem se preocupa com segurança, os PostScript são mais indicados, pois muito poucas alterações não intencionais podem ser feitas no documento. Por exemplo, o usuário terá a certeza de que os mesmos arquivos de fontes que foram usados no desenvolvimento do projeto serão utilizados na sua impressão.

As duas principais e praticamente únicas desvantagens em enviar arquivos PostScript são:

- Não é possível realizar nenhuma alteração/correção em textos ou imagens (pode-se apenas espelhar a impressão e colocar marcas de corte e registro quando existe espaço disponível).
- O designer assume boa parte da responsabilidade pelo arquivo.

Razões para a baixa utilização dos arquivos PostScript

Apesar da maior quantidade e importância das vantagens, estima-se que apenas 20% dos arquivos entregues para a impressão nos prestadores de serviços gráficos brasileiros estejam no regime PostScript devido a algumas razões, descritas a seguir:

Falta de conhecimentos para gerar arquivos em regime PostScript

Gerar um arquivo PostScript, apesar de ser um procedimento bastante simples, como veremos no decorrer deste livro, é considerado e eleito pela maioria dos designers como um enorme "bicho-papão cabeludo com sete cabeças".

Mesmo no caso de empresas que fornecem apostilas, treinamentos, suporte técnico e consultorias, a maioria dos seus clientes ainda têm receio.

Expectativa de que o prestador corrija eventuais problemas

Muitos designers criam a expectativa ou até preferem que os prestadores corrijam eventuais problemas de construção do arquivo. Isso quase sempre tem um preço que pode ser um valor extra cobrado ou um atraso na entrega do material.

Dificuldade de visualização do arquivo PostScript

Especula-se que os arquivos PostScript tenham recebido o nome de "PostScript" também pelo fato de seu conteúdo não ser facilmente visualizado, a não ser pelo birô por meio da pré-visualização do RIP. Existem alguns aplicativos que permitem essa visualização no computador do usuário.

Alguns são gratuitos (GSwin e Freedom) e outros são comercializados (Acrobat e Acrobat Distiller).

Receio de que a gráfica dê saída sem verificar o arquivo PostScript

Muitos usuários têm receio de que os funcionários da gráfica enviem o arquivo PostScript diretamente para a impressora sem verificar a pré-visualização no RIP e sem compará-la com a ordem de serviço e a prova colorida impressa que o designer enviou.

Por exemplo, nada justifica que o designer pague por quatro lâminas de fotolito de um anúncio colorido se a imagem, que ocupa a página inteira, mesmo que por um esquecimento do designer, foi deixada em RGB e, conseqüentemente, não foi separada nas lâminas das cores ciano, magenta e amarelo.

Isso deveria ter sido detectado pelo responsável pelo RIP e este imediatamente cancelado a sensibilização dos fotolitos. O procedimento seria avisar o designer do fato para que ele envie uma imagem convertida ou autorize a conversão da imagem no modo CMYK.

Tamanho do arquivo PostScript

Os arquivos PostScript contêm tudo que é necessário para uma impressão remota, mas infelizmente eles exageram um pouco no tamanho. Um arquivo PostScript pode ser de três até oito vezes maior do que a soma de todos os arquivos em regime aberto de um determinado projeto. Isso dificulta seu transporte para o birô se o designer não possuir mídias de transporte espaçosas como os CD-R ou DVD-R.

Conceito de arquivo em regime PDF

O formato PDF (Portable Document Format), nativo do Adobe Acrobat, é considerado o sucessor do arquivo PostScript. No Brasil sua utilização está em franca expansão nos prestadores de serviços gráficos dos grandes centros urbanos. Desde pequenas empresas que possuem copiadoras digitais até prestadores de serviços gráficos e editoras de jornais, se já não o fazem, estão se preparando para receber arquivos e anúncios digitais nesse formato PDF em breve.

O PDF, a exemplo do arquivo PostScript, também reúne em um único arquivo digital todas as informações e elementos necessários para impressão remota. A maioria das empresas que aceitam esse formato concede as mesmas vantagens (descontos e prazos de entrega menores) oferecidas a quem entrega os arquivos PostScript.

Características e vantagens

Outras características e vantagens tanto para os designers quanto para as gráficas:

Manutenção do layout do software de autoria

O PDF mantém a mesma diagramação do layout, fontes e cores que estavam no software de autoria.

Multiplataforma

O PDF é realmente multiplataforma, ou seja, ele pode ser gerado num PC com Windows e plenamente visualizado e/ou impresso na plataforma Macintosh e vice-versa.

Arquivos de tamanho reduzido

Um arquivo PDF tem em média 10% do tamanho dos arquivos PostScript, e há casos de até menos de 1%, graças a algoritmos de compressão eficazes e confiáveis. Isso possibilita que sejam enviados por e-mail e por outros sistemas de transmissão eletrônica.

Para o birô isso representa um fluxo de arquivos menores dentro de suas redes e servidores, redução nos investimentos nas mídias de armazenagem, processamento mais rápido do RIP e, conseqüentemente, os prazos de entrega podem ser ainda menores.

Impressão independente da impressora

Se bem preparados, imprimem em qualquer impressora independente da tecnologia, linguagem, do fabricante, do driver e do PPD usado para gerar o PostScript e posteriormente o PDF. Basta que ele atenda às necessidades de uma impressora high-end para que possa ser impresso em qualquer dispositivo de categoria/necessidades inferiores.

Já um arquivo PostScript só pode ser impresso para uma impressora de linguagem PostScript e preferencialmente para aquela em que foi criado.

É importável para os principais aplicativos

Diferentemente dos PostScript de extensão PS ou PRN, os PDFs podem ser importados para os principais aplicativos, tais como InDesign, QuarkXPress, FreeHand e Illustrator.

Editável

Alterações de pequeno porte podem ser feitas no PDF por meio do Acrobat e alterações mais extensas, com o uso de alguns plug-ins.

Internet e multimídia

Os PDFs podem ser reaproveitados em web sites, Intranets e em CDs multimídia.

Soft-proofing

É possível enviá-los por e-mail a fim de solicitar a aprovação de layouts a seus clientes nos próprios monitores, sem ter de abrir o aplicativo que gerou o documento, instalar fontes nem conferir vínculos.

Para ser visualizado, o PDF precisa apenas do Acrobat Reader que é gratuito. Se o cliente possuir o pacote Acrobat Standard ou Professional, ele ainda pode fazer anotações no arquivo usando os *post-its* digitais e outros marcadores.

Nível de PostScript

A impressão de PDFs por dispositivos high-end é recomendável apenas naqueles que possuem a linguagem PostScript 3.

Mesmo assim, somente os mais modernos (fabricados a partir de meados de 1998) têm a capacidade de enxergar o PDF como um arquivo de impressão. Consulte o seu prestador de serviços gráficos para verificar a aceitação nesse formato.

Construção do arquivo e geração do PDF

Mesmo com todas estas características interessantes e vantagens para ambos os lados, gerar um arquivo PDF ainda requer os mesmos cuidados na construção do projeto, necessários para dar saída em arquivos em regime aberto e PostScript.

Mesmo que, literalmente, qualquer aplicativo nas versões lançadas no final da década de 90 tenha possibilidade de gerar PDFs de seus documentos nativos, seja por meio de recursos de exportação, salvamento ou mesmo impressão usando drivers de impressoras virtuais instaladas pelo Acrobat, isso nem sempre (quase nunca) é recomendável.

É necessário utilizar aplicativos profissionais e específicos para DTP e nunca utilizar aplicativos de "escritório" (pacote Microsoft Office, por exemplo).

Em consulta aos principais prestadores de serviços gráficos, gráficas, jornais e editoras de revistas, pelo menos por enquanto, a melhor forma de obter um PDF que supra as necessidades de equipamentos high-end, como imagesetters, platesetters e impressoras digitais de tiragem comercial, é ainda gerar um arquivo PostScript e convertê-lo num PDF utilizando o Acrobat Distiller.

Conceito de arquivo em regime XPS

O XPS é uma tecnologia lançada comercialmente em 2008 e é, ao mesmo tempo, uma linguagem de descrição de página (considerada concorrente do PDF Print Engine) e um formato de arquivo que deve concorrer com o PDF.

O XPS (XML Paper Especification) é baseado na linguagem XML largamente utilizada na publicação cross-media, pois permite uma troca facilitada e confiável de informações, reaproveitamento e republicação simplificada de conteúdos em várias mídias.

O XPS, enquanto formato de arquivos, promete as mesmas características do PDF:

- Um arquivo compacto.
- Um preview confiável.
- Um visualizador gratuito.

Atualmente ele é gerado por meio de uma impressora virtual embutida no Windows Vista.

Como pontos positivos o XPS oferece:

- Visualizador gratuito previamente instalado no Windows Vista com possibilidade de ser instalado no Windows XP e 2003 Server.
- Suporte a transparências, sombras, camadas.
- Suporte e processamento nativo (sem conversão em outros formatos).
- Reconhecimento de arquivos PostScript e PDFs com especificações até 1.7 e PDFs certificados de acordo com normas PDF/X (1a, 3 e 4).
- Compatibilidade com as especificações JDF 1.3.
- Processamento otimizado em equipamentos com múltiplos processadores/núcleos de processamento.
- Imposição simplificada (2-up e 4-up).
- Ajustes de trapping simples.
- Emulação de fontes ausentes ou problemáticas (In-RIP Font Emulation).
- Rasterização otimizada de layouts com conteúdo variável.
- Um melhor suporte para saída high-end de arquivos gerados por "aplicativos de escritório", diferente do PDF que é bastante exigente na sua criação e ainda assim quase sempre um pesadelo para dar saída.

Pontos negativos do XPS:

- Baixa adoção do Windows Vista na área gráfica e em várias outras áreas.
- Suporte nulo para criação e visualização de documentos na plataforma Mac OS.

ATENÇÃO

Trata-se de uma tecnologia muito recente na época de publicação deste livro e o autor não pôde realizar testes ou mesmo mensurar a sua adoção pelo mercado.

Anotações

2

Dicas & Cuidados:
Escolha seu Prestador de Serviços Gráficos

O relacionamento comercial entre um designer e um prestador de serviços gráficos é atípico, pois os primeiros participam do processo de produção fornecendo a matéria-prima e, conseqüentemente, deles também depende a qualidade do que vai ser produzido pelas empresas do segundo grupo.

Os itens descritos a seguir podem ser encarados como um roteiro para avaliar se o seu prestador de serviços gráficos se enquadra nas suas necessidades. Por esta razão, é sempre recomendável visitá-lo antes mesmo de iniciar o trabalho.

Tipos de equipamentos e serviços disponíveis

Verifique todos os equipamentos e serviços que ele tem a lhe oferecer. Existe atualmente uma grande variedade de equipamentos disponíveis, de uma simples impressora de tecnologia laser ou jato de tinta, passando por scanners, imagesetters (impressoras que sensibilizam fotolitos), imposisetters (imagesetters de grande formato), impressoras de prova de contrato, impressoras digitais de tiragem comercial em PB e cores, plotters de recorte ou impressão etc.

Outros itens a serem analisados são os tipos de mídia aceitos para transporte/ transferência de seus arquivos – de um simples CD-RW ou DVD+RW até o sistema de FTP (File Transfer Protocol).

Confiabilidade dos equipamentos

Verifique até que ponto a empresa garante a confiabilidade dos serviços e equipamentos, como, por exemplo:

Impressoras

Imagesetters: o principal problema em relação às imagesetters é a falta de registro entre as lâminas de fotolito que, quando forem sobrepostos na impressão offset, terão como conseqüência filetes brancos e sobreposição indevida, criando cores indesejadas.

Outro fator que deve ser observado são os produtos químicos utilizados na revelação que, se não forem trocados com freqüência ou se não estiverem numa temperatura adequada, podem interferir nas cores.

Provas digitais: uma vez que essas impressoras fazem provas a partir do arquivo digital, sua calibração em relação às cores a serem obtidas na impressão offset tem de ser adequada.

Scanners

Nem sempre um scanner renomado será a certeza de uma imagem bem digitalizada. Qualquer que seja o equipamento, se não estiver calibrado, ou operado por um funcionário experiente, as imagens poderão ser reproduzidas com cores indesejadas na impressão offset.

Provas de imposição

As provas de imposição, popularmente conhecidas como heliográficas, evoluíram para o mundo digital e agora são feitas com o uso de plotters (impressoras de grande formato).

Nesse sistema, elas quase sempre são geradas a partir dos mesmos arquivos que serão enviados para as imposisetters ou plateseters, portanto são fundamentais para verificar alguns itens que podem ter escapado da conferência.

Eis alguns exemplos: posição das páginas nos cadernos, falta ou problemas com elementos (ilustrações e fotos), troca de fontes e textos recorridos, problemas com elementos sangrados etc.

Plataformas e aplicativos em que trabalham

Existem prestadores de serviços gráficos que trabalham com as plataformas PC e Macintosh. Existem outros que se recusam a receber arquivos de determinadas plataformas, aplicativos e versões.

Horário de funcionamento

Algumas empresas funcionam 24 horas por dia (normalmente de segunda a sábado) e outras atendem somente durante o horário comercial.

Suporte técnico

Pode-se considerar este item como o principal fator a ser levado em conta na escolha de um prestador de serviços. É por meio dele que melhor se pode avaliar a qualidade do atendimento, *know-how* técnico, experiência, cuidado e atenção que o seu trabalho terá quando estiver nas mãos da gráfica.

O suporte técnico traduz-se no atendimento por telefone ou pessoalmente no qual serão fornecidas instruções diversas, tais como auxílio para geração dos arquivos, prazos, preços, dúvidas e sugestões.

Obrigatoriamente, têm de ser sempre cordiais, pois, às vezes, dúvidas banais e triviais para eles podem ser novidades para você. Devem também falar sempre uma linguagem que seja compreensível e não "informatiquês puro"; acima de tudo, de uma maneira que faça você se sentir seguro.

Prefira falar sempre com pessoas que cuidem especificamente de suporte técnico ou com o gerente de produção; caso contrário, você pode receber informações incorretas.

Experiência

Prestadores de serviços gráficos são, por natureza, uma fonte confiável de conhecimentos, pois têm a obrigação de estar sempre atualizados em relação às novas tecnologias e, por outro lado, boa parte dessa experiência é proveniente de todos os trabalhos e problemas que eles enfrentam todos os dias.

Gerente de produção

O gerente de produção é um dos funcionários mais importantes. É ele quem controla o fluxo dos trabalhos, bem como a ordem de entrada de arquivos nas impressoras, delega e direciona os trabalhos em produção para os operadores em função de suas habilidades e conhecimentos.

Além disso, é quem mais conhece os equipamentos, aplicativos e, principalmente, os seus macetes e truques, e pode fornecer dicas muito úteis.

Triagem prévia de seus arquivos

O conceito de "preflight" check ou popularmente conhecido como "preflight" traduz-se numa verificação dos seus arquivos digitais logo que eles são entregues em busca de erros, enganos ou esquecimentos cometidos pelos clientes.

Essas verificações podem ser feitas de forma manual ou com o auxílio de aplicativos dedicados.

Esses erros são, na maioria das vezes, de simples solução: testes de qualidade dos discos em busca de defeitos, conteúdo dos discos (pois, às vezes, estão vazios ou com arquivos trocados), falta de fontes e vínculos e, às vezes, visualização dos arquivos PostScript e PDF em busca de erros.

A triagem prévia dos arquivos é uma atitude muito louvável, pois, desta forma, descobre-se logo no início alguma falha ou esquecimento (e não 10 ou 20 horas depois).

Incentivam parcerias

Fazem com que seus clientes sejam tratados como parceiros, auxiliando não só na impressão do trabalho, mas também em todas as etapas do seu planejamento, identificando possíveis falhas e prevendo as respectivas soluções.

Possibilidade de retoques de última hora nos seus documentos

Verifique a possibilidade de retoques e ajustes e, principalmente, o quanto é cobrado por esses serviços. Após enviar os arquivos, você pode perceber que se esqueceu de adicionar uma imagem, corrigir palavras, substituir cores ou que cometeu pequenos (ou grandes) enganos que só foram descobertos na última hora. O preço desses ajustes normalmente é cobrado por hora.

Condições de pagamento

Para muitas empresas de editoração eletrônica que terceirizam serviços de agências de publicidade, empresas ou autônomos (os chamados "freelancers"), as condições de pagamento são encaradas como o item mais importante.

Dependendo do volume e da freqüência dos serviços que você envia para determinado prestador de serviços e do seu relacionamento com ele, os prazos de pagamento variam de "à vista" até vários dias.

Prestação de serviços de finalização

Em algumas situações, pode ocorrer que os clientes não possuam o *know-how* necessário para certos tipos de trabalhos, computadores dimensionados para determinados trabalhos, ou que necessitem de espaço e velocidade de processamento.

Por esse motivo, muitas empresas gráficas também oferecem serviços de montagem e finalização, podendo desenvolver, inclusive, o material inteiro a partir de um simples layout ou rascunho.

Impressão offset e digital

Atualmente, é bastante comum que empresas que no passado apenas prestavam serviços de pré-impressão, adquiriram também impressoras offset e impressoras digitais de tiragem comercial, resultando numa boa opção para centralizar todo o serviço num lugar só.

Entregam-se os arquivos e depois retira-se o material final impresso acabado. Evitam-se, com isso, sensibilizar os fotolitos num lugar, fazer suas provas em outra empresa e imprimir o material pelo sistema offset numa terceira empresa.

Não se assuste. Não é tão difícil assim escolher. Basta tomar algumas medidas preventivas simples, como uma boa conversa, que vão ajudá-lo a avaliar os prós e contras de utilizar os serviços de uma ou de outra empresa de acordo com as suas necessidades.

Anotações

3

Impressoras

Neste capítulo faremos uma avaliação das diferenças entre as linguagens disponíveis nas impressoras, e também demonstraremos como instalar e fazer algumas configurações em seus drivers.

ATENÇÃO

Neste livro o autor usa o termo "high-end" quando se refere a impressoras digitais desenvolvidas para os segmentos profissionais da área gráfica, tais como:

- Imagesetters (impressoras que sensibilizam fotolitos);
- Platesetters (impressoras que sensibilizam chapas de impressão);
- Impressoras que imprimem em PB ou coloridas em tiragens comerciais ou industriais;
- Impressoras de tecnologia laser ou jato de tinta destinadas à produção de provas de cor/contrato;
- Plotters de impressão e até mesmo de recorte.

Linguagens de impressoras

As impressoras digitais são dotadas internamente ou estão conectadas a dispositivos (RIPs) com uma ou mais linguagens de impressão, como:

- Linguagem PostScript
- Linguagem PDF Print Engine
- Linguagem XPS
- Linguagem PCL

Linguagem PostScript

Foi desenvolvida pela Adobe e é padrão em todas as impressoras high-end.

É uma linguagem de descrição de página, em que os elementos de página (textos, ilustrações vetoriais e imagens bitmap) são descritos na forma de texto para serem posteriormente interpretados e impressos.

Foram lançadas apenas três versões dessa linguagem: PostScript Level (nível) 1, 2 e a 3 (a mais recente).

Linguagem PDF Print Engine

Linguagem de descrição de página que é considerada sucessora do PostScript e foi lançada comercialmente em 2008. Não se trata de um produto que possa ser adquirido pelos consumidores finais e sim uma tecnologia a ser implementada por fabricantes de soluções gráficas.

Na verdade é um novo "engine" (mecanismo) que interpreta diretamente arquivos PDF sem que estes tenham de ser reconvertidos em código PostScript.

Oferece suporte a:

- Transparências.
- Camadas.
- JDF.
- Perfis ICC.
- Impressão de dados variáveis (VDP).
- Processamento otimizado em equipamentos com múltiplos processadores/ núcleos de processamento.

Na Drupa de 2008, foi lançada a versão 2 dessa linguagem.

ATENÇÃO

Trata-se de uma tecnologia muito recente na época de publicação deste livro e o autor não pôde realizar testes ou mesmo mensurar a adoção pelo mercado.

Linguagem XPS

Linguagem de descrição de página considerada competidora do PDF Print Engine e que também foi lançada comercialmente em 2008. Uma tecnologia a ser implementada por fabricantes de soluções gráficas.

O XPS (XML Paper Especification) é baseado na linguagem XML largamente utilizada na publicação cross-media, pois permite uma troca facilitada e confiável de informações, reaproveitamento e republicação simplificada de conteúdos em várias mídias.

O segundo objetivo dessa linguagem é tornar-se um formato tido como universal e que concorre com o formato PDF desenvolvido pela Adobe.

O XPS promete as mesmas características do PDF:

- Um arquivo compacto.
- Um preview confiável.
- Um visualizador gratuito.

Atualmente ele é gerador por meio de uma impressora virtual embutida no Windows Vista.

Como pontos positivos o XPS oferece:

- Visualizador gratuito previamente instalado no Windows Vista com possibilidade de ser instalado no Windows XP e 2003 Server.
- Suporte a transparências, sombras, camadas.
- Suporte e processamento nativo (sem conversão em outros formatos).
- Reconhecimento de arquivos PostScript e PDFs com especificações até a 1.7 e PDFs certificados de acordo com normas PDF/X (1a, 3 e 4).
- Compatibilidade com as especificações JDF 1.3.
- Processamento otimizado em equipamentos com múltiplos processadores/ núcleos de processamento.
- Imposição simplificada (2-up e 4-up).
- Ajustes de trapping simples.
- Emulação de fontes ausentes ou problemáticas (In-RIP Font Emulation).
- Rasterização otimizada de layouts com conteúdo variável.
- Um melhor suporte para saída high-end de arquivos gerados por "aplicativos de escritório", diferente do PDF que é bastante exigente na criação e ainda assim quase sempre um pesadelo para dar saída.

Pontos negativos do XPS:

- Baixa adoção do Windows Vista na área gráfica e em várias outras áreas.
- Suporte nulo para criação e visualização de documentos na plataforma Mac OS.

ATENÇÃO

Trata-se de uma tecnologia muito recente na época de publicação deste livro e o autor não pôde realizar testes ou mesmo mensurar a adoção pelo mercado.

Linguagem PCL

A linguagem PCL (Printer Communication Language) foi desenvolvida pela Hewlett Packard e se tornou um padrão na maioria das impressoras de tecnologia jato de tinta e laser (Canon, Epson etc.).

Trata-se de uma linguagem eficiente, mas limitada, pois não suporta o principal formato profissional de exportação: o EPS (Encapsulated PostScript), muito utilizado na exportação de ilustrações do CorelDRAW, FreeHand, Illustrator e Photoshop para o PageMaker, QuarkXPress e InDesign, pela sua capacidade de carregar consigo informações precisas de cores, vetores e bitmaps.

A principal desvantagem de possuir uma impressora de provas com essa linguagem é que esses equipamentos podem dar uma falsa sensação de segurança ao designer, pois eles têm a capacidade de praticamente imprimir o que está na tela do computador e, desta forma, não conseguem gerar provas confiáveis nos quesitos cor e "imprimibilidade" quando forem submetidos a impressoras high-end.

Drivers e PPDs

Uma impressora PostScript necessita sempre de um PPD (PostScript Printer Description). Alguns aplicativos, como o PageMaker, Illustrator, FreeHand e QuarkXPress, na hora da impressão ou da geração do arquivo PostScript, pedem o PPD. No caso do CorelDRAW, somente as versões a partir da 9 se aproveitam do PPD.

Os drivers e PPDs das impressoras são específicos para cada prestador de serviços gráficos, pois cada um deles tem impressoras diferentes (ou de um mesmo fabricante e modelo, porém com alguma característica diferente).

Esta é justamente a função do PPD: descrever para o driver e complementar, de maneira mais específica, os formatos de impressão, resolução máxima e outras características.

O PPD complementa as informações dos drivers. Pode-se até usar uma metáfora e dizer que o PPD é o nome e o driver, o sobrenome da impressora. Por esta razão devem ser obtidos ou recomendados pelo seu prestador de serviços gráficos.

Windows 9.x, Me, NT e XP

Para a instalação dos PPDs na plataforma Windows, basta que eles sejam copiados para o diretório PPD normalmente localizado nos subdiretórios de instalação do PageMaker, Illustrator e FreeHand.

O QuarkXPress e o InDesign vão buscar os PPDs dentro de *C:/Windows/System.* Já o CorelDRAW não possui um local de armazenamento de PPDs, mas ele pode se aproveitar de PPDs instalados para outros aplicativos.

ATENÇÃO

O autor deste livro não recomenda o uso do sistema operacional Windows Vista na área gráfica devido à ausência de utilitários importantes e fundamentais para o segmento que sejam compatíveis com essa versão do Windows.

Mac OS X

No Mac OS X, os PPDs devem ser levados para o folder *Libary/Printers/PPDs* ou, em casos excepcionais, para onde o aplicativo especificar.

Instalação de impressoras no Windows

Para trabalharmos com arquivos fechados (PostScript) e, posteriormente, com arquivos PDF, é preciso instalar uma ou mais impressoras.

Essa instalação é feita de modo virtual, ou seja, a impressora não está fisicamente conectada ao computador.

Atualmente, existem três formas de instalar uma impressora de um prestador de serviços gráficos. A primeira delas é a instalação a partir dos drivers presentes nos discos do Windows 95/98/Me/NT/2000/XP, a segunda forma é instalar a partir dos drivers fornecidos pelo seu prestador de serviços gráficos e a terceira, mais moderna e prática, é instalar uma impressora a partir de um PPD fornecido ou recomendado pelo seu prestador de serviços gráficos.

Usaremos esta última técnica para instalar uma platesetter Voyager, para exemplificar o processo e utilizá-la nos outros capítulos do livro.

O Adobe PostScript Printer Driver

A terceira opção de instalar impressoras é feita por meio do **Adobe PostScript Printer Driver**.

Esse utilitário está disponível na forma de um instalador universal, que automaticamente detecta a versão do sistema operacional e instala a versão do AdobePS mais apropriada.

Pode ser conseguido gratuitamente no web site da Adobe (www.adobe.com) e também com seu prestador de serviços gráficos.

ATENÇÃO

Esse utilitário não é compatível com o Windows Vista.

1. Dependendo da versão, esse utilitário é instalado no Windows ou ele pode adicionar impressoras sem ser instalado, como é o caso da versão 5.5.2 usada neste passo-a-passo no Windows XP. Basta um duplo-clique no arquivo do instalador para que o processo se inicie.

   Pressione o botão **Avançar**.

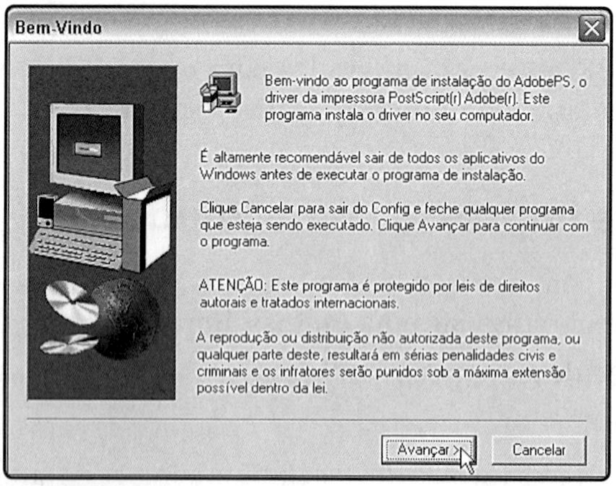

2. Pressione o botão **Aceitar**.

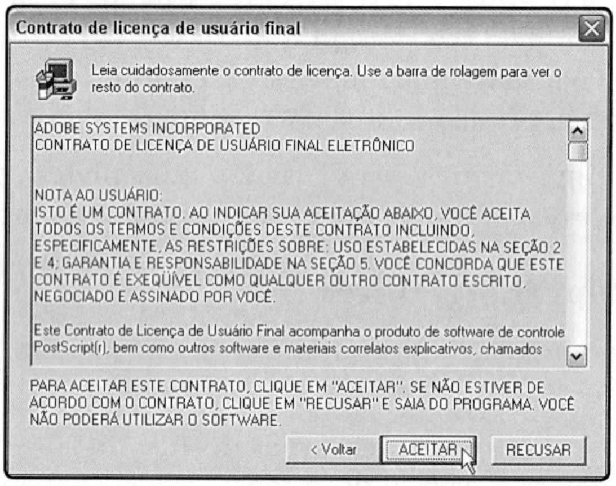

3. Escolha a opção **Conectada diretamente ao computador (impressora local)** e pressione o botão **Avançar**.

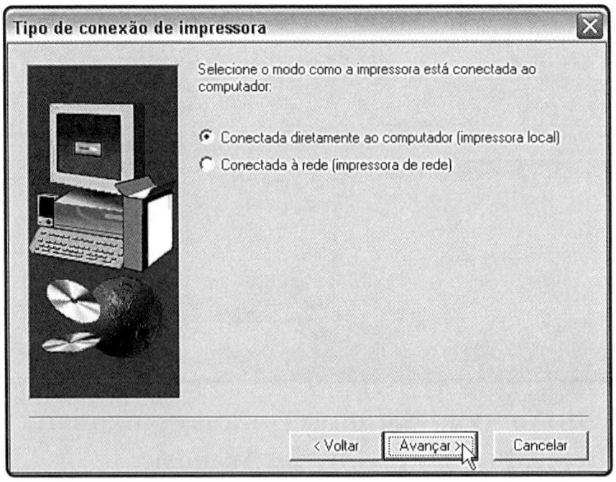

4. Escolha a opção *File* de forma que tudo o que for enviado para essa impressora seja gravado na forma de um arquivo. Pressione o botão **Avançar**.

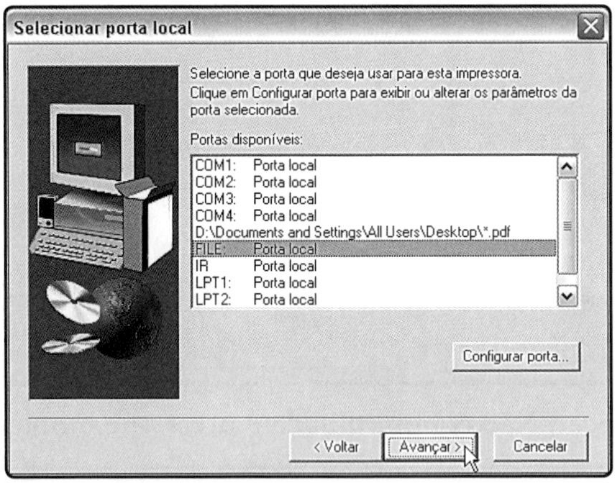

5. Pressione o botão **Procurar**.

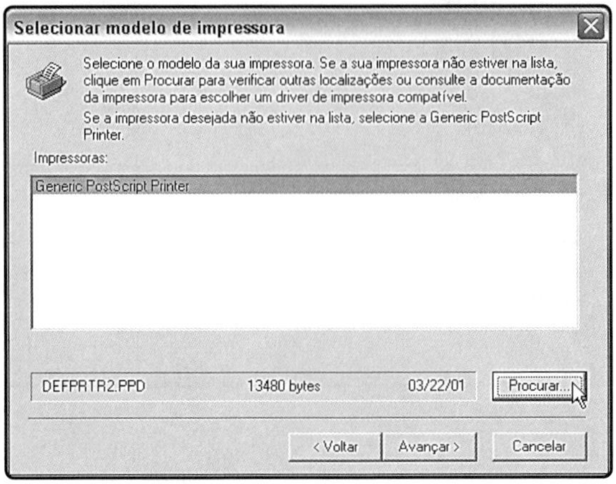

6. Selecione o diretório no qual se encontram os PPDs. Neste exemplo, utilizaremos os PPDs que foram copiados para o diretório *Windows/System.* Pressione o botão **OK**.

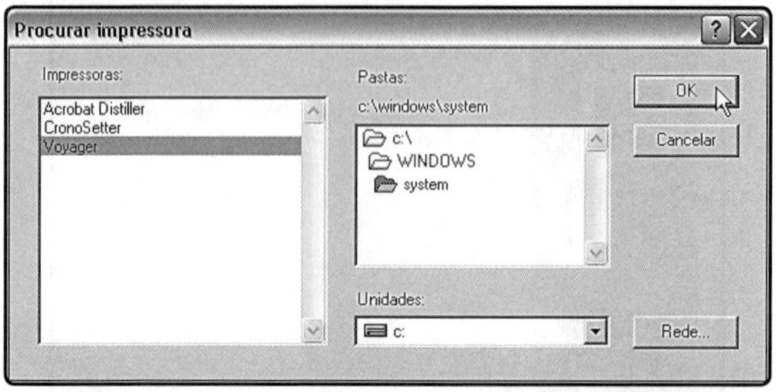

7. Escolha o PPD do modelo da impressora recomendada pelo seu prestador de serviços gráficos. Pressione o botão **Avançar**.

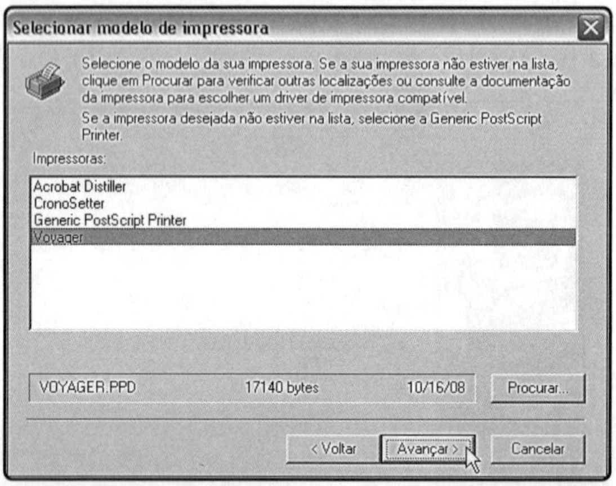

8. Selecione a opção **Não compartilhada** e pressione o botão **Avançar**.

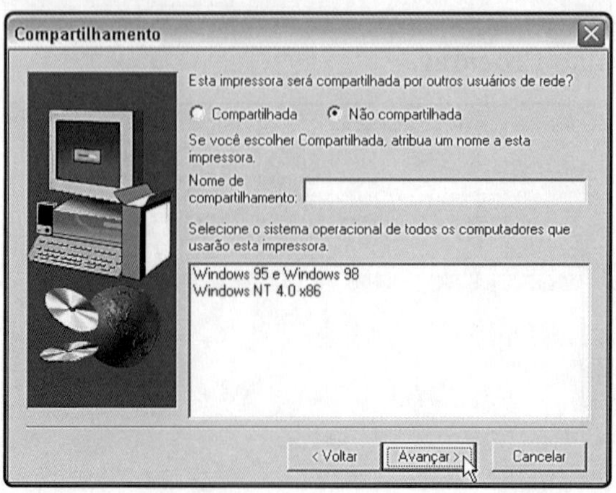

9. Escolha **Não** para as opções de definir essa impressora como padrão e de imprimir uma página de teste. Pressione o botão **Avançar**.

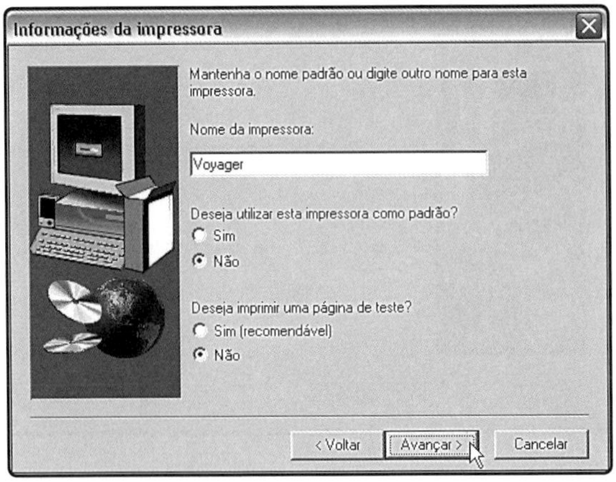

10. Pressione o botão **Instalar**.

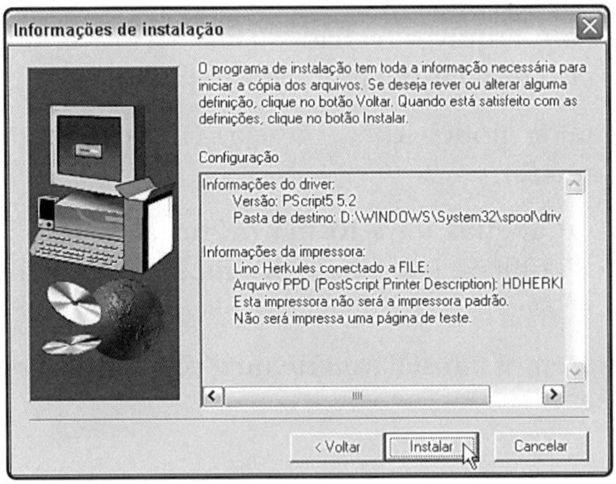

11. Selecione **Não** para a opção **Deseja configurar a impressora agora?**. Pressione o botão **Avançar**.

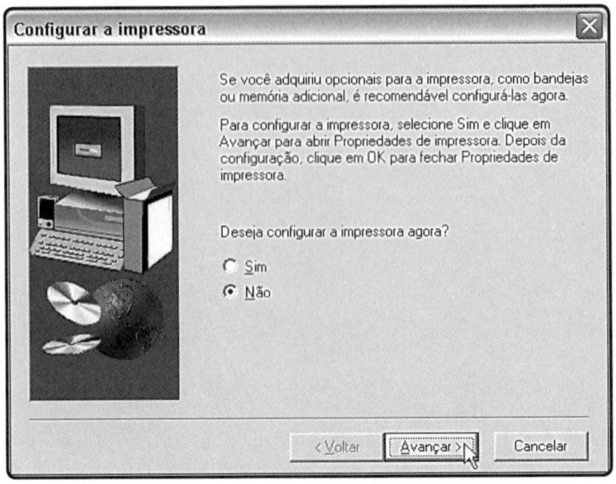

12. Pressione o botão **Concluir**.

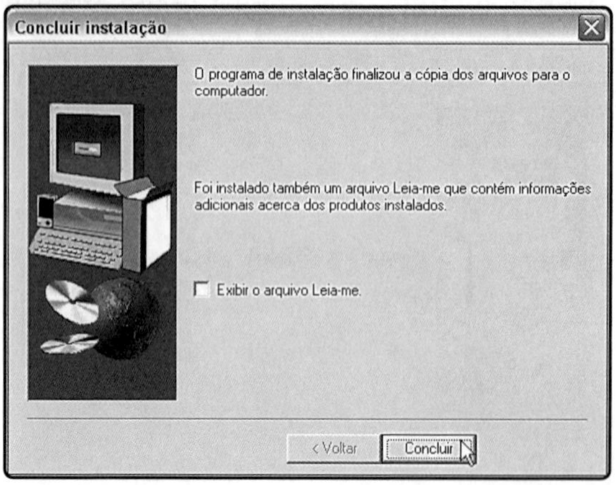

Instalação de impressoras no Mac OS X

Para trabalharmos com arquivos fechados (PostScript) e, posteriormente, com arquivos PDF, é preciso instalar uma ou mais impressoras.

Essa instalação é feita de modo virtual, ou seja, a impressora não está fisicamente conectada ao computador.

No Mac OS X existe apenas uma forma de instalar uma impressora de um prestador de serviços gráficos. Isso é feito por meio do recurso **Print Center** (Mac OS 10.5).

Para exemplificar, faremos a instalação de uma platesetter Voyager.

Mac OS X (10.5)

1. Use o utilitário **Printer & Fax** (System Preferences).

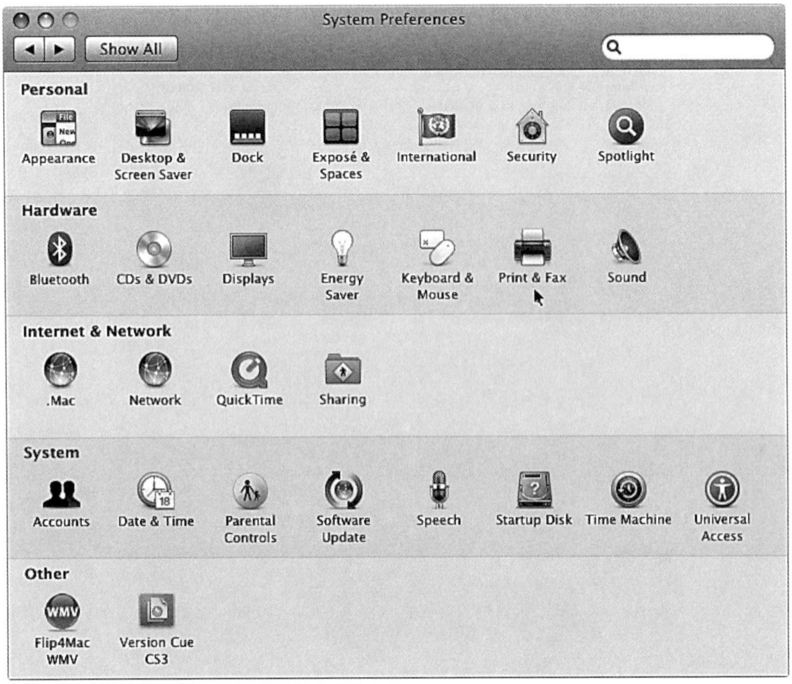

2. Clique no ícone **Add**.

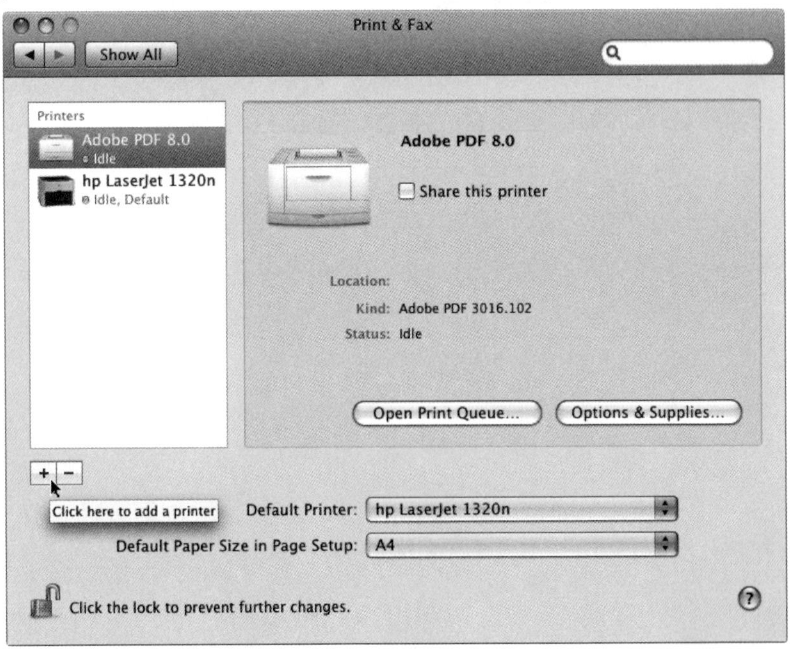

3. Clique no ícone **IP**.

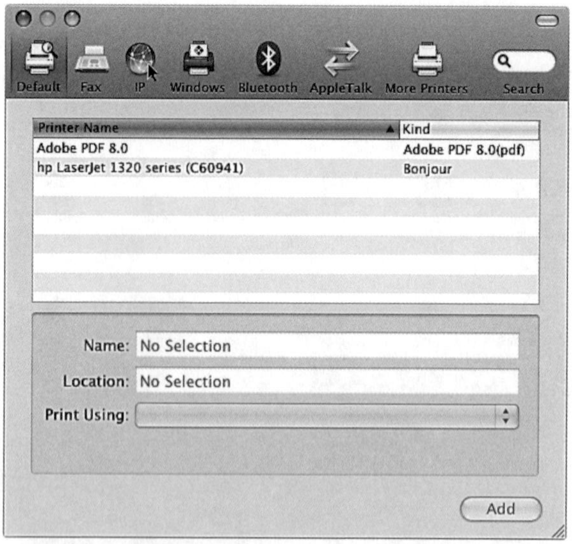

4. No campo **Address**, atribua o nome à impressora.

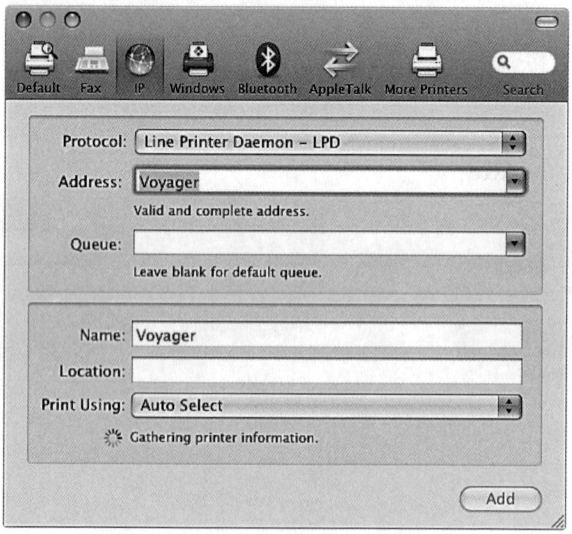

5. No campo **Print Using** escolha a opção *Other* para escolher um PPD para a impressora a ser criada.

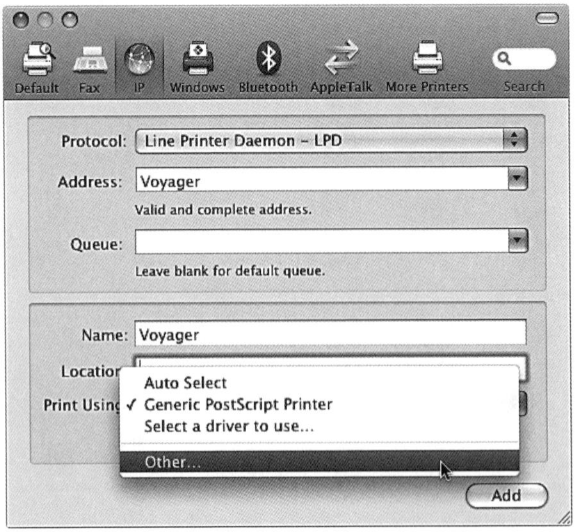

6. O quadro de diálogo o leva para o folder *Library/Printers/PPDs*, em que os PPDs estão armazenados. Selecione o PPD *"Voyager.PPD"*.

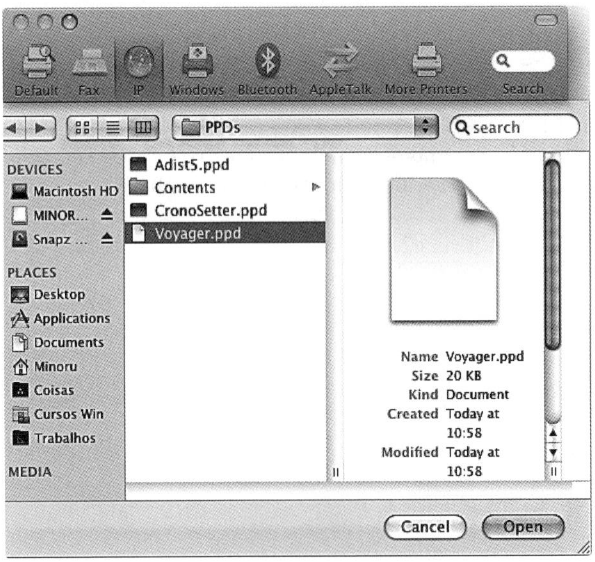

7. Pressione o botão **Add** para concluir a instalação da impressora.

Instale também a impressora "*Distiller*". Ela é recomendada para quem quer produzir arquivos de padrão PDF/X-1a, PDF/X-3 ou PDF/X-4 (maiores informações no capítulo "Geração de Arquivos PDFs para Pré-Impressão e Impressão Digital"). O *"PPD Distiller 5"* está disponível para download no site da Adobe e acompanha o Acrobat 5.

4

Dicas & Cuidados: Fontes

De forma bastante resumida e objetiva, fontes são conjuntos de caracteres e símbolos desenvolvidos em um mesmo desenho. Esse desenho de letra ou caractere é chamado de tipo.

ATENÇÃO

Neste capítulo em especial, para evitar repetições, quando nos referirmos aos arquivos que compõem as fontes, simplesmente utilizaremos a palavra "fontes" seguida de um "*" (fontes*).

Problemas mais comuns

Segundo pesquisas do autor realizadas com vários prestadores de serviços gráficos brasileiros, dados dos últimos Seybold Survey e outras publicações internacionais especializadas, as fontes representam cerca de 60% dos problemas encontrados em arquivos digitais. Veja a seguir os mais comuns.

Textos com fontes e caracteres trocados

Alguns trechos ou todo o texto impresso com fontes diferentes das que lhe foram atribuídas.

> A melhor espécie de poema de amor é, em geral, escrita a respeito de uma mulher abstrata. Uma grande emoção é por demais egoísta; absorve em si própria todo o sangue do espírito, e a congestão deixa as mãos demasiado frias para escrever.

Resultado Esperado

> A melhor `espécie de poema de amor` é, em geral, escrita a respeito de uma mulher abstrata. `Uma grande emoção é por demais egoísta; absorve em si própria todo o sangue do espírito, e.a congestão deixa as mãos demasiado frias para escrever.`

Resultado Obtido

Estilos de fontes trocados

Alguns trechos ou todo o texto impresso com estilos de fontes (negrito, itálico etc.) diferentes dos que lhe foram atribuídos.

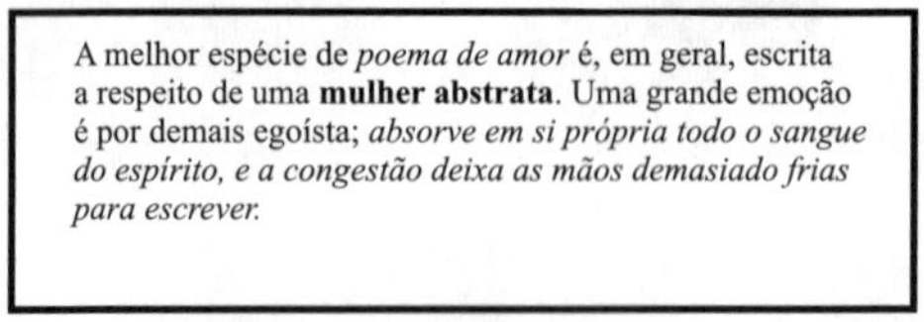

Resultado Esperado

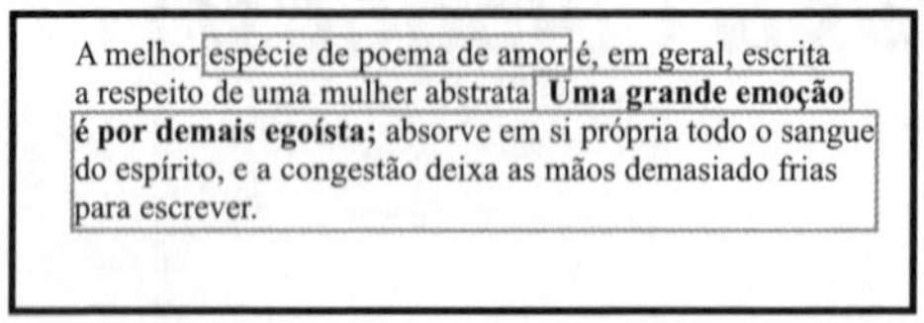

Resultado Obtido

Falta de acentos ou caracteres acentuados

Alguns trechos ou todo o texto impresso com falta de acentos ou os caracteres acentuados são substituídos por símbolos.

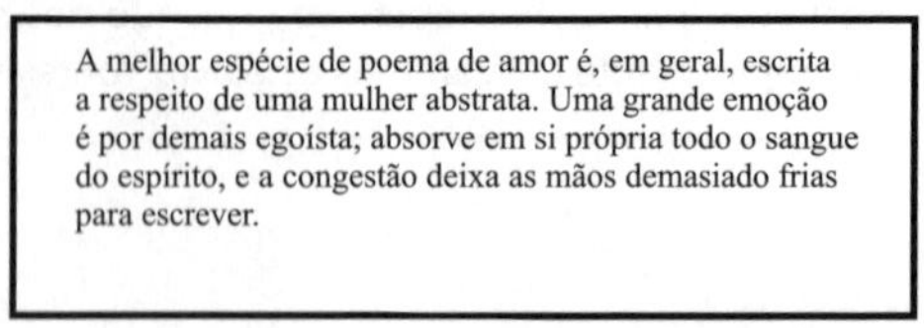

Resultado Esperado

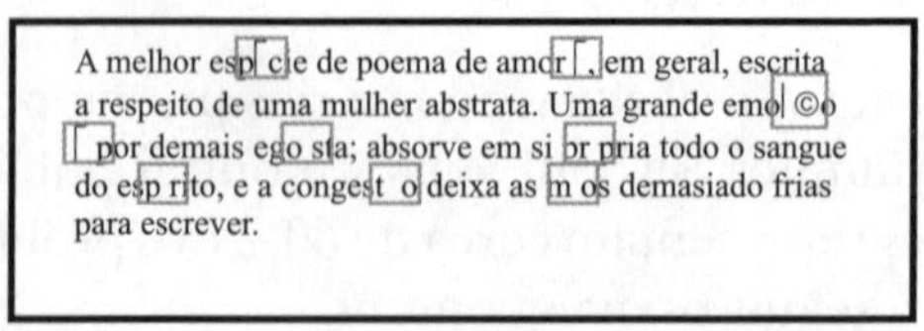

Resultado Obtido

Baixa qualidade de impressão

O texto pode ser impresso com os caracteres facetados ou serrilhados.

Refluxo de texto

O texto pode perder a diagramação e recorrer pelos frames, colunas e páginas.

ATENÇÃO

Muitos destes problemas poderiam ser evitados se os designers não usassem fontes de padrão incompatível com a linguagem PostScript e/ou fontes de padrão compatível, mas de baixa qualidade ou de procedência duvidosa.

ATENÇÃO

Tome muito cuidado ao escolher o padrão mais indicado e confiável. Veja a seguir a descrição e as características dos três principais padrões de fontes.

Fontes de padrão TrueType

Foram desenvolvidas pela Apple, posteriormente implementadas pela Microsoft e incluídas como fontes do sistema operacional tanto no Mac OS como no Windows.

Características negativas

- Não são completamente compatíveis com a linguagem PostScript.
- Têm de ser adaptadas internamente pelos sistemas operacionais para poderem ser impressas corretamente em impressoras de linguagem PostScript.
- Costumam serrilhar em corpos acima de 40 (cerca de 10 mm de altura).
- São muito difundidas e utilizadas por causa do baixo preço.
- Geram muito mais nós se convertidas em curvas.
- Devido a tudo isso, não são muito bem recomendadas pelos prestadores de serviços gráficos.

Windows

A partir do Windows 95, cada fonte TrueType é formada por apenas um arquivo de extensão TTF, utilizado na apresentação da fonte em tela e na impressão.

Elas são armazenadas no diretório *Windows/Fonts.*

CUIDADO

É altamente recomendável preservar as fontes* usadas pelo sistema operacional (não apague, mova ou faça qualquer outra operação), pois ele depende delas para seu pleno funcionamento.

Mac OS X

Este assunto será tratado mais à frente neste capítulo.

Fontes de padrão PostScript

Também chamadas de fontes Tipo 1 (ou Type 1) ou PostScript, foram desenvolvidas pela Adobe e são totalmente compatíveis com a linguagem PostScript. Apesar disso, nada impede sua utilização em impressoras de linguagem PCL.

São relativamente menos difundidas e utilizadas no Brasil por causa de seu preço.

Windows

Cada fonte Tipo 1 é formada por dois arquivos de extensões distintas:

- **PFB**: arquivo utilizado na impressão.
- **PFM**: arquivo utilizado na apresentação da fonte em tela.

Os arquivos de extensão PFB são armazenados no diretório *PSfonts* e os de extensão PFM, no diretório *PSfonts/pfm*.

Mac OS X

Este assunto será tratado mais à frente neste capítulo.

Fontes de padrão OpenType

Também chamadas de fontes TrueType 2, estavam em desenvolvimento desde 1996 pela Microsoft e Adobe. O padrão OpenType foi oficialmente lançado no final do ano 2000.

Sua extensão é OTF, mas pode ser também TTF (quando uma fonte OpenType nasceu da conversão de uma fonte TrueType).

Suas principais características são:

- **Arquivo único**: diferentemente das fontes TrueType (Mac OS) e PostScript (Windows e Mac OS), as fontes OpenType são compostas de um único arquivo que provê tanto a visualização em tela quanto a impressão.
- **Multiplataforma**: o mesmo arquivo que compõe a fonte no Windows pode ser levado para o Mac OS. Isso acaba com os inconvenientes da obrigação de possuir os arquivos que compõem as fontes nas duas plataformas, para realizar projetos gráficos que se iniciam num PC e são finalizados num Macintosh ou vice-versa.

- **Compatibilidade com linguagem de impressoras diferentes**: as fontes OpenType são completamente compatíveis com as linguagens PostScript e PCL.
- **Maior quantidade de caracteres**: em cada fonte TrueType ou PostScript existe uma limitação de cerca de 256 caracteres e/ou símbolos. Já nas OpenType, o limite sobe consideravelmente para cerca de 65.000 caracteres e símbolos.

  Isso evita que os designers tenham de, numa mesma frase, utilizar mais de uma fonte em busca de caracteres ou símbolos especiais.
- **Gerenciadas plenamente pelos utilitários nos sistemas operacionais**:
  - Adobe Type Manager Deluxe 4.1 (Windows)
  - Suitcase 9 ou superior (Windows)
  - Suitcase 10 ou superior (Mac OS)
  - Font Reserve 2.6 ou superior (Windows)
  - Font Reserve 3 ou superior (Mac OS)
- **Aplicativos que oferecem pleno suporte**: reconhecem integralmente todos os caracteres que uma fonte OpenType possa conter. Os outros aplicativos apenas reconhecem os 256 caracteres básicos.
  - InDesign 1.5 ou versão mais recente
  - Photoshop 6 ou versão mais recente
  - Illustrator 10 ou versão mais recente

Windows

Cada fonte OpenType é formada por apenas um arquivo de extensão OTF, mas pode ser também TTF (quando uma fonte OpenType nasceu da conversão de uma TrueType).

Elas são armazenadas no diretório *PSfonts* ou junto com as fontes PostScript.

ATENÇÃO

Apesar de serem raros os problemas reportados, as especificações do padrão OpenType garantem a sua compatibilidade plena com a linguagem PCL, mas somente com o PostScript nível 3 no caso de impressoras high-end.

De qualquer forma, recomenda-se consultar seu prestador de serviços gráficos antes de utilizar esse padrão de fontes para verificar a compatibilidade com seu RIP.

ATENÇÃO

Para habilitar as fontes OpenType no Windows 95, 98 e Me, é necessário no mínimo o aplicativo Adobe Type Manager 4.1 Light que é freeware e pode ser obtido no site da Adobe (www.adobe.com).

Uma vez que ele só faz o gerenciamento de fontes padrão Adobe e OpenType, recomendamos a versão Adobe Type Manager Deluxe 4.1 que gerencia também as fontes de padrão TrueType.

Já o Windows 2000 e XP reconhecem as fontes OpenType e PostScript sem o auxílio de nenhum aplicativo. Mas, mesmo assim, recomendamos o uso de um utilitário de gerenciamento de fontes.

Mac OS X

Este assunto será tratado em seguida.

CUIDADO

Existe ainda um quarto tipo de padrão de fontes que foi introduzido no Mac OS X. São as fontes de padrão dFont.

Não se recomenda o uso dessas fontes para design gráfico impresso. As que acompanham o Mac OS X foram desenvolvidas para serem visualizadas na tela e o resultado na impressão em dispositivos high-end é desastroso. Talvez no futuro ofereçam melhor qualidade de impressão.

Outro agravante é que elas não são reconhecidas no Mac OS 9. Isso pode ser um problema sério se o prestador de serviços gráficos for abrir seus arquivos no Mac OS 9.x.

CUIDADO

O padrão de fontes Multiple Master, na verdade uma variação do padrão Type 1, possui recursos de criação de estilos ou variações de "peso" (variações do estilo: Light, Regular, Medium, Bold, Extra Bold, Ultra etc.). Elas podem ser bastante problemáticas na impressão high-end.

Considerações sobre os padrões

Confiabilidade

Em relação à qualidade e confiabilidade dos três padrões nos dois sistemas operacionais, podemos dizer que, num trabalho enviado para ser processado numa impressora high-end em que só foram utilizadas fontes PostScript ou OpenType, a probabilidade de enfrentar problemas com o texto é muito menor, pois elas são totalmente compatíveis com a linguagem da impressora.

Se no trabalho fossem utilizadas fontes de padrão TrueType, elas seriam adaptadas/convertidas pelo driver da impressora no padrão PostScript, o que nem sempre é feito com perfeição, resultando em impressões com o texto recorrido, ou na fonte Courier.

Restrições

Existem prestadores de serviços gráficos ou de pré-impressão que não fazem restrições a nenhum dos três padrões (desde que tenham boa procedência e qualidade), outros que recomendam a seus clientes somente utilizar fontes de padrão PostScript e outros, ainda, que se recusam a aceitar trabalhos nos quais foram utilizadas fontes TrueType.

Restrições de embutimento

Embutir uma fonte significa incluir seu código nos arquivos que serão utilizados para gerar o material impresso.

Para evitar pirataria de fontes, os desenvolvedores têm quatro opções de restrição de embutimento de fontes* em arquivos abertos (InDesign, FreeHand, CorelDRAW, Illustrator etc.), fechados e PDF:

- **Embutimento e Instalação**: permite que a fonte* seja embutida e extraída para ser instalada em outros equipamentos.
- **Embutimento e Edição**: possibilita que a fonte* seja embutida e o texto editado e impresso sem a instalação da fonte numa máquina local.
- **Embutimento e Impressão**: permite que a fonte* seja embutida e o texto impresso sem a instalação da fonte numa máquina local.
- **Sem Embutimento**: não permite o embutimento da fonte* no arquivo.

ATENÇÃO

Esses tipos de restrição de embutimento só estão disponíveis para fontes de tecnologia TrueType e OpenType.

As de padrão Type 1 estão livres desse problema.

Mac OS X

Este assunto ficou separado dos outros para tornar mais compreensível e didático o modo de gerenciamento de fontes no Mac OS X. Em relação ao Mac OS 9.X, houve mudanças bastante radicais nos locais de armazenamento de fontes* de sistema e em outras áreas. No geral, o seu gerenciamento é mais complexo.

Pastas de armazenamento de fontes* do sistema operacional

Existem nada menos do que seis locais de armazenamento de fontes de sistema em detrimento do Mac OS 9.x que só possui uma.

O Mac OS X possui vários folders de armazenamento, pois é um sistema operacional multiusuário baseado em Unix, e desta forma muitos recursos precisam ser compartilhados ou protegidos de usuários que não têm privilégios de acesso ou o conhecimento necessário.

HD/System/Library/Fonts

Esse folder é o equivalente ao *System Folder/Fonts* do Mac OS 9. É o local mais importante de armazenamento de fontes* do Mac OS X. É aqui que ficam armazenadas as fontes fundamentais do sistema operacional.

ATENÇÃO

Remova a Helvetica,Times,Symbol e ZapfDingbats daqui com a sua senha Root ou "*bootando*" no Mac OS 9.x

HD/Libray/Fonts

Local destinado a armazenar fontes* que serão disponibilizadas para todos os usuários. Somente usuários com privilégios de administrador do sistema podem mover ou apagar fontes desse folder.

HD/Users/[nome do usuário]/Library/Fonts

Local destinado a armazenar fontes* que serão disponibilizadas apenas para aquele usuário. Essas fontes não ficam disponíveis para o ambiente Classic.

HD/Network/ Library/Fonts

Local destinado a armazenar fontes* que serão disponibilizadas para todos os usuários de uma rede baseada em Mac OS X Server.

Folder dos aplicativos

Alguns aplicativos como o InDesign têm seus próprios folders de armazenamento de fontes. As fontes dentro dessa pasta só ficam habilitadas para esse aplicativo. Isso vale tanto para Mac OS 9 quanto para o X.

Para uso de fontes Multiple Master, seus arquivos precisam ser copiados para esses folders.

HD/System Folder/Fonts (Mac OS 9.x)

Local destinado a armazenar fontes que serão disponibilizadas apenas para o ambiente Classic ou Mac OS 9. Essas fontes estarão disponíveis para os dois sistemas operacionais.

Algumas considerações gerais sobre o manuseio de fontes no Mac OS X

Adobe Type Manager

O Mac OS X não precisa mais de um ATM para deixar as fontes nítidas como no Mac OS 9.x. Aliás, o Adobe Type Manager não será "carbonizado", ou seja, adaptado para o Mac OS X.

Reconhecimento de fontes

Os três padrões principais de fontes (Type 1, TrueType e OpenType) são reconhecidos pelo OS X.

Fontes TrueType do Windows

As fontes TrueType desenvolvidas para o Windows são reconhecidas pelo Mac OS X, mas seu uso não é recomendável para fins de impressão em dispositivos high-end.

Quantidade de fontes reconhecidas

O Mac OS 9.2.2 e suas versões anteriores só reconheciam as primeiras 128 fontes que estavam no folder *System Folder/Fonts*. Já o Mac OS X não limita a quantidade de fontes reconhecidas que estão presentes nos seus folders. Por outro lado, para evitar problemas, recomendamos o uso de um gerenciador de fontes.

Gerenciamento de fontes sem um gerenciador de fontes

Em todas as versões dos sistemas operacionais Windows e Mac OS, embora pouco recomendável, é possível fazer o gerenciamento das fontes sem o uso de um utilitário específico para essa tarefa.

No Windows 2000 e XP, Mac OS 9 e X, é possível jogar quaisquer padrões de fontes para as respectivas pastas de sistema que serão reconhecidas e disponibilizadas para todos os aplicativos (alguns aplicativos não reconhecem fontes novas até que sejam reiniciados). Para desativá-las, no entanto, é preciso movê-las dessas pastas e nenhum aplicativo pode estar rodando.

CUIDADO

Esse tipo de manuseio de fontes é recomendável apenas para usuários que trabalham com, no máximo, 50 fontes e toda a necessidade de impressão é suprida pela própria impressora caseira.

Gerenciamento de fontes com um gerenciador de fontes

Como já foi descrito no item anterior, habilitar fontes é fácil, basta jogar os arquivos que as compõem nas pastas corretas que elas ficarão disponíveis.

Gerenciá-las é um processo um pouco mais complexo, mas muito mais eficiente, pois permite um controle mais efetivo sobre elas.

A seguir serão descritas as quatro etapas como sugestão de gerenciamento de fontes.

1ª Etapa - Limpeza dos folders de armazenamento de fontes do sistema operacional

A primeira regra de ouro quando se fala de gerenciamento de fontes é manter nas pastas das fontes de sistema operacional somente as essenciais para o funcionamento do próprio sistema.

Isso vale para o Mac OS 9 e X. No Windows, isso não é possível, pois ou elas são automaticamente copiadas para a pasta de sistema ou seus atalhos são adicionados a esse local.

Isso também vai ajudá-lo a identificar essas fontes, de forma que você não as utilize, uma vez que são desenvolvidas especialmente para o funcionamento do sistema operacional e na maioria dos casos, criadas apenas para serem visualizadas e não impressas, sobretudo em impressoras high-end.

Windows e Mac OS X

Como as fontes essenciais para o funcionamento dos sistemas operacionais variam muito de acordo com a versão, língua, release, service pack etc. dos sistemas operacionais, é recomendável que use um robô de busca (o Google, por exemplo) e faça uma pesquisa por web sites com texto *"essential+fonts"*.

As listagens mais confiáveis são obtidas nas páginas dos fabricantes dos sistemas operacionais, mas como nem sempre a Apple e a Microsoft mantêm páginas atualizadas nos seus respectivos web sites com essas informações, recomenda-se uma busca em web sites independentes.

Se estiver inseguro quanto a esse procedimento e não desejar apagar os arquivos das fontes, crie um diretório/folder chamado "Fontes Desabilitadas" e mova os arquivos para lá. Desta forma, se mover alguma fonte fundamental, basta movê-la novamente para seu local original.

ATENÇÃO

Todos os outros folders de sistema podem ser limpos com uma exceção: se você está usando fontes Multiple Master, essas fontes* precisavam permanecer nos folders de fontes de cada aplicativo.

2ª Etapa - Centralize as fontes* em apenas um local de armazenamento

Nesta segunda etapa, as fontes devem ser armazenadas num local específico longe das pastas do sistema. Há três sugestões de armazenamento de fontes*:

- Centralizar todas elas em um folder, dividindo em subfolders por tipo (T1, TTF e OTF, por exemplo).
- Centralizar as fontes* em um servidor local e usar um gerenciador de fontes local.

ATENÇÃO

Essa opção requer um servidor robusto e uma rede bem dimensionada para o fluxo de dados constante.

- Centralizar suas fontes* em um servidor local e usar um gerenciador de fontes de tecnologia *Server & Client.*

Tanto o Suitcase quanto o Font Reserve possuem versões Server. A vantagem é que essas fontes são levadas para a memória cache da máquina local, reduzindo o tráfego na rede e mantendo as fontes disponíveis mesmo se o servidor se tornar indisponível. Todos têm versões para as plataformas Windows e Mac OS.

3ª Etapa - Use um gerenciador de fontes

Na terceira etapa, que depende das duas primeiras, é recomendável o uso de um confiável e único aplicativo de gerenciamento de fontes para evitar conflitos.

Existem pelo menos três excelentes opções que são bastante renomadas e confiáveis: o Adobe Type Manager Deluxe (www.adobe.com.br), o Extensis Suitcase (www.suitcase.com) e o Diamond Font Reserve (www.fontreserve.com).

O funcionamento de todos é bastante parecido e o que muda basicamente é a interface. As versões disponíveis até a publicação deste livro são Adobe Type Manager Deluxe 4.1 (Windows) e 4.6 (Mac OS); Suitcase 11 (Windows) e Fusion (Mac OS); Font Reserve 2.6 (Windows).

Todas essas versões permitem a instalação e o gerenciamento de fontes de padrão Type 1, TrueType e OpenType. As versões para Mac OS são um pouco superiores em relação à quantidade de recursos.

Será descrito o uso do Adobe Type Manager Deluxe 4.1 para o Windows e para o Mac OS X será utilizado o Suitcase Fusion.

Antes, porém, seguem alguns pequenos descritivos dos três aplicativos.

Adobe Type Manager Deluxe

Trata-se de um dos mais populares gerenciadores de fontes para Windows e Mac OS. No Windows 3.1 até o Windows Me e NT, seu "primo pobre", o Adobe Type Manager (sem "Deluxe") era gratuito e fundamental para que as fontes Type 1 fossem reconhecidas pelos sistemas operacionais. Já a versão "primo classe média", o Adobe Type Manager Light (gratuito também), é fundamental para que o Windows Me e versões anteriores reconheçam as fontes de padrão OpenType.

Nos Windows 2000 e XP, esse aplicativo deixou de ser uma necessidade, pois eles reconhecem esse padrão de fontes. De qualquer forma, essas duas versões gerenciavam apenas as fontes de padrão Type 1 e OpenType e não as de padrão TrueType, resultando num gerenciamento ineficiente.

Tirando o Mac OS X, todas as versões anteriores de sistema operacional para o Macintosh precisavam de um ATM (Adobe Type Manager), que nasceu como uma extension, para tornar nítidas as fontes em tela.

As versões 4.1 (Windows) e 4.6 (Mac OS) suprem praticamente todas as necessidades básicas de gerenciamento de fontes e têm uma interface limpa e funcional.

A Adobe afirmou há vários anos que não tem mais intenção de lançar versões novas do produto e recomenda a migração para o Suitcase ou o Font Reserve.

Suitcase

É um dos mais antigos gerenciadores de fontes para o sistema operacional Mac OS e anterior ao Adobe Type Manager. Versões a partir da 10 gerenciam todas as fontes instaladas na máquina e tornam-nas disponíveis para todos os usuários e aplicativos, não diferenciando sistema operacional, localização ou usuário.

Com uma interface padrão, composta de uma barra de ferramentas e três janelas, o manuseio de fontes é muito simples. Na barra de ferramentas estão os comandos mais utilizados: ***New Set*** para criar grupos de fontes, ***Add Fonts*** e ***Remove*** para adicionar e remover fontes, ***Activate*** e ***Deactivate*** para ativar e desativar as fontes.

Na janela Set, na parte superior esquerda, estão os grupos de fontes criados pelo usuário. Na janela da parte de baixo são exibidas as fontes. Essa exibição pode ser configurada pelo menu flutuante posicionado entre as janelas.

É possível visualizar apenas as fontes instaladas pelo usuário, as fontes do sistema (são visualizadas, mas o seu manuseio é bloqueado), ou todas as fontes disponíveis. Elas são diferenciadas pelo ícone na frente do nome: fontes do sistema OS X, do Classic e/ou fontes instaladas pelo usuário. Para adicionar uma fonte, basta arrastar e soltar sobre um Set de fontes. Podem ser fontes de padrão TrueType, PostScript ou OpenType.

Para os usuários do ATM também será muito fácil familiarizar-se com o Suitcase. O modo de trabalho é muito similar e a visualização das fontes é muito útil.

Font Reserve

O Font Reserve é o outro gerenciador de fontes recomendado pela Adobe que há alguns anos passou a ser comercializado pela Extensis. Com uma interface mais simples, dividida em duas janelas, segue o padrão dos aplicativos gerenciadores de fonte. Uma janela exibe os conjuntos de fontes criados pelo usuário, a outra a relação de fontes.

A partir da barra de ferramentas é possível ativar, desativar ou ativar permanentemente ou temporariamente uma fonte. Diferente do Suitcase que possui um painel de visualização permanente, no Font Reserve a visualização de fontes é acionada a partir do botão Preview na barra de ferramentas.

O sistema de exibição de fontes não é tão completo como o do Suitcase. As fontes do sistema não são exibidas no Font Reserve Browser.

Ele automaticamente organiza e categoriza as fontes por fabricante e tipo, ativa ou desativa fontes conhecidas sob demanda, imprime grande variedade de amostras, e permite filtrar a busca por fontes na máquina local de várias formas: tipo, fabricante, estilo, atributos, quantidade de caracteres etc.

Instale e gerencie fontes com o Adobe Type Manager Deluxe 4.1 - Windows

Instale fontes de padrão TrueType

1. Abra o Adobe Type Manager Deluxe 4.1 e selecione a aba **Add Fonts**.
2. Vá para o diretório *Windows/Fonts* ou para o disco e diretório em que elas se encontram.
3. Selecione as fontes que serão instaladas e pressione o botão **Add**.

Instale fontes de padrão PostScript

1. Abra o Adobe Type Manager Deluxe e selecione a aba **Add Fonts**.
2. Vá para o diretório *PSfonts/pfm* ou para o disco e diretório em que elas se encontram.
3. Selecione as fontes que serão instaladas e pressione o botão **Add**.

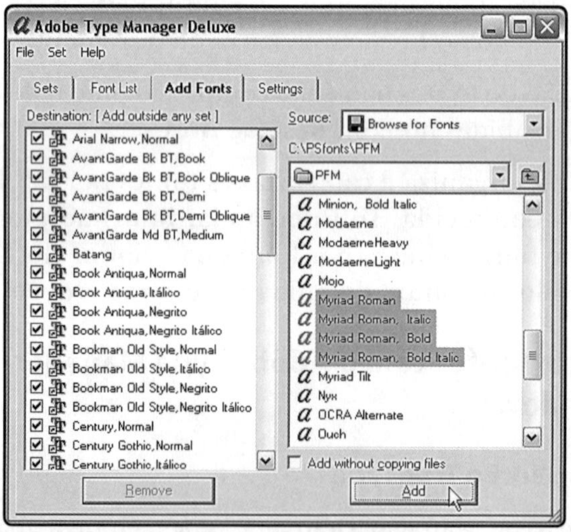

Instale fontes de padrão OpenType

1. Abra o Adobe Type Manager Deluxe 4.1 e selecione a aba **Add Fonts**.
2. Vá para o diretório *PSfonts* ou para o disco e diretório em que elas se encontram.

3. Selecione as fontes que serão instaladas e pressione o botão **Add**.

Gerencie fontes de padrão TrueType, PostScript e OpenType

É possível criar pastas (Sets) com fontes utilizadas por determinados clientes ou situações. Evita-se com isso trabalhar com muitas fontes instaladas, o que sobrecarrega o computador e afeta a performance.

Crie Sets de fontes

1. Na aba **Add Fonts**, dê um duplo-clique na pasta **New Set** a fim de criar um Set de fontes.

2. Dê um nome a esse Set.

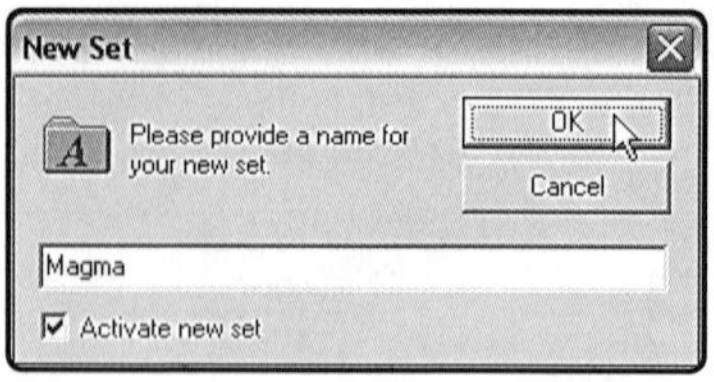

3. Com o Set recém-criado selecionado, vá para os diretórios de fontes* PostScript, OpenType ou TrueType para instalar fontes.

Habilite ou desabilite Sets de fontes

1. Na aba **Sets**, selecione o Set a ser habilitado.

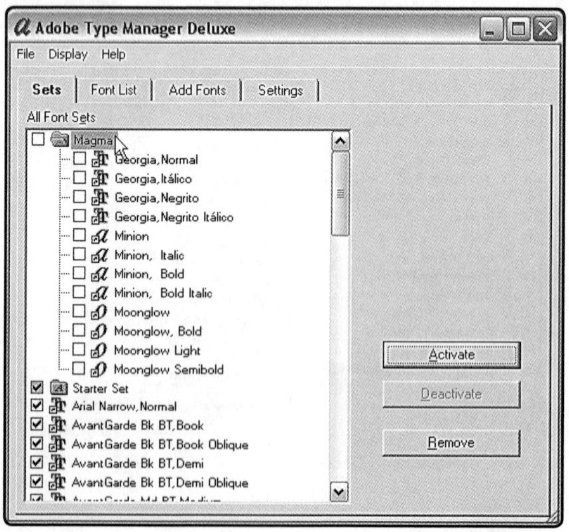

2. Clique no botão **Activate** ou na caixa esquerda ao lado do Set para habilitar as fontes, ou clique no botão **Deactivate** ou na caixa esquerda ao lado do Set para desabilitá-las.

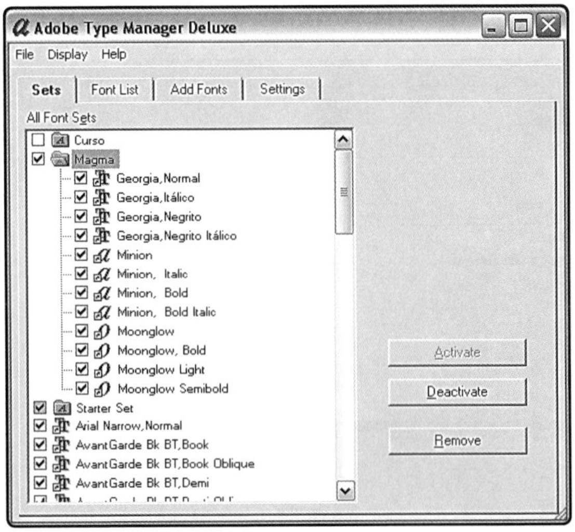

3. Se desejar, desative ou ative manualmente só algumas fontes de um Set, simplesmente clicando na caixa esquerda ao lado da fonte.

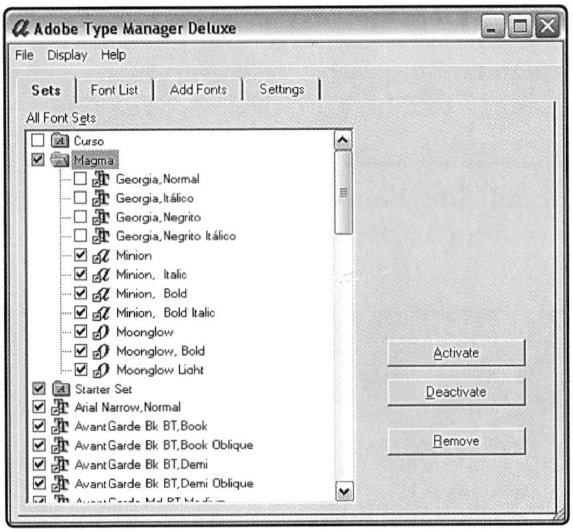

Instale e gerencie fontes com o Suitcase Fusion - Mac OS X

Instale fontes de padrão TrueType, PostScript e OpenType

1. Abra o Suitcase.

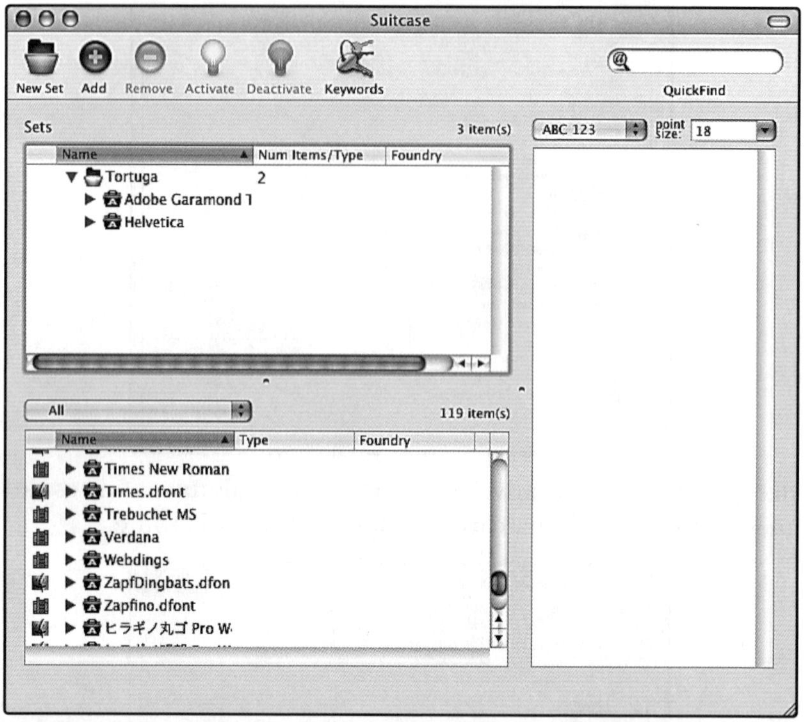

2. Pressione o botão **Add Fonts**. Direcione para o folder no qual estão armazenadas suas fontes. Selecione as fontes que serão instaladas e pressione o botão **Open**.

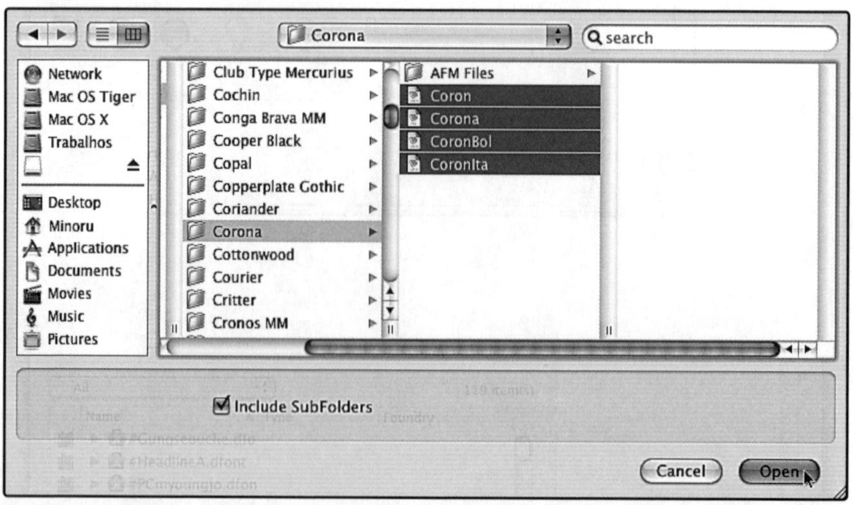

3. Selecione as fontes que acabaram de ser instaladas e pressione o botão **Activate**.

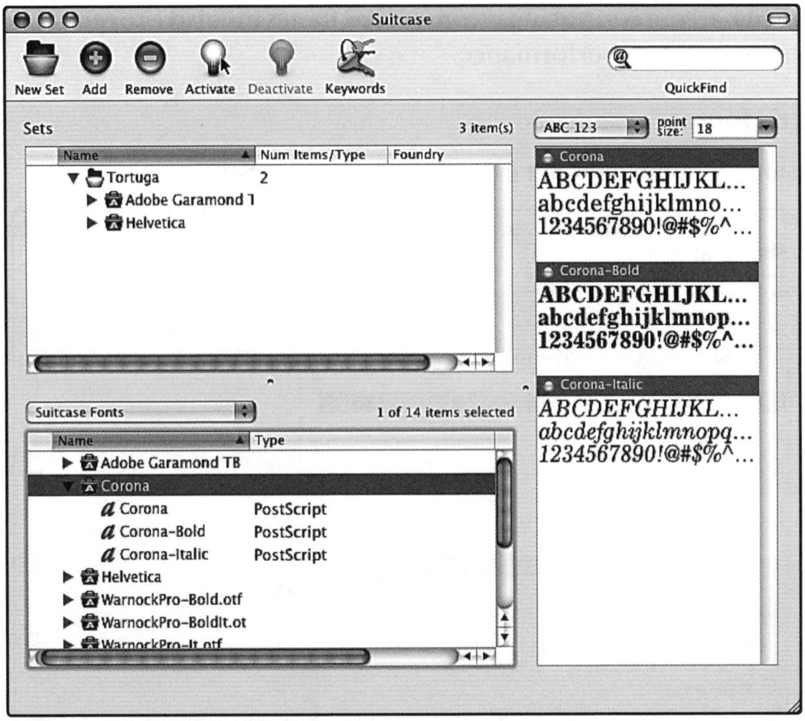

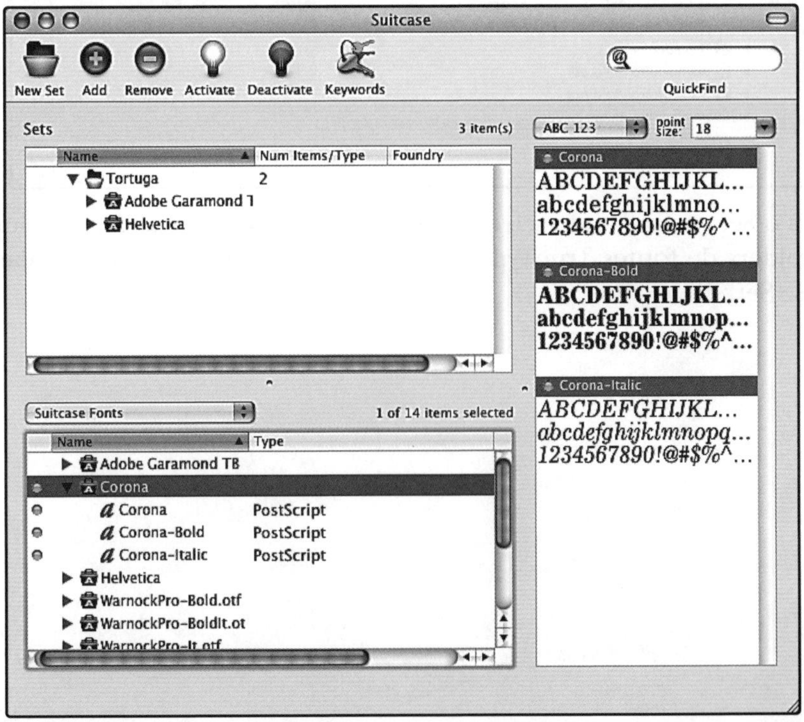

Gerencie fontes de padrão TrueType, PostScript e OpenType

É possível criar pastas (Sets) com fontes utilizadas por determinados clientes ou situações. Evita-se com isso trabalhar com muitas fontes instaladas, o que sobrecarrega o computador e afeta a performance.

Crie Sets de fontes

1. Pressione o botão **New Set** e dê um nome a esse Set.

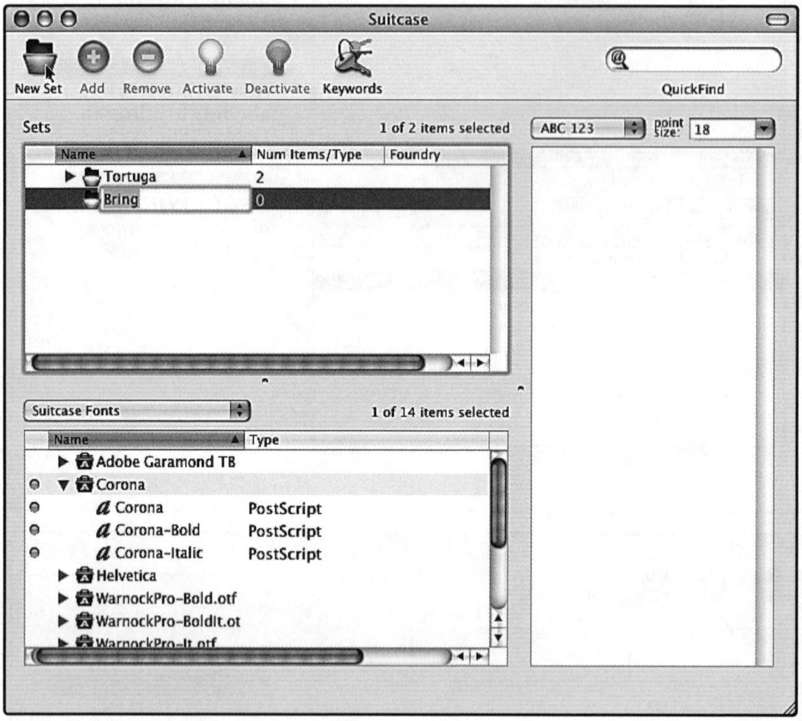

2. Com o Set recém-criado selecionado, pressione o botão **Add** e direcione para os folders de fontes TrueType, PostScript ou OpenType para instalar fontes nesse Set.

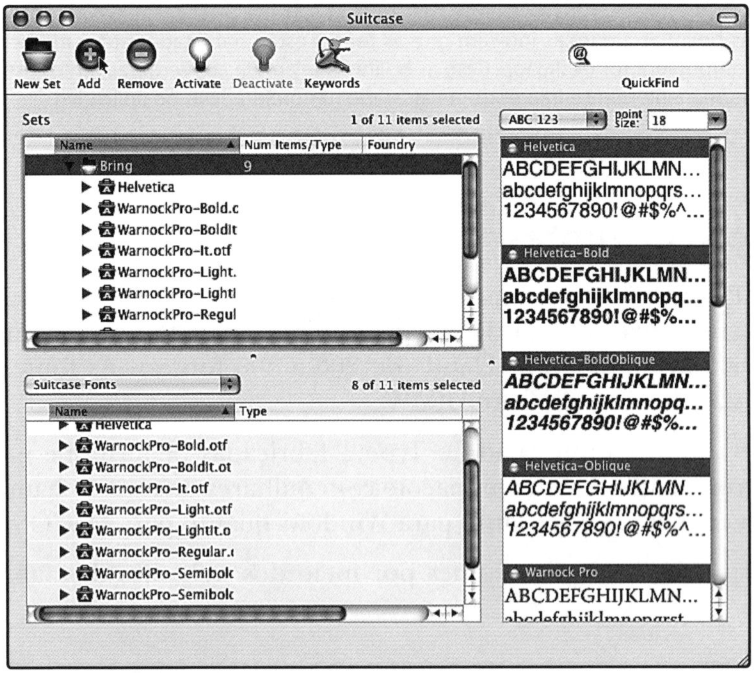

Habilite ou desabilite as fontes

1. Na área **Sets**, selecione o Set a ser habilitado ou mesmo fontes que estão fora dos Sets e habilite-os pressionando o botão **Activate**, ou desabilite-os pressionando o botão **Deactivate**.

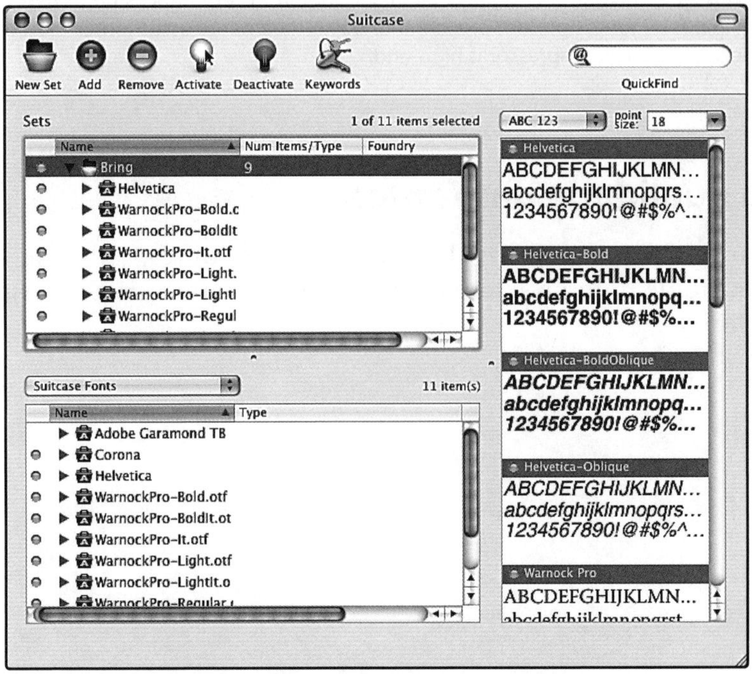

As bolinhas amarelas indicam que as fontes estão habilitadas até o momento em que o computador for desligado. Caso as bolinhas sejam de cor verde, as fontes estão habilitadas permanentemente. Isso pode ser ajustado nas preferências do aplicativo.

Obtenção de fontes

As fontes PostScript estão disponíveis nos CDs do CorelDRAW (cerca de 1.000, variando em função da versão do produto) e nos CDs que acompanham o PageMaker, Illustrator e FreeHand (de 200 a 300 fontes). As fontes TrueType também estão nos CDs do CorelDRAW.

Se desejar adquirir fontes padrão Type 1 fabricadas pela Adobe e por outras empresas renomadas, existe um pacote com milhares de fontes chamado Adobe Font Folio com os arquivos tanto para Windows quanto para Mac OS.

É possível também adquirir fontes por meio dos web sites dos fabricantes de fontes.

Procure adquirir fontes de fabricantes conhecidos para reduzir a possibilidade de problemas na etapa de pré-impressão.

CUIDADO

Evite os CDs com fontes que podem ser adquiridos em bancas de jornais e que contêm milhares de fontes por um preço muito baixo. Raramente essas fontes oferecem qualidade de impressão em impressoras high-end.

Teste a qualidade das fontes

Para evitar problemas futuros de impressão das fontes, antes de começar a utilizar uma fonte num projeto, faça alguns testes para averiguar a viabilidade e a qualidade:

Helvetica

Technology: PostScript Single Master
PostScript Name: Helvetica
Version: 003.001
Font Suitcase File: Helvetica
Font Outline File: Helve
Copyright (c) 1985, 1987, 1989, 1990, 1997, 1998, 1999 Adobe Systems Incorporated. All Rights Reserved. Helvetica is a trademark of Linotype-Hell AG and/or its subsidiaries.

abcdefghijklmnopqrstuvwxyz
áéíóú âêîôû àèìòù äëïöü ãõñ ç æ
ABCDEFGHIJKLMNOPQRSTUVWXYZ
ÁÉÍÓÚ ÂÊÎÔÛ ÀÈÌÒÙ ÄËÏÖÜ ÃÕÑ Ç Æ
1234567890$ *•ªºº " " (.,;:!¡?¿...) /+÷=% - – — _
€ £ & § @ ® © ™ ‰ p Â W D < > £ ≥ ± π [ ] { } | \

Quem quer que seja de algum modo um poeta sabe muito bem quão mais fácil é escrever um bom poema (se os bons poemas se acham ao alcance do homem) a respeito de uma mulher que lhe interessa muito do que a respeito de uma mulher pela qual está profundamente apaixonado. A melhor espécie de poema de amor é, em geral, escrita a respeito de uma mulher abstrata. Uma grande emoção é por demais egoísta; absorve em si própria todo o sangue do espírito, e a congestão deixa as mãos demasiado frias para escrever. Três espécies de emoções produzem grande poesia - emoções fortes e profundas ao serem lembradas muito

Fonte em perfeito estado

Existência dos quatro estilos básicos

Verifique se você vai ter de aplicar ou utilizar trechos de texto em estilos bold, itálico e bold+itálico, e se a fonte escolhida possui esses estilos.

CUIDADO

Alguns aplicativos permitem a criação desses estilos mesmo que as variações dessas fontes* não estejam habilitadas ou até mesmo não existam, mas isso costuma gerar péssimos resultados na impressão em equipamentos high-end. Não arrisque! Melhor escolher outra família de fontes.

Presença de caracteres acentuados e outros tipos de caracteres

Um dos primeiros indícios da baixa qualidade de uma fonte é a falta de caracteres acentuados, caracteres maiúsculos ou minúsculos.

Qualquer type designer (designer especializado em desenvolver fontes) comprometido com a qualidade da fonte sempre adiciona esses caracteres, prevendo a sua utilização em países cuja língua necessita deles.

Qualquer um dos gerenciadores de fontes possui recursos de pré-visualização das fontes.

Nu Casual Demo-Regular

Technology: TrueType
PostScript Name: NuCasualDemo
Version: Macromedia Fontographer 4.1.3 4/23/97
Font Suitcase File: Nu Pack
©1997 Marty P. Pfeiffer <wamozart@teleport.com>

abcdefghijklmnopqrstuvwxy
□□□□□ □□□□□ □□□□□ □□□□□ □□□ □ □
ABCDEFGHIJKLMNOPQRSTUVWXYZ
□□□□□ □□□□□ □□□□□ □□□□□ □□□ □ □
1234567890$ *•□□□ “ ” (.,;:!□?□...) /+□=% - - — _
□□& □ @□□□□□□□□□ < >□□□□[ ]{ }| \

Quem quer que seja de algum modo um poeta sabe muito bem qu□o mais f□cil □ escrever um bom poema (se os bons poemas se acham ao alcance do homem) a respeito de uma mulher que lhe interessa muito do que a respeito de uma mulher pela qual est□ profundamente apaixonado. A melhor esp□cie de poema de amor □, em geral, escrita a respeito de uma mulher abstrata. Uma grande emo□□o □ por demais ego□sta; absorve em si pr□pria todo o sangue do esp□rito, e a congest□o deixa as m□os demasiado frias para escrever. Tr□s esp□cies de emo□□es produ em grande poesia - emo□□es fortes e profundas ao serem lembradas muito tempo depois; e emo□□es falsas, isto □, emo□□es sentidas no intelecto.

Fonte com ausência de caracteres acentuados e alguns símbolos

Nu Serif Demo

Technology: TrueType
PostScript Name: NuSerifDemo
Version: Version 4.1; 2000
Font Suitcase File: Nu Pack Demo (TT)
Copyright © 2000, Marty P. Pfeiffer <marty@scootergraphics.com>. All rights reserved.

abcdefghijklmnopqrstuvwxyz

ABCDEFGHIJKLMNOPQRSTUVWXYZ

1234567890$ *• “ ” (.,;:! ? ...) /+ =% - - — _
€ & @ < > [ ] { } | \

Quem quer que seja de algum modo um poeta sabe muito bem qu o mais f cil escrever um bom poema (se os bons poemas se acham ao alcance do homem) a respeito de uma mulher que lhe interessa muito do que a respeito de uma mulher pela qual est profundamente apaixonado. A melhor esp cie de poema de amor , em geral, escrita a respeito de uma mulher abstrata. Uma grande emo o por demais ego sta; absorve em si pr pria todo o sangue do esp rito, e a congest o deixa as m os demasiado frias para escrever. Tr s esp cies de emo es produzem grande poesia - emo es fortes e profundas ao serem lembradas muito

Fonte com ausência de caracteres acentuados e muitos símbolos

BeckerBlackNF

Technology: TrueType
PostScript Name: BeckerBlackNF
Version: Macromedia Fontographer 4.1.4 9/1/02
Font Suitcase File: BeckerBlackNF

ABCDEFGHIJKLMNOPQRSTUVWXYZ
ÁÉÍÓÚ ÂÊÎÔÛ ÀÈÌÒÙ ÄËÏÖÜ ÃÕÑ Ç Æ
ABCDEFGHIJKLMNOPQRSTUVWXYZ
ÁÉÍÓÚ ÂÊÎÔÛ ÀÈÌÒÙ ÄËÏÖÜ ÃÕÑ Ç Æ
1234567890$ *•ªº " " (.,;:!¡?¿...) / - – — _
€ £ & Ⓐ

QUEM QUER QUE SEJA DE ALGUM MODO UM POETA SABE MUITO BEM QUÃO MAIS FÁCIL É ESCREVER UM BOM POEMA (SE OS BONS POEMAS SE ACHAM AO ALCANCE DO HOMEM) A RESPEITO DE UMA MULHER QUE LHE INTERESSA MUITO DO QUE A RESPEITO DE UMA MULHER PELA QUAL ESTÁ PROFUNDAMENTE APAIXONADO. A MELHOR ESPÉCIE DE POEMA DE AMOR É, EM GERAL, ESCRITA A RESPEITO DE UMA MULHER ABSTRATA. UMA GRANDE EMOÇÃO É POR DEMAIS EGOÍSTA; ABSORVE EM SI PRÓPRIA TODO O SANGUE DO ESPÍRITO, E A CONGESTÃO DEIXA AS MÃOS DEMASIADO FRIAS

Fonte sem caracteres minúsculos

Teste de impressora PostScript

Usando uma impressora com linguagem PostScript, solicite a impressão da página de amostra do gerenciador de fontes ou crie uma página em qualquer aplicativo profissional com textos que contenham caracteres acentuados e símbolos para testar a capacidade e a qualidade de impressão.

Teste do PDF/X-1a

Solicite a geração de um arquivo em conformidade com a norma do PDF/X-1a da página de amostra do gerenciador de fontes, ou de uma página criada em qualquer aplicativo profissional com textos que contenham caracteres acentuados para testar a capacidade e qualidade de impressão.

Os passos para criação de um arquivo PDF/X-1a serão tratados mais adiante.

Teste no prestador de serviços gráficos

O teste mais confiável é o envio de uma página ou uma tira de página com pequenos trechos de textos formatados com essa fonte para um prestador de serviços gráficos.

Outras dicas e cuidados a serem tomados com fontes

Quantidade de fontes habilitadas

Pode-se dizer que as fontes são uma paixão no mundo da editoração eletrônica. É muito comum os designers possuírem centenas e até milhares de fontes habilitadas no computador, com o intuito de poder escolher uma ou mais fontes para um determinado projeto.

Acontece que cada fonte ocupa aproximadamente 64 KB, logo 100 delas ocuparão preciosos 6.4 MB da memória RAM. Isso afeta profundamente a performance da máquina, podendo até causar problemas, como o PageMaker não abrir, acusando um erro de DLL.

Não há problema em possuir milhares de fontes disponíveis, desde que elas não estejam todas habilitadas ao mesmo tempo. O ideal seria que somente algumas dezenas estivessem ativas.

À medida que precisar de fontes diferentes, habilite-as e desabilite outras que não serão utilizadas no projeto em que está trabalhando.

Mesmo com um bom gerenciador de fontes, habilitar todas as fontes que você possui ao mesmo tempo até é possível, mesmo para quem possui milhares delas, mas é pouco recomendável, mesmo tendo um computador com processador veloz e com grandes quantidades de memória RAM.

Trabalhar com muitas fontes habilitadas ao mesmo tempo pode causar:

- Longos menus para escolha de fontes (deveras irritante no Mac OS);
- Redução da performance do computador;
- Aumento da probabilidade de travamentos;
- Aplicativos que se recusam a abrir.

Faça um catálogo impresso de todas as suas fontes, e quando for "pesquisar" uma fonte para ser utilizada num trabalho, utilize seu catálogo e, só então, habilite essa fonte (não se esquecendo, é claro, de desabilitá-la quando terminar o trabalho).

Fontes de sistema

Pode ser que depois de ler este capítulo, você esteja tentado a trabalhar somente com fontes de padrão PostScript ou OpenType e, portanto, desabilitar todas as fontes TrueType, ou pensando em desabilitar aquelas centenas ou milhares de fontes que não estão sendo utilizadas nesse momento.

Saiba que as fontes de sistema (que são fundamentais para o sistema operacional do Windows ou Mac OS) são todas TrueType (com exceção de algumas do Mac OS X que são de padrão dfont) e não podem ser desabilitadas em hipótese nenhuma. Isso varia um pouco, dependendo da versão do sistema operacional.

Upgrades de fontes

Mesmo as fontes sofrem upgrades, por isso é importante enviar as fontes* que foram usadas no projeto ao seu prestador de serviços gráficos, por mais simples e comuns que elas sejam.

No caso da Helvetica, quase onipresente em todos os computadores, a versão que o designer usou pode ser mais nova ou mais antiga do que aquela que o prestador de serviços gráficos possui, por isso é sempre bom enviar as suas fontes* e mesmo assim não há garantia de que o prestador de serviços gráficos utilize-a.

Estima-se que a Adobe tenha feito várias modificações na Helvetica desde que ela foi desenvolvida. Você pode possuir um modelo 1998 e seu prestador de serviços gráficos um modelo 1986.

Os upgrades podem ser ajustes de milésimos de um milímetro na espessura ou no kerning de um caractere. O suficiente para um texto numa coluna bem apertada recorrer. Melhor enviar arquivos em regime fechado.

Estilos falsos

Alguns aplicativos permitem ao usuário, mesmo não possuindo uma fonte de estilo negrito ou itálico, aplicar esses estilos no trecho selecionado.

Os resultados impressos costumam ser excelentes em impressoras de layout, mas desastrosos em impressoras high-end. Nestas últimas, todos os trechos dos textos em que foi aplicado negrito ou itálico podem ser impressos sem esses estilos, não serem impressos ou ainda pior, podem ter a fonte trocada para Courier.

No Windows e no Mac OS 9.x, infelizmente, praticamente todos os aplicativos permitem isso, sendo exceções o CorelDRAW, o InDesign e o Illustrator (somente as duas últimas versões).

No Mac OS X, praticamente todos os aplicativos impedem essa prática.

Coleções de fontes

Muitas pessoas acham mais fácil e prático enviar sua coleção completa de fontes do que ficar selecionando um a um todos os arquivos que compõem cada uma das fontes usadas num projeto a ser enviado em regime aberto para um prestador de serviços gráficos.

Este, por sua vez, não acha nada prático receber essas coleções e ficar procurando no meio de centenas e até milhares de fontes as que foram usadas no projeto.

Reenvio de fontes

Mesmo que você tenha enviado as mesmas fontes* dois dias antes para um outro trabalho, não reclame com seu prestador de serviços gráficos se ele pedir novamente as fontes.

Eles normalmente lidam com centenas de arquivos oriundos de dezenas de clientes diariamente. Normalmente (e é desejável que eles o façam) eles têm por hábito apagar os arquivos dos trabalhos já executados, inclusive as fontes*.

Clientes muito freqüentes podem solicitar o armazenamento permanente das suas fontes nos servidores do prestador de serviços gráficos.

Pirataria de fontes

Mesmo que você tenha adquirido legalmente as suas fontes, enviá-las para o prestador de serviços gráficos para conseguir imprimir o seu material é considerado uma cópia ilegal de tecnologia (pirataria).

Se você deseja seguir a lei à risca, melhor enviar seus arquivos em regime fechado, pois suas fontes estarão embutidas.

Fontes que apodrecem

Por mais absurdo que possa parecer e, infelizmente, ninguém sabe explicar, as fontes "apodrecem" com o tempo. É como se o Windows ou o Mac OS "enjoassem" do desenho das fontes e passassem a trocá-las por Courier. A solução é, de tempos em tempos (a cada três ou seis meses), desabilitar essas fontes, reiniciar o micro e habilitá-las novamente.

Fontes convertidas

Evite utilizar fontes TrueType ou PostScript convertidas em aplicativos, como o FontLab, Fontografer, TT Converter, CrossFont etc., de um padrão para o outro e/ou de uma plataforma para outra.

Conflito de fontes

Evite instalar uma determinada fonte no padrão PostScript junto com a mesma fonte no padrão TrueType e/ou OpenType por causa do conflito que isso pode gerar.

CUIDADO

No Windows, consulte a lista das fontes habilitadas do seu gerenciador de fontes para se certificar de quais estão habilitadas. As versões dos gerenciadores de fontes que rodam no Mac OS avisarão, mas as que rodam sob o Windows, nem sempre.

No Mac OS, as últimas versões dos sistemas operacionais têm vindo com fontes clássicas como Helvetica, Futura e Optima, só que no padrão TrueType. Evite utilizá-las, desabilitando-as e, se for o caso, procure-as no padrão Type 1.

Só pode haver um

Evite gerenciar as suas fontes usando mais de um utilitário/aplicativo de gerenciamento de fontes. É conflito na certa!

Aplicação de estilos no Mac OS 9.x

No Mac OS 9.x, não "italize" ou "boldifique" (ou as duas coisas) uma fonte pelas paletas de controle ou menus. Escolha a fonte "Helvetica Italic" ou a fonte "Helvetica Bold".

No Mac OS X, a maior parte dos aplicativos força a escolha da fonte e depois do estilo nas suas paletas, e desta forma não representa um procedimento perigoso.

Reinicie o aplicativo

No Windows e no Mac OS, normalmente as fontes só são reconhecidas pelos aplicativos depois que eles são fechados e abertos novamente.

Em alguns casos, pode ocorrer de apenas ser necessário o fechamento dos documentos que estão acusando falta de fontes, e reabertura para o reconhecimento das fontes que acabaram de ser instaladas ou habilitadas.

Estilos proibidos do QuarkXPress

No QuarkXPress, não utilize os estilos Outline ou Shadow, sob risco de o texto ser impresso numa lineatura inferior.

Atalhos de fontes

À primeira vista podem parecer duas dicas tolas ou muito óbvias, mas a confusão com teclas de atalho no momento de copiar os arquivos ocorre com mais freqüência do que muita gente pode imaginar, e resultam em duas situações que seriam cômicas se não fossem trágicas:

- Pessoas que enviam atalhos ou aliases dos arquivos das fontes em vez dos próprios arquivos.
- Usuários que movem suas fontes para o disco de transporte e ficam sem elas.

Toda atenção é necessária.

Anotações

5

Dicas & Cuidados:
Definição do Formato de Página

Qualquer arquivo destinado à impressão e à área de editoração eletrônica deve ser meticulosamente construído, respeitando as características de cada software e seguindo normas específicas de exportação e montagem final do arquivo.

Para melhor exemplificar a correta construção e a montagem de um arquivo de editoração eletrônica, criaremos um anúncio de uma casa de chá. Como normalmente anúncios incluem fotos, ilustrações e texto, podemos acompanhar todas as etapas do processo, desde a obtenção da imagem bitmap e sua verificação, cuidados a serem tomados com as ilustrações e formas de exportação e finalização do anúncio.

Na plataforma Windows, utilizaremos os aplicativos Photoshop, CorelDRAW e InDesign e na plataforma Macintosh, vamos utilizar o Photoshop, Illustrator e QuarkXPress. Caso você utilize outros aplicativos, o conceito é exatamente o mesmo, porém os comandos podem ser diferentes.

Aplicativos de editoração eletrônica

Existem basicamente três categorias de aplicativos para a área de editoração eletrônica com a finalidade de impressão comercial. São elas:

Retocadores de imagem

Trabalham com bitmaps (malha de pontos) para produzir, editar e retocar imagens e fotos. Principais aplicativos: Adobe Photoshop e Corel Photo-Paint.

Ilustradores

Usam vetores (cálculos matemáticos) para produzir ilustrações, gráficos, desenhos e logotipos. Principais aplicativos: CorelDRAW, Adobe Illustrator e Macromedia FreeHand.

Paginadores/Finalizadores

Diagramam textos junto com os arquivos vetoriais e bitmaped importados dos aplicativos ilustradores e retocadores, com o objetivo de confeccionar desde livros e revistas até jornais e anúncios publicitários. Principais aplicativos: Adobe PageMaker, Adobe InDesign e QuarkXPress.

Cuidados & Dicas

Atualização dos aplicativos

Como em todo e qualquer software, alguns ajustes e aperfeiçoamentos sempre são feitos depois que o produto chega às prateleiras das lojas e revendedores.

Por esta razão é muito comum os fabricantes disponibilizarem gratuitamente releases, patchs ou updates que corrigem eventuais falhas nos aplicativos. É sempre interessante, para não dizer fundamental, mantê-los atualizados.

Visite freqüentemente os web sites dos fabricantes e verifique os lançamentos de releases dos aplicativos que está utilizando.

Respeite a natureza dos aplicativos

Como foi explicado anteriormente, na construção dos arquivos digitais de um impresso são usados vários aplicativos. Cada um deles cumpre uma etapa específica conforme as características e a "natureza" (função para a qual foi desenvolvido). Nem sempre, para não dizer quase nunca, um único aplicativo tem a capacidade de realizar todas as etapas com facilidade e principalmente perfeição.

Mesmo que a cada nova versão dos aplicativos seus respectivos fabricantes, homeopaticamente, insiram recursos para torná-los aplicativos multiuso, a evolução quase sempre esbarra na praticidade e qualidade do resultado final.

Alguns designers que optaram por não "respeitar" essas características podem até afirmar que não têm enfrentado problemas, e que seus arquivos têm sido impressos a contento. Infelizmente, nem sempre é possível avaliar ou ter noção do grau de qualidade que estão perdendo ou que ganhariam se os procedimentos corretos fossem levados à risca.

O que pretendemos neste livro é sugerir e demonstrar a correta construção de um arquivo digital, o que nem sempre é o meio mais rápido nem o mais prático.

Por esta razão e mesmo que seja possível realizar essas tarefas no seu aplicativo preferido, recomendamos que evite:

Conversão de documentos entre versões, aplicativos e plataformas

- Se possível, evite, pois a conversão dificilmente é 100% perfeita. Se for inevitável converter seus documentos em versões, aplicativos e plataformas diferentes dos quais eles foram criados, revise minuciosamente seu conteúdo, diagramação, vínculos etc., antes de enviar para impressão.

Fazer ajustes em imagens bitmap em aplicativos de ilustração vetorial ou de paginação

- Esses aplicativos não fornecem todas as ferramentas e as configurações de ajuste presentes nos aplicativos de retoque de imagens bitmap. Desta forma, dificilmente os ajustes serão realizados de modo a obter resultados desejados.

Usar o atributo Hairline

- Ao escolher a espessura dos fios de contorno, frames, linhas etc., evite usar o atributo *Hairline* (também conhecido como fio de cabelo, espessura mínima etc.).

  Essa espessura, na verdade, é uma instrução que diz à impressora para imprimir o elemento com a menor espessura que for capaz. Em impressoras de prova, dependendo da resolução disponível ou escolhida, o fio pode ter uma espessura visível e até desejável. Em impressoras high-end, como imagesetters ou platesetters, que atingem de 2.500 a 5.000 dpi, a espessura pode ser fina demais e não sensibilizar o substrato ou papel usado na impressão final.

Fazer a paginação em aplicativos de ilustração vetorial

- Nenhuma versão atual de aplicativo de ilustração vetorial possui as ferramentas, comandos, ajustes e opções para formatar textos de forma tão avançada e confiável quanto os disponíveis nos aplicativos de paginação/finalização.
- Um outro quesito que os desabonifica é a dificuldade de diagramar longos textos. Diagramar colunas de texto interligadas, por exemplo, pode se tornar uma verdadeira tortura nos aplicativos de ilustração por causa dos poucos ou mal implementados recursos. A não ser que você tenha a lendária "paciência de um chinês aposentado", sugerimos que diagrame os textos num paginador/finalizador.

Fazer uma linha de montagem seqüencial

- Arquivos digitais não devem ser construídos como uma linha de montagem de automóveis em que a carroceria recebe seqüencialmente a pintura, o motor e câmbio, suspensão, tapeçaria e estofamentos, parte elétrica, vidros etc. para que o carro fique pronto. Isso funciona perfeitamente nas linhas de montagem da indústria automobilística e em outras indústrias, mas nem sempre a contento em DTP.

Muitos designers têm o hábito de importar imagens bitmap para um ilustrador vetorial, diagramá-las com ilustrações vetoriais, exportar esses elementos, importar para um paginador, diagramar todos esses elementos e por fim finalizá-los para impressão.

Muitos elementos, principalmente as imagens bitmap, podem sofrer interferências nas suas informações quando importados para aplicativos de ilustração. Por descuido do designer, software mal configurado ou mesmo característica dele, as imagens podem ter seu espaço de cor convertido em outro (de CMYK para RGB, por exemplo), perda de qualidade ou de fidelidade nas cores, perfis de cores conflitantes em aplicativos com sistemas de gerenciamento de cor mal configurados etc.

No quesito vínculos, uma vez que a imagem estava vinculada ao seu arquivo original, ao reexportá-la junto com as ilustrações vetoriais, o vínculo da imagem pode ser quebrado, por exemplo, por causa de não ter sido habilitada a opção respectiva. Isso resulta na impressão da imagem em baixa resolução.

Recomenda-se que todas as imagens e ilustrações sejam importadas separadamente para um software paginador/finalizador em que serão diagramadas com o texto, para produzir o layout finalizado para impressão.

Utilizar aplicativos de ilustração vetorial como finalizadores

- Aplicativos de ilustração vetorial foram adaptados no decorrer do lançamento de versões mais recentes para poderem atuar como aplicativos de finalização. Alguns foram melhor adaptados do que outros.

  Dependendo da complexidade do arquivo de ilustração, nem sempre ele consegue ser impresso a contento por seus próprios aplicativos de autoria. Para muitos desses arquivos a salvação está no ato de exportá-los e importá-los para os aplicativos de paginação/finalização.

Utilizar aplicativos de "escritório" para paginação

- Trabalhos profissionais devem ser realizados em aplicativos profissionais e comprovadamente confiáveis. Aplicativos de "escritório", como, por exemplo, os que compõem o pacote Microsoft Office, servem muito bem para diagramar uma circular interna de uma empresa ou um contrato, mas não impressos comerciais, tais como livros, revistas, jornais, folhetos, anúncios etc.

  A primeira razão é que eles não foram desenvolvidos para atender às necessidades complexas de impressoras high-end e a outra razão que complementa a primeira é que eles não geram arquivos com um código PostScript correto.

- Na área da editoração eletrônica profissional, devemos utilizar um processador de textos somente para digitar textos e depois importá-los para um software de paginação.

- Se necessitar de um gráfico do tipo pizza, por exemplo, facilmente podemos fazê-lo num aplicativo de planilha eletrônica. Porém, antes de importá-lo para um paginador, devemos levá-lo para um software de ilustração vetorial no qual suas cores, textos, contornos etc. devem ser verificados e corrigidos, pois quase sempre as cores vêm no modo RGB, e os textos de cor preta possuem 100% das cores ciano, magenta, amarelo e preto (o que dificulta o registro das cores na impressão final).
- Para aqueles que necessitam de equações matemáticas e as produzem em aplicativos/utilitários e enfrentam problemas na impressão, recomendamos o mesmo procedimento descrito no parágrafo anterior ou a utilização de um aplicativo dedicado chamado MathType (www.mathtype.com) que apresenta perfeição e facilidade e as exporta no formato EPS (Encapsulated PostScript).

Definição do formato do anúncio - Windows

1. No InDesign, peça um arquivo novo com as seguintes dimensões: 210 X 280 mm.

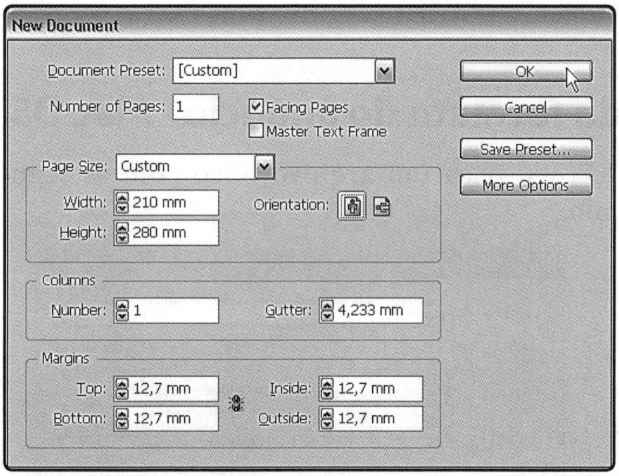

ATENÇÃO

Quando for definir um formato personalizado, certifique-se de marcar a opção Vertical (*Portrait* ou qualquer outra denominação utilizada por seu aplicativo) se a largura da página for menor que a altura, ou marque a opção Horizontal (*Landscape* ou qualquer outra denominação utilizada por seu aplicativo) se a largura da página for maior que a altura.

2. Salve o arquivo num diretório próprio, assegurando assim uma perfeita organização em relação aos outros arquivos pertencentes a um determinado projeto.

3. Feche o InDesign.

Definição do formato do anúncio - Mac OS

1. No QuarkXPress, peça um arquivo novo com as seguintes dimensões: 210 X 280 mm.

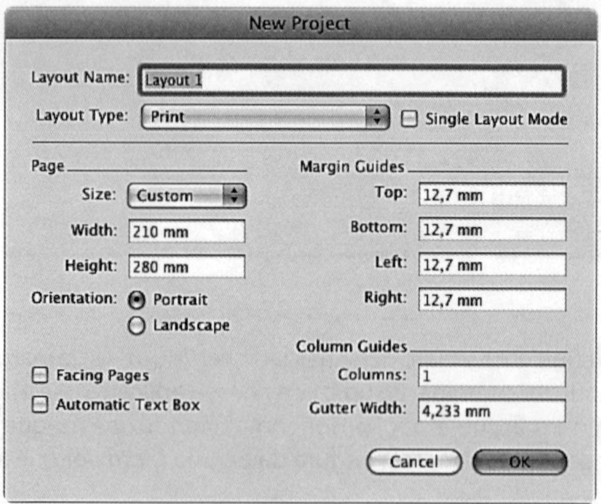

Quando for definir um formato personalizado, certifique-se de marcar a opção Vertical (*Portrait* ou qualquer outra denominação utilizada por seu aplicativo) se a largura da página for menor que a altura, ou marque a opção Horizontal (*Landscape* ou qualquer outra denominação utilizada por seu aplicativo) se a largura da página for maior que a altura.

2. Salve o arquivo num folder próprio, assegurando assim uma perfeita organização em relação aos outros arquivos pertencentes a um determinado projeto.

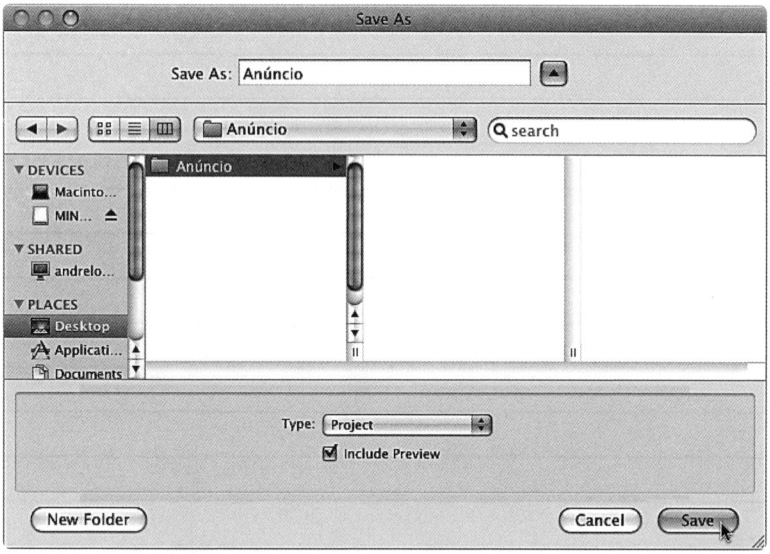

3. Feche o QuarkXPress.

Anotações

6

Dicas & Cuidados:
Imagens Bitmap

Neste capítulo vamos demonstrar os cuidados necessários para obter uma imagem bitmap digital, avaliá-la quanto à qualidade, resolução, tamanho, fazer o mascaramento e salvá-la nos formatos profissionais disponíveis para uso em projetos gráficos.

Obtenção de imagens

Existem várias formas de conseguir imagens bitmap. São elas:

Fotógrafo

Nos casos em que a imagem é de um produto específico ou deve ser produzida de acordo com o que seu cliente encomendou, é necessário contratar um fotógrafo. Alguns cuidados devem ser tomados ao contratá-lo. Escolha um profissional especializado no tipo de imagem que deseja, defina exatamente as suas necessidades e como quer a imagem, negocie e redija um contrato especificando o tipo, tempo de uso e os respectivos direitos autorais.

É recomendável acertar com o fotógrafo se as imagens serão capturadas por câmera digital ou convencional e, no segundo caso, a cargo de quem fica a tarefa de digitalizar os originais.

Banco de imagens

Se o seu caso não é tão específico e se trata, por exemplo, de paisagens européias, você pode recorrer aos bancos de imagem. São empresas que dispõem de milhares de imagens organizadas e catalogadas por assunto ou temas. Uma vez que você escolheu a imagem desejada, alugue-a pelo tempo necessário, pagando um valor que depende do uso. Pode até ser mais barato do que contratar um fotógrafo, porém não é garantido que encontre exatamente a imagem que precisa. A maioria dos bancos de imagem disponibiliza-as em CD-ROM ou em web sites.

Coleções de imagens em CD-ROM ou DVD-ROM

Normalmente, o único custo de utilização é o que foi investido para adquirir a coleção, pois não há necessidade de pagar royalties nem direitos autorais.

Nesse caso não há nenhuma garantia de uso exclusivo.

ATENÇÃO

É recomendável ler atentamente o contrato que acompanha o CD para saber as limitações do uso comercial das imagens.

Exportadas a partir dos aplicativos

Praticamente qualquer software para uso profissional ou mesmo semiprofissional pode exportar os layouts produzidos como imagem bitmap. Aplicativos de ilustração vetorial como o CorelDRAW, Illustrator, FreeHand, Flash, entre tantos outros, têm a capacidade de exportação usando o comando ***Export*** (ou ***Exportar***), normalmente localizado no menu *File* (ou *Arquivo*). Os formatos bitmap disponíveis variam de acordo com o aplicativo, mas normalmente os formatos TIFF e JPEG estão sempre presentes.

Criadas no Photoshop

Basta criar um documento novo no Photoshop para gerar uma imagem bitmap. É possível aproveitar outras imagens, aplicar filtros e os outros recursos do aplicativo para definir uma imagem completamente nova.

Capturadas a partir do próprio computador

No Windows, é possível capturar as imagens do monitor pressionando a tecla Print Screen ou Alt+Print Screen para capturar apenas um trecho em destaque. Se preferir, recomendamos um utilitário específico para captura de telas como o Corel Capture que vem junto com o CorelDRAW (somente Windows). Este é o aplicativo usado na captura das telas deste livro.

No Mac OS, as teclas são Shift+Command+3 para capturar a tela cheia e Shift+Command+4 para capturar apenas um trecho em destaque. Uma boa opção é o utilitário Snapz Pro fabricado pela Ambrosia (www.ambrosiasw.com), também usado na confecção deste livro.

Em ambas as plataformas, os capturadores dos sistemas operacionais capturam sempre em 72 ppi.

Câmeras fotográficas digitais

Depois de fotografar, basta descarregar as imagens num computador.

Scanners

São dispositivos de captura que criam um arquivo digital a partir de um original qualquer.

O original pode ser uma foto, um cromo, uma arte-final ou qualquer coisa que possa ser acomodada sobre a superfície de varredura do scanner, que pode ser uma lâmina ou um tambor de vidro.

Internet

Evite usar imagens publicadas na Internet. A imensa maioria das imagens veiculadas na Internet tem baixa resolução (cerca de 72 ppi) e está nos formatos GIF e JPEG. O GIF, talvez o pior deles, é um formato de cores indexadas, ou seja, todas as cores estão em uma paleta de, no máximo, 256 cores, bem inferior aos milhões de cores de uma imagem RGB ou aos milhares de cores que uma imagem no modo de cor CMYK pode conter. Portanto, dificilmente você conseguirá uma qualidade aceitável para ser impressa pelo sistema offset.

Já as imagens em JPEG, apesar de estarem normalmente em RGB (podendo ser convertidas em CMYK), sofrem de outro mal: normalmente, para que resultem em arquivos pequenos, os web designers impõem taxas muito altas de compressão ao salvar as imagens, o que resulta em perda de qualidade e de detalhamento. Isso não é preocupante para quem quer visualizar as imagens no web site, mas para quem quer sensibilizar fotolitos ou chapas para impressão em offset...

ATENÇÃO

Mesmo que uma foto esteja publicada na Internet, **não** significa que seja de domínio público e possa ser utilizada sem restrições.

Fotografia digital

Atualmente, a maioria dos fotógrafos prefere trabalhar com equipamentos digitais, entregando ao cliente os arquivos das imagens. É importante verificar se a resolução (valor em megapixels) da câmera que será utilizada é compatível com o tamanho final com que as imagens serão publicadas. Por exemplo, uma foto digital de cinco megapixels dificilmente ficará com boa qualidade ser for ampliada acima de 20 X 30 cm (sem considerar eventuais cortes na imagem). Além disso, outros fatores, como a qualidade óptica das lentes e do conjunto mecânico do equipamento, têm grande importância na obtenção de bons resultados.

Cuidado adicional deve ser tomado em relação ao formato de armazenamento das imagens no cartão de memória. O uso de JPEG, principalmente com alto fator de compactação, pode degradar significativamente a qualidade da foto e gerar artefatos de difícil remoção. Para obter melhores resultados, prefira fotos armazenadas em formato TIFF ou RAW.

Cromos, negativos ou opacos

Em relação ao original da imagem, sempre dê preferência aos cromos, pois eles passaram por apenas um processo de revelação e permitem ampliações maiores, mantendo a qualidade.

Os opacos (ampliação dos cromos ou negativos e impressos em papel fotográfico) passaram por dois processos de revelação, mas mesmo assim seriam a segunda melhor escolha.

Os negativos não podem ser utilizados no ajuste de cores entre a imagem digitalizada e a original, e para digitalizar negativos é recomendável que o software do scanner traga os perfis de cor da inversão de cada tipo de filme.

Por estas razões, normalmente os bancos de imagem e fotógrafos de publicidade só trabalham com cromos.

Scanners de layout ou scanners profissionais

Hoje, há no mercado centenas de modelos de scanner de diferentes níveis de qualidade, com preços que começam na faixa dos cem reais e podem chegar a algumas centenas de milhares de dólares nos equipamentos mais sofisticados. Já existem scanners compactos de mesa capazes de digitalizar imagens de boa qualidade gráfica e equipamentos profissionais baseados em CCD, que oferecem qualidade capaz de rivalizar com os antigos scanners cilíndricos.

Por isso, é preciso avaliar cuidadosamente se um scanner é adequado ao padrão de qualidade de imagem que pretendemos obter. Caso seu scanner de mesa não ofereça resolução, definição ou a qualidade de cor exigida pelo tipo de produto em que as imagens serão utilizadas, é melhor empregá-lo apenas na produção dos layouts, deixando a digitalização definitiva das imagens a cargo de um equipamento profissional, normalmente disponível nas gráficas e birôs de serviço.

Resolução e lineatura

A resolução necessária para digitalização está diretamente ligada à lineatura do material impresso. A resolução é medida em quantos pixels (picture elements) existem em uma polegada quadrada, ppi; quanto menor for o pixel, mais pontos existirão e melhor será o resultado. A lineatura ou resolução de retícula é a medida de quantas linhas formadas por pontos existem em uma polegada quadrada, lpi; quanto mais fina for a linha, mais linhas existirão e melhor será o resultado.

Pode-se usar uma regra bem simples: utilizar de uma vez e meia a duas vezes o valor de lineatura. Para um impresso como esse anúncio publicitário numa revista, ou até um catálogo, utiliza-se normalmente uma lineatura de 150 lpi (dependendo do processo de impressão) e, portanto, imagens com valores entre 225 e 300 ppi.

A informação da lineatura deve ser obtida na sua gráfica ou com a editora da revista.

Imagens com resolução menor produzem serrilhas indesejáveis e com resolução maior resultam em arquivos enormes, mais lentos para serem impressos e sem ganho de qualidade.

Como toda imagem é formada de pontos, a resolução e o tamanho de uma imagem devem ser definidos antes de ser digitalizada, e não deve ser alterada depois de digitalizada sob pena de estouro dos pontos ou perda de foco.

Resolva problemas com moirês

Quando digitalizamos imagens já impressas pelo sistema offset, podemos nos deparar com o moirê (pronuncia-se "moarê"). São manchas desagradáveis e indesejáveis que se assemelham a uma rede de fios entrelaçados. Elas ocorrem devido ao scanner captar os ângulos das retículas dos materiais impressos em offset tanto em papel couchê como fosco. Elas não aparecem quando você digitaliza originais fotográficos, como fotos, cromos ou negativos, pois estes não possuem retículas e sim meios-tons.

Para minimizar esse efeito, use esta regra simples: ao colocar um material já impresso em offset no seu scanner, posicione-o "torto" e de forma que ele não coincida com os ângulos 15, 75, 0 e 45. Use um transferidor para certificar-se disso e também para descobrir o ângulo a ser utilizado na rotação da imagem no Photoshop para endireitá-la depois da digitalização. Outra técnica seria aplicar o filtro Blur, mas desta forma sua imagem sofreria desfocamento, perdendo a nitidez.

A outra possibilidade, que gerou muita controvérsia por ferir alguns princípios básicos da física, é reduzir a resolução para 100 ppi e imediatamente aumentar a resolução para o valor original.

Uma solução mais profissional seria enviar essa imagem impressa para empresas ou prestador de serviços gráficos que possuam scanners com o recurso de descreening, que realmente elimina as retículas.

ATENÇÃO

Existe também um falso moirê ocasionado pela digitalização de originais que contenham texturas, como, por exemplo, um tecido estampado com pequenos quadriculados ou as caixas de alto-falantes de um aparelho de som, que podem aparentar o moirê. Para certificar-se de que se trata apenas de um efeito do seu monitor, veja essas imagens com 100% de visualização.

Trabalho com imagens em regime OPI

Open Prepress Interface é um sistema que pode ajudá-lo a reduzir o tamanho dos arquivos de imagens a serem manuseados antes da fase de pré-impressão. Funciona da seguinte forma: o cliente envia o cromo a ser digitalizado para o prestador de serviços gráficos e especifica que quer trabalhar com o sistema OPI; este digitaliza a imagem, envia uma cópia de baixa resolução (portanto, ocupando pouco espaço) para o cliente e armazena no servidor OPI a cópia em alta resolução.

O cliente aplica essa cópia em baixa resolução no seu trabalho e envia para o prestador de serviços gráficos a fim de imprimir os fotolitos. Antes de ser impressa, o servidor OPI identifica a imagem de baixa resolução e substitui pela de alta.

As vantagens são que o cliente não terá de manipular nem transportar grandes volumes de dados, e as desvantagens são que a imagem em baixa não pode sofrer alterações, como, por exemplo, modificação nas cores e máscaras, uma vez que ela será substituída pela de alta resolução.

Verificações nas imagens digitalizadas

Alguns itens devem ser verificados na imagem digitalizada pelo prestador de serviços gráficos antes de sua utilização.

Tamanho da imagem e resolução

1. No Photoshop, vá até o menu *Imagem/Tamanho da Imagem*.

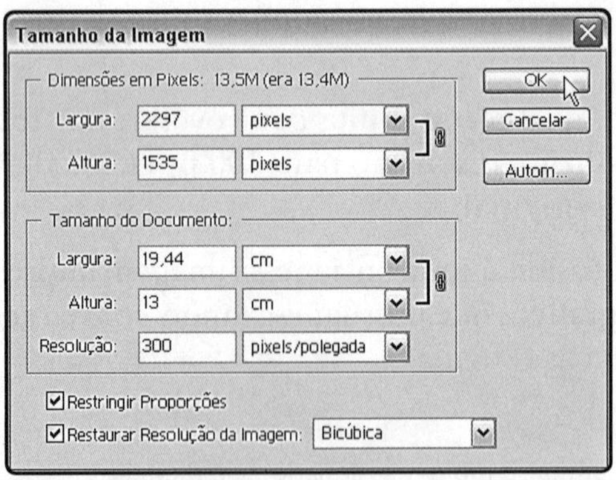

2. Confira os valores de tamanho e resolução.

CUIDADO

Evite ampliar ou reduzir as imagens depois que foram digitalizadas, pois elas perdem qualidade. Se for o caso, solicite uma nova digitalização.

Modo de cor

Confirme o modo de cor no menu *Image/**Mode***.

Imagens capturadas por câmeras fotográficas digitais ou digitalizadas pela maioria dos scanners "de mesa" são armazenadas no modo de cor RGB. No entanto, salvo nos casos em que o prestador de serviços gráficos manifeste preferência por receber imagens RGB (o que pode acontecer em algumas gráficas digitais), é usual que nos arquivos enviados para impressão todas as imagens estejam convertidas no modo de cor CMYK.

Para tanto, existem duas opções:

- Solicitar ao seu fornecedor de imagens que já as entregue em modo CMYK. Para tanto, você deve fornecer a ele as especificações do sistema de impressão e do tipo de papel que será utilizado. Trata-se de uma opção comum no caso de arquivos criados por ilustradores e de imagens escaneadas por birôs profissionais. Por outro lado, a maioria dos fotógrafos não dispõe de conhecimentos técnicos para efetuar corretamente essa conversão, e costuma entregar as fotos em RGB.
- Fazer você mesmo o tratamento e a conversão das imagens do modo RGB em CMYK. Para fazer uma conversão adequada, você também vai precisar conhecer as especificações do sistema de impressão e o tipo de papel a ser utilizado no material. Desde que bem executada, essa segunda opção costuma dar melhores resultados.

Para realizar com precisão e eficiência essas conversões RGB-CMYK, o Adobe Photoshop necessita de alguns ajustes nos parâmetros de configuração de perfis de cor. Desde a versão 6, o Photoshop trabalha preferencialmente com Perfis ICC e esses ajustes estão disponíveis no menu *Edit/**Color Settings***.

No Photoshop versões 7 e CS1 para Mac OS X, o menu fica em *Photoshop/**Color Settings***.

Abre-se o quadro de diálogo a seguir, que oferece duas visualizações: a simplificada e a completa, que é ativada pelo botão **More options**.

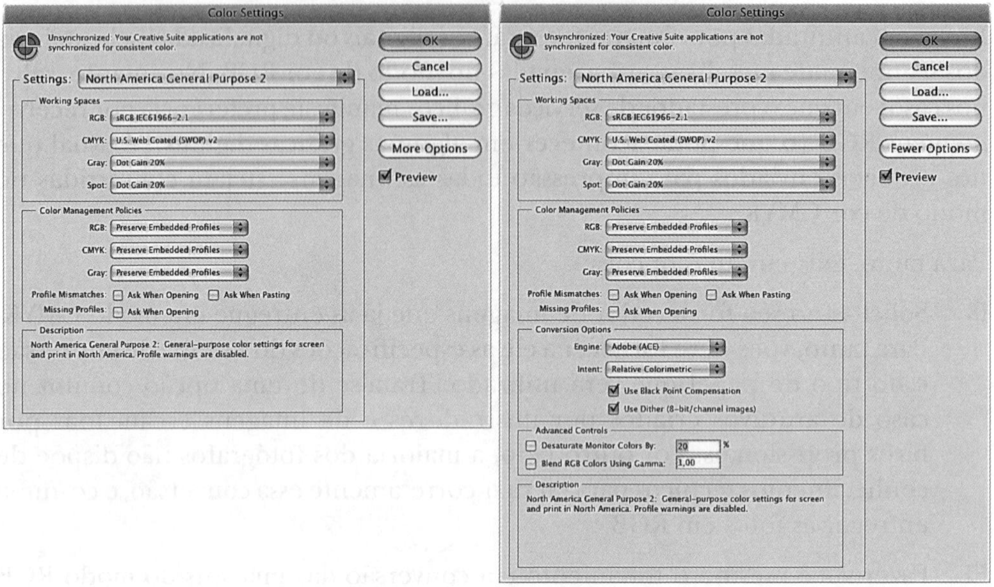

O quadro de diálogo Color Settings é dividido em três campos principais:

- Working Spaces ("espaços de trabalho").
- Color Management Policies ("diretrizes do gerenciamento de cores").
- Description ("descrição").

Na visualização completa há dois campos adicionais sobre os quais falaremos mais adiante:

- Conversion Options ("opções de conversão").
- Advanced Controls ("controles avançados").

Para obter no Photoshop cores consistentes entre o monitor e os impressos é preciso informar ao aplicativo as características dos dispositivos RGB (especialmente o monitor) e CMYK (o processo de impressão), além das características que devem ser aplicadas nas imagens Grayscale (tons de cinza) e nas eventuais Spot Colors (cores especiais).

O quadro de diálogo Color Settings trata cada uma dessas informações como Working Spaces ("espaços de trabalho") do Photoshop.

A Adobe fornece alguns settings pré-ajustados, mas nenhum deles é inteiramente adequado à realidade de quem trabalha com materiais impressos no mercado gráfico brasileiro (a opção *"Europe Web/Internet"* é razoável para criar imagens para Internet).

Por isso, sugere-se que o usuário configure manualmente os ajustes e crie seus settings personalizados, os quais podem ser salvos.

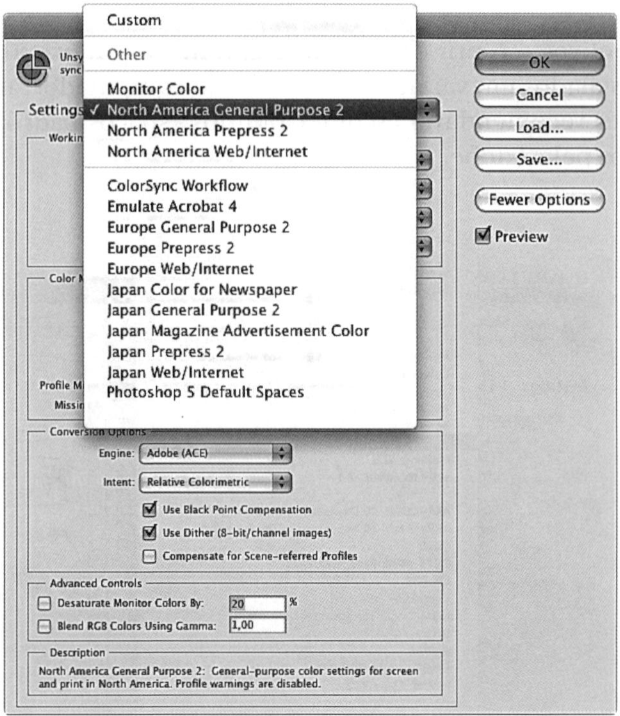

Espaço de trabalho RGB

Caso você tenha feito uma calibração no seu monitor e gerado o perfil ICC correspondente, o software de calibração já terá informado ao sistema operacional (e, conseqüentemente, ao Photoshop) qual o perfil de cores do monitor instalado em seu micro. Dentro da lista de espaços de trabalho RGB, o nome do perfil ICC deve surgir adiante da opção *"Monitor RGB"*.

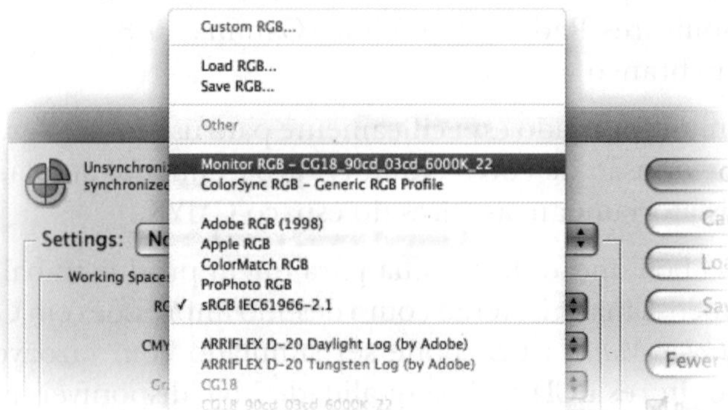

É preciso definir qual será o espaço de trabalho RGB a ser usado pelo Photoshop e, ao contrário do que se imagina, não é uma boa idéia escolher o RGB do monitor.

Por diversos motivos – o principal deles é garantir a uniformidade visual entre Photoshops instalados em variados conjuntos de computador/monitor – é uma opção bem mais recomendável escolher um dos espaços padronizados de RGB disponibilizados pela Adobe.

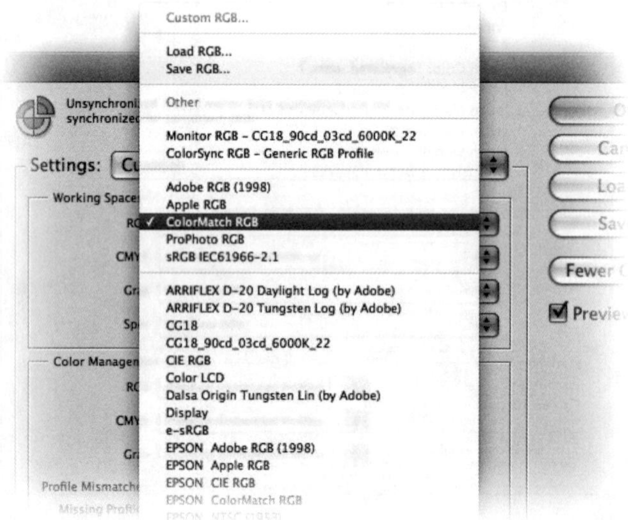

O quadro de diálogo mostra a lista de espaços de trabalho RGB oferecida pela Adobe (a lista só aparece completa ao pressionar o botão **More Options**). Além do já mencionado *"Monitor RGB"*, há diversas opções referentes aos perfis ICC de dispositivos RGB instalados no sistema operacional do computador.

A recomendação para os profissionais da área gráfica é a escolha do espaço *"ColorMatch RGB"*, que representa uma versão idealizada do espaço de cor dos antigos monitores Radius PressView (Gamma =1.8, Primárias = P22-EBU, Temperatura do branco = 5000° K).

Como esse monitor foi criado especificamente para uso na área gráfica, seu espaço RGB tem uma extensão de cores (gamut) razoavelmente ampla, otimizada para reproduzir satisfatoriamente as cores do espaço CMYK.

Trata-se de uma boa opção de escolha para quem produz trabalhos que, na sua totalidade ou imensa maioria, terão como destino impressões em CMYK. E o gamut de cores do *"Color Match RGB"* pode ser simulado com razoável precisão pela maioria dos monitores LCD de boa qualidade hoje disponíveis no mercado.

Outra opção recomendável é o *"Adobe RGB (1998)"*, que oferece um gamut de cores bem mais extenso que o do ColorMatch (Gamma = 2,2, Primárias = Adobe RGB, Temperatura do branco = 6500° K).

Esse espaço de cores mais amplo, uma vantagem que faz do Adobe RGB a opção preferida da maioria dos fotógrafos digitais, resulta, no entanto, em alguns problemas: muitas das cores previstas no gamut amplo desse espaço de cor não podem ser adequadamente simuladas pela maioria dos monitores LCD do mercado, ou seja, nos tons saturados, as imagens podem conter nuanças que ficam invisíveis no monitor.

Além disso, uma enorme quantidade de cores do Adobe RGB simplesmente não pode ser impressa numa gráfica industrial offset ou digital que trabalhe apenas com tintas CMYK (pois está fora do gamut de cores de impressão), embora possa ser adequadamente reproduzida em impressoras fotográficas ou nas jato de tinta de alta qualidade. Assim, ao optar pelas vantagens cromáticas do espaço Adobe RGB o usuário deve ter consciência das maiores dificuldades que seu uso acarreta.

Uma vez definido o espaço de trabalho RGB padrão, o gerenciamento de cores do Photoshop encarrega-se de fazer com que o monitor instalado no computador passe a comportar-se de acordo com as novas regras. Ou seja, ainda que existam seis monitores de marcas diferentes em seis computadores, todos podem ser configurados para trabalhar em um único espaço de cor padrão, o que garante uma razoável fidelidade de cores entre eles e um comportamento consistente das imagens RGB no ambiente de trabalho.

Espaço de trabalho CMYK

O ajuste correto dos padrões de CMYK no Photoshop é fundamental para quem trabalha com artes gráficas.

Os padrões de CMYK são definidos por meio de perfis de cores ICC, os quais são construídos a partir da leitura de tabelas de amostras de cores (targets) impressas nos diversos tipos de máquinas de impressão e variedades de papéis disponíveis no mercado.

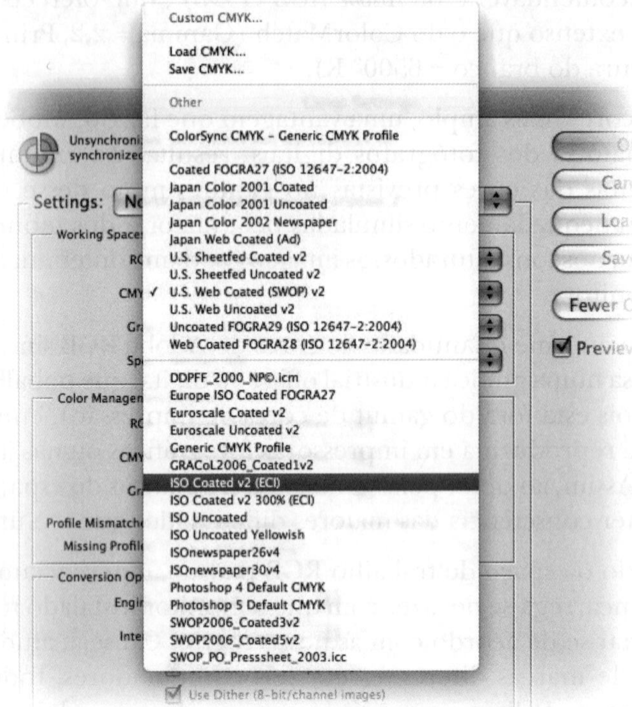

Há uma lista dos Working Spaces CMYK disponíveis no ***Color Settings*** do Photoshop, na qual aparecem todas as opções de perfis de CMYK instaladas no computador (a lista completa só aparece se o botão **More Options** estiver acionado).

Basta selecionar o perfil adequado ao tipo de impressão e ao papel que será utilizado no seu trabalho.

Onde ficam arquivados os perfis ICC

Os perfis ICC devem ficar armazenados em pastas específicas do disco rígido do computador.

A localização das pastas varia conforme o sistema operacional, mas em todos os casos, o próprio sistema e os aplicativos instalados costumam abarrotar essas pastas com dezenas de perfis ICC inúteis.

Você pode apagar os que não são utilizados e guardar apenas os que tiverem real utilidade.

- **Windows 2000** - C:\WINNT\system32\spool\drivers\color
- **Windows XP** - C:\WINDOWS\system32\spool\drivers\color

No Mac OS X há duas opções possíveis:

- Users/[login de usuário]/Library/ColorSync/Profiles (os perfis ficam disponíveis apenas para um usuário do micro)
- Library/ColorSync/Profiles (os perfis ficam disponíveis para todos os usuários do micro, mas é preciso usar o login de administrador para instalá-los)

Alguns aplicativos, inclusive o Photoshop, instalam perfis ICC fora das pastas padrão do sistema. Você pode localizá-los fazendo uma busca no seu disco rígido por arquivos com terminação ".icc" ou ".icm".

ATENÇÃO

Recomenda-se que todos os perfis ICC efetivamente utilizados sejam colocados nas pastas padrão, a fim de que fiquem disponíveis para todos os aplicativos instalados no computador.

As versões mais recentes do Photoshop instalam um número cada vez maior de opções de perfis ICC CMYK. Você pode pedir à sua gráfica que forneça ou recomende algum perfil ICC específico. Existe hoje uma tendência internacional pela utilização de perfis ICC padronizados, cuidadosamente construídos por entidades e associações do setor gráfico a partir de impressos produzidos com base nas especificações da norma ISO 12647.

Para impressão offset, a Associação Brasileira de Tecnologia Gráfica - ABTG, entidade que representa o Brasil na elaboração das normas ISO do setor gráfico, recomenda o uso dos perfis criados pela European Color Initiative - ECI. Esses perfis de cor ICC podem ser obtidos gratuitamente na área de download do site www.eci.org (procure pelo pacote ECI_Offset_2008). Eles devem ser copiados para as pastas específicas dos sistemas operacionais do seu computador (veja box anterior).

ATENÇÃO

Pode ser necessário reiniciar o Photoshop para que os perfis fiquem disponíveis na lista de Color Settings do aplicativo.

O pacote ECI_Offset_2008 traz um total de 11 perfis ICC para diferentes tipos de papel, acompanhados pela sua documentação. Os perfis de uso mais comum são os seguintes:

- **ISOcoated_v2_eci**: papel couchê fosco ou brilhante
- **ISOcoated_v2_300_eci**: papel couchê fosco ou brilhante, com menor carga de tinta
- **ISOuncoated**: papel offset não revestido
- **ISOuncoatedyellowish**: papel offset não revestido de cor amarelada
- **ISOwebcoated**: papel LWC (impressão rotativa heatset)
- **SC_paper_eci**: papel Super Calandrado (impressão rotativa heatset)

Além do pacote para offset, ECI disponibiliza também perfis específicos para impressão em sistema de rotogravura. Outras entidades fornecem perfis para impressão em papel-jornal e em outros sistemas, como a flexografia.

Os perfis ICC ficam disponíveis para todos os aplicativos.

Espaço de trabalho Grayscale

O ajuste seguinte do ***Color Settings*** refere-se à impressão das imagens monocromáticas em preto-e-branco, por meio da lista de espaços de trabalho Grayscale.

Recomenda-se que esse ajuste seja compatível com a escolha de papel e perfil ICC feita no espaço de trabalho CMYK.

Para isso, você deve acionar a opção *Load Gray*, procurar no computador e selecionar manualmente o mesmo perfil ISO utilizado no acerto CMYK.

Sua escolha vai aparecer na lista com a indicação *Black Ink* - nome do perfil.

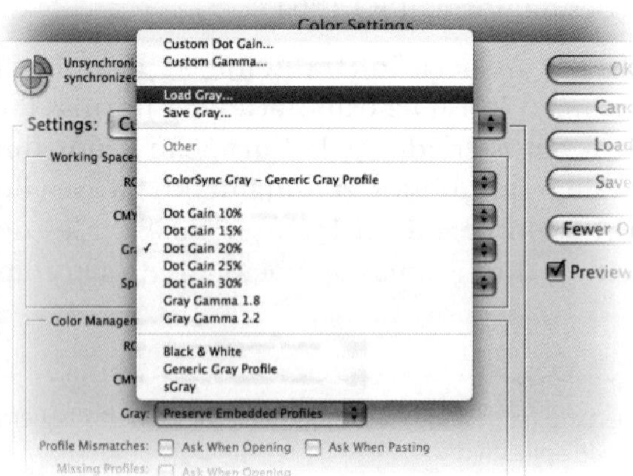

Espaço de trabalho Spot

Para concluir, é preciso ajustar o ganho de ponto previsto na impressão das cores spot (cores especiais, como as Pantone).

Essa escolha altera somente a aparência das cores spot no monitor. Em situações nas quais elas são aplicadas no Photoshop para trabalhos em papel couchê, deixe o ganho de ponto em 15%. No caso de papéis offset não revestidos, LWC e SC, esse valor pode ser reajustado para 20%.

Demais ajustes da janela Color Settings

Os ajustes seguintes do **Color Settings** referem-se às "políticas" de uso do gerenciamento de cores e à forma de lidar com perfis ICC incorporados aos arquivos.

Não cabe nos objetivos deste livro uma discussão extensa sobre as vantagens e desvantagens de cada opção, mas sugerimos que elas sejam ajustadas conforme o que mostra a janela seguinte.

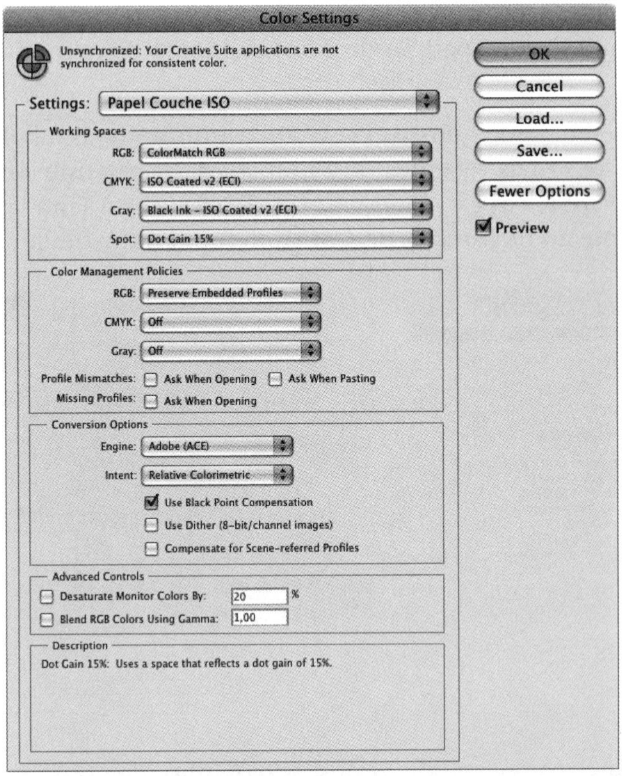

Isso permite que os perfis ICC incorporados a imagens RGB sejam respeitados, mas impede eventuais conversões indesejadas em arquivos CMYK, que podem gerar problemas nas imagens.

Por fim, devem ser definidos os ajustes nos quadros de diálogo **Conversion Options** ("Opções de Conversão") e **Advanced Controls** ("Controles Avançados").

Nas opções de conversão, escolha como "engine" o algoritmo **Adobe (ACE)** e como **Intent** o modo *Relative colorimetric*. Essas opções permitem melhores resultados na maioria das fotografias.

Deixe ativada a opção **Use black point compensation** ("compensação do ponto preto") e desative a opção **Use Dither**.

O conjunto do ajuste pode ser salvo, acionando o botão **Save** no canto direito do quadro de diálogo. Defina um nome para o ajuste (*"Papel Couche ISO"*, por exemplo) e salve o arquivo na pasta *Settings* do aplicativo. O Photoshop inclui esse acerto na lista de presets (ajustes predefinidos) do **Color Settings**.

Ajustes personalizados de separação de cores

A opção de utilizar perfis ICC na definição do espaço de trabalho CMYK é a mais usual e recomendável nos dias de hoje. No entanto, muitos usuários antigos do Photoshop preferem utilizar as tabelas de conversão (Lockup Tables) CMYK, que constituiam o sistema padrão de gerenciamento de cores do aplicativo até a versão 5.

Caso seja este o seu caso, é possível continuar utilizando as tabelas de conversão mesmo nas versões mais recentes do Photoshop. Basta ativar dentro da lista de working spaces CMYK a opção *Custom CMYK*. Ela dá acesso a um quadro de diálogo muito semelhante ao dos ajustes de **CMYK Setup** das versões anteriores.

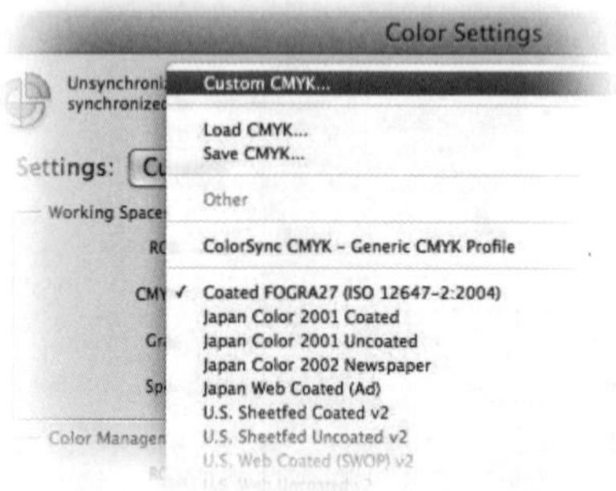

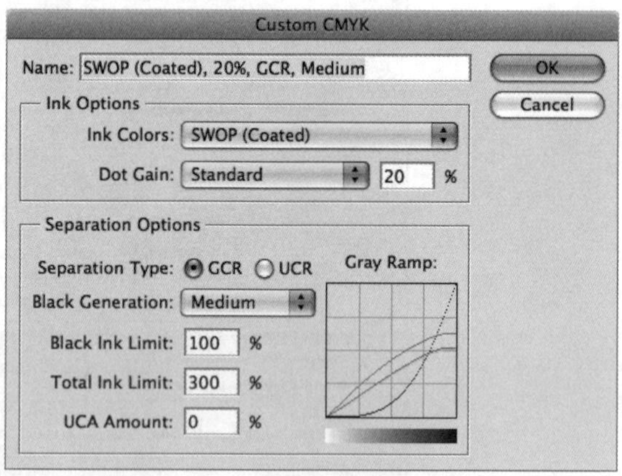

As tabelas de conversão permitem o ajuste dos ganhos de ponto previsto para cada tinta CMYK, a configuração de preferências na geração do canal do preto (UCR, GCR e UCA) e a definição dos limites máximos de tinta.

Uma vez ajustadas, essas tabelas podem ser salvas por meio do comando ***Save CMYK***, localizado na lista de Working Spaces CMYK (logo abaixo do *"Custom CMYK"*).

É importante lembrar que a utilização das tabelas de conversão no lugar dos perfis ICC desabilita diversas ferramentas de gerenciamento de cores do Photoshop, tais como a simulação da tonalidade de fundo do papel, a diferenciação no monitor entre preto simples e preto calçado e o uso dos diferentes intents de conversão ICC, mas é uma ferramenta extremamente prática quando precisamos criar imagens CMYK com canais de preto personalizados, ou mesmo imagens CMY (sem uso da cor preta).

Canais de cores

1. Verifique os canais de cores a fim de garantir que a imagem foi digitalizada com nitidez, profundidade e detalhamento, além da ausência de granulação e anéis de Newton.

   Pressione **Ctrl+1** (ou **Command+1** no Mac OS) para ver somente o canal do ciano, **Ctrl+2** (**Command+2** no Mac OS) o magenta, Ctrl+3 (**Command+3** no Mac OS) o amarelo e **Ctrl+4** (**Command+4** no Mac OS) o preto. **Ctrl+~** (**Command+~** no Mac OS) fará com que sejam demonstrados os quatro canais ao mesmo tempo.

2. Caso os canais não estejam sendo representados em cores, vá até o menu *Editar/Preferências/**Tela e Cursores*** (no Mac OS X, menu *Photoshop/Preferências/**Tela e Cursores***) e marque a opção **Canais de Cores em Cor**.

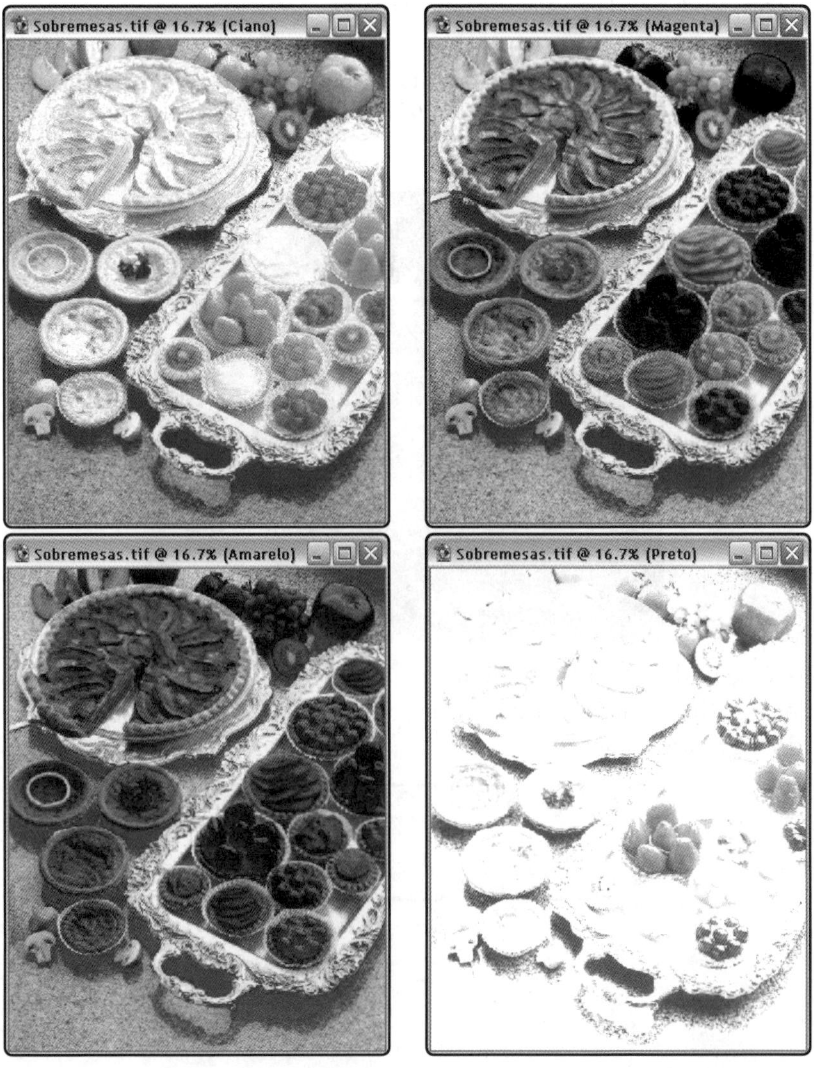

Obtenha a transparência no fundo de uma imagem

Muitas vezes, precisamos que o fundo de uma imagem não seja impresso e, conseqüentemente, seja transparente, mas, ao mesmo tempo, não queremos danificar a imagem original. A técnica mais recomendada é o Clipping Path (Demarcador de Corte), que se traduz num path (demarcador) ao redor de uma área da imagem que se deseja preservar. Tudo o que estiver fora desse path não será impresso.

1. Com a ferramenta de criação de paths (ferramenta Caneta), faça um path ao redor do objeto a ser mascarado.

ATENÇÃO

Uma outra maneira de conseguir a path seria por meio de uma área selecionada. Basta solicitar a opção **Criar Demarcador de Trabalho** na paleta Paths. O inconveniente dessa forma é a necessidade de editar e eliminar nós excedentes.

Lembre-se de que uma path com muitos nós pode prejudicar e até mesmo impedir a impressão da imagem. O valor adequado gira em torno de poucas dezenas em cada imagem. Esse valor pode variar de acordo com a "idade" do RIP do prestador de serviços gráficos.

2. Salve esse path, abrindo a paleta Paths (Demarcadores) com um duplo-clique sobre o path que acabou de ser criado, e digite um nome qualquer no quadro de diálogo que se abre.

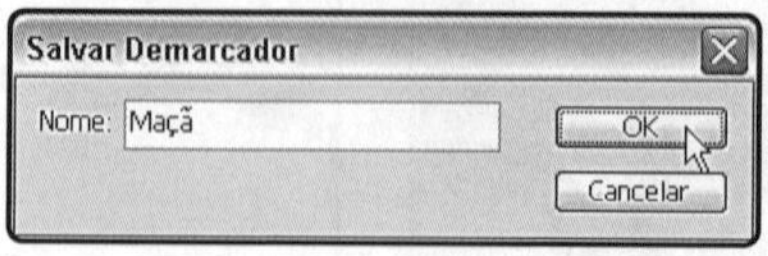

3. Escolha a opção ***Demarcador de Corte*** e no campo **Demarcador** escolha o path que foi salvo, neste caso *"Maçã"*.

4. Salve a imagem no formato TIFF (se for importar para o InDesign ou PageMaker) ou EPS (se for importar para o QuarkXPress) conforme as instruções seguintes e a recomendação do seu prestador de serviços gráficos quanto ao formato e opções.

No caso de áreas complexas como fios de cabelos a técnica do Clipping Path (Demarcador de Corte) pode ser inviável por causa do trabalho de criação do path e também do excesso de nós. Nestes casos, o melhor seria fazer a fusão da área com um fundo bitmap. Existem alguns recursos e aplicativos que facilitam essa tarefa:

- O recurso Extrair (Extract) do Photoshop 6 ou superior;
- O utilitário Mask Pro;
- O plug-in KnockOut.

Salve as imagens em formatos profissionais

Dentre as dezenas de formatos disponíveis para armazenar imagens bitmap, utilizam-se apenas alguns para produzir arquivos para pré-impressão e impressão digital high-end.

Atualmente dois formatos se consolidaram para uso profissional em imagesetters, platesetters ou quaisquer outras impressoras high-end: TIFF e o Photoshop EPS.

Existem ainda mais alguns formatos que também estão se tornando populares devido à crescente compatibilidade/aceitação dos aplicativos de editoração eletrônica e dos RIPs. São eles: PSD, Photoshop PDF e JPEG.

Escolha um deles com suas respectivas opções, dependendo das características descritas em seguida, das necessidades de seu trabalho e da compatibilidade com os sistemas do prestador de serviços gráficos escolhido.

Quadro de diálogo compartilhado

O primeiro quadro de diálogo de salvamento é comum a todos os formatos. Veja suas opções:

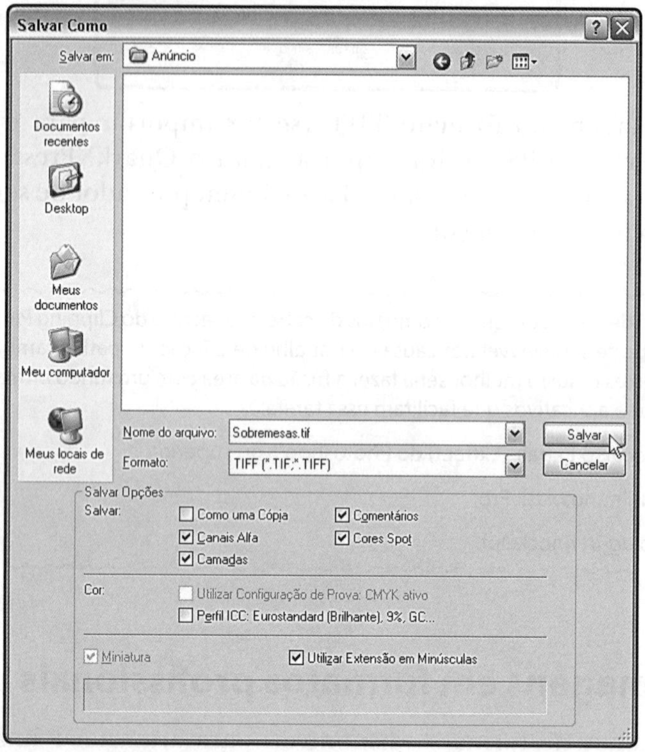

Salvar em: diretório/folder em que será salvo o arquivo da imagem.

Nome do arquivo: o nome do arquivo da imagem.

Formato: define o formato da imagem.

Como uma Cópia: serve para, basicamente, salvar uma cópia idêntica (ideal para fazer uma cópia de segurança da imagem) e tem as mesmas funções do comando ***Salvar Como***, porém possui alguns diferenciais, como, por exemplo, permitir mesclar eventuais camadas existentes e salvar arquivos PSD em formatos diferentes.

Canais Alfa: salva os canais alfa usados para guardar seleções junto com a imagem. Se desmarcada, os canais são descartados.

Camadas: preserva todas as camadas da imagem. Se desmarcada, as camadas são soldadas.

Comentários: se marcada, inclui quaisquer anotações da imagem.

Cores Spot: inclui todos os canais de cores especiais. Se desmarcada, todos eles são removidos.

Utilizar Configuração de Prova: CMYK ativo (Windows) ou **Embutir Perfil de Cor (Mac OS)**: embute os perfis ICC de cores que porventura existam para serem usados em sistemas com gerenciamento de cores.

Miniatura: estando habilitado, salva uma miniatura da imagem, provendo assim uma visualização a ser utilizada quando formos abri-la posteriormente. No caso do Photoshop para Mac OS, dependendo do tipo de arquivo, o ícone do arquivo também terá uma visualização em miniatura da imagem.

Utilizar extensão em Minúsculas: o Photoshop, no Windows, adiciona automaticamente as extensões. Com essa opção habilitada, adiciona a extensão do arquivo em letras minúsculas. Lembre-se de que essas três letras (independente de estarem em maiúsculas ou minúsculas) que formam a extensão dos arquivos são fundamentais para o Windows, caso você esteja num Mac OS e queira abri-las num PC.

TIFF

Largamente utilizado há anos na área gráfica, esse formato prima pela capacidade de carregar consigo todas as informações de cores e máscaras, resolução, detalhamento e ser integralmente assimilado por todos os paginadores. Ele pode ser impresso independente da linguagem da impressora e fornece um excelente preview em todos os aplicativos.

A partir da versão 6 do Photoshop ele passou a aceitar camadas e manter os textos editáveis, e desta forma decreta-se o fim da "tirania" do PSD e suas camadas. Não há mais necessidade de manter duas cópias de uma imagem, uma em PSD com camadas para eventuais alterações e outra cópia com as camadas soldadas no formato TIFF ou EPS para ser importada para outros aplicativos.

Os textos vetoriais da imagem TIFF do Photoshop 6 ou superior permanecem editáveis e somente serão rasterizados na resolução da imagem (transformados em bitmaps) quando ela for importada para os outros aplicativos. Desta forma podem conter serrilhas.

ATENÇÃO

O recurso de suporte a camadas do Photoshop 6 deve ser ativado nas preferências do aplicativo. Vá até o menu *Editar/Preferências/**Gravação de Arquivos*** e habilite a opção **Ativar opções de gravação de TIFF avançadas.** Antes de usar esses recursos, entre em contato com o prestador de serviços gráficos para avaliar a compatibilidade com o RIP.

1. No menu *Arquivo*, vá até a opção ***Salvar Como***.
2. Vá para o diretório/folder em que está o restante deste projeto e escolha a opção *TIFF (*.TIF)* no campo **Formato**. Marque as opções de acordo com as necessidades de seu trabalho e da compatibilidade com os sistemas do prestador de serviços gráficos escolhido, depois pressione o botão **Salvar**.

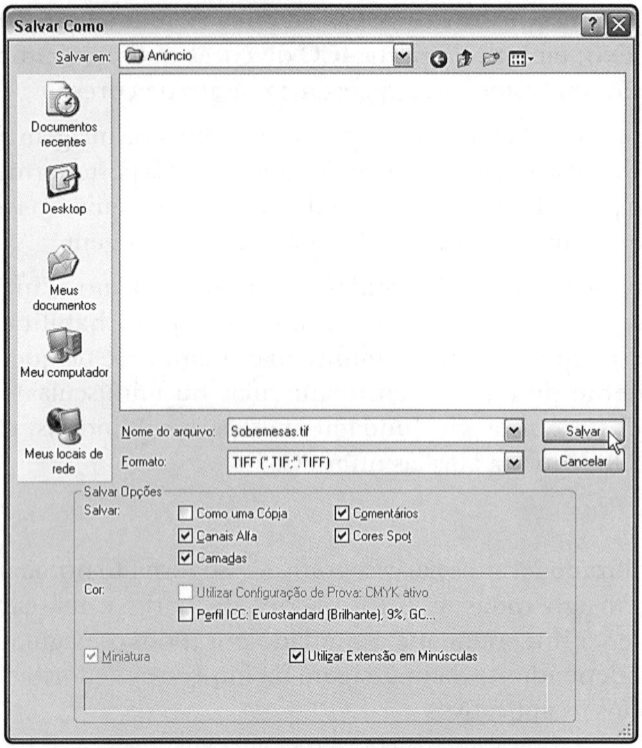

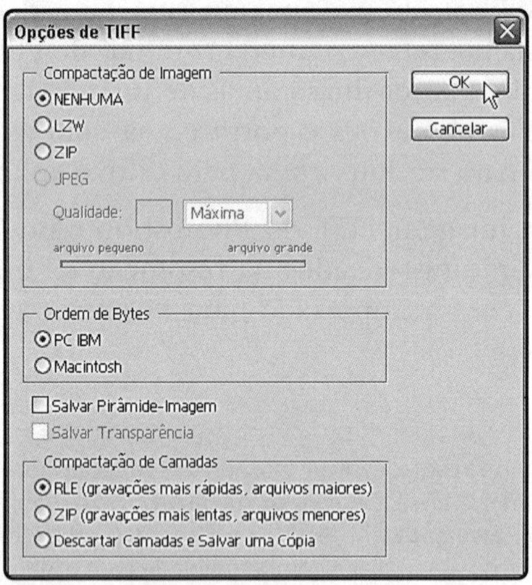

Nenhuma: não aplica nenhuma compressão à imagem.

LZW (Lempel-Zif-Welch): aplica uma compressão sem perda de qualidade, mas que pode gerar riscos (linhas) horizontais ou verticais e até deslocamentos em trechos nas imagens.

ZIP: aplica uma compressão sem perda de qualidade. É mais eficiente em imagens com grandes áreas de mesma cor. Não é recomendável para imagens que serão abertas em versões anteriores ao Photoshop 6.

JPEG (Joint Photografhic Experts Group): aplica uma compressão com perda de qualidade variável de acordo com o valor do campo **Qualidade**. Quanto maior o valor, menor a compressão e menor a perda de qualidade. Essa opção é mais eficiente em imagens com grandes áreas de pouco contraste. Não fica disponível em imagens que possuam canais alfa nem é recomendável para imagens que serão abertas em versões anteriores ao Photoshop 6.

Ordem de Bytes: no formato TIFF a opção **IBM PC** significa **ASCII** e a opção **Mac OS** significa **Binária**. Atualmente, com a evolução dos RIPs das impressoras o padrão está se voltando para o binário em ambas as plataformas. A principal vantagem é que os arquivos que usam essa codificação chegam a ter aproximadamente a metade do tamanho dos codificados em ASCII. Pergunte ao seu prestador de serviços gráficos antes de escolher essa opção.

Salvar Pirâmide-Imagem: marque essa opção para embutir uma estrutura que permita que esse arquivo ofereça múltiplas resoluções. O curioso é que o próprio Photoshop não abre imagens com essas especificações.

Salvar Transparência: existindo áreas transparentes na imagem, marque essa opção se deseja preservá-las para outros aplicativos e para o próprio Photoshop.

Compactação de Camadas: especifica um método de compactação de dados de pixels em camadas (oposto aos dados compostos). As últimas versões dos aplicativos reconhecem as camadas. Se este não for o seu caso, escolha a opção **Descartar Camadas e Salvar uma Cópia** para achatar a imagem.

3. Pressione o botão **OK**.

Photoshop EPS

Esse formato tem quase todas as características do TIFF.

ATENÇÃO

1. Imagens nesse formato não imprimem corretamente em impressoras de linguagem PCL.

2. Ao salvar nesse formato, quaisquer camadas serão soldadas, e os textos e elementos vetoriais convertidos em curvas nos aplicativos para os quais essa imagem for importada. Desta forma eles podem, eventualmente, apresentar pequenas distorções perceptíveis.

3. Se a imagem for aberta novamente no Photoshop, esses elementos vetoriais serão rasterizados (transformados em imagens) e não serão mais editáveis.

1. No menu *Arquivo*, vá até a opção ***Salvar Como***.
2. Vá para o diretório/folder em que está o restante desse projeto e escolha a opção *Photoshop EPS (*.EPS)* no campo **Formato**. Marque as opções de acordo com as necessidades de seu trabalho e da compatibilidade com os sistemas do prestador de serviços gráficos escolhido, depois pressione o botão **Salvar**.

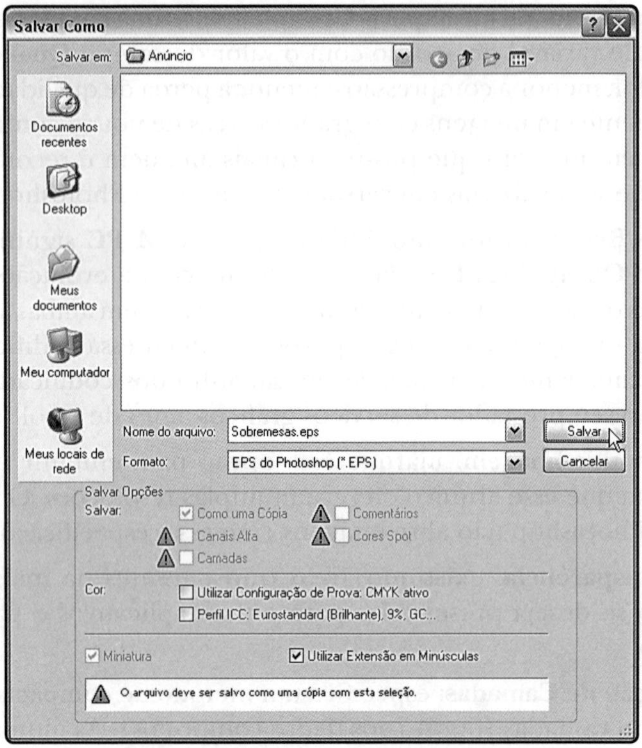

Visualização: permite escolher entre uma visualização no formato TIFF com apenas 1 bit de profundidade (Preto-e-Branco), 8 bits (256 cores) ou nenhuma visualização. Qualquer que seja a escolha, essa opção apenas produz uma imagem de baixa qualidade que, ao ser importada para qualquer outro software, permite a sua diagramação, não influindo na qualidade final da impressão.

Codificação: escolha entre *ASCII*, *Binária* ou uma das opções de codificação *JPEG*. Atualmente, com a evolução dos RIPs das impressoras o padrão está se voltando para o binário em ambas as plataformas.

A principal vantagem do algoritmo de compressão *JPEG* é que os arquivos que usam essa codificação chegam a ter aproximadamente a metade do tamanho dos codificados em ASCII. Pergunte ao seu prestador de serviços gráficos antes de escolher essa opção. As opções JPEG vão comprimir a imagem, gerando um arquivo menor, mas com perda de qualidade (variável de acordo com a opção escolhida). Não são recomendadas pela maioria dos prestadores de serviços gráficos.

Incluir Tela de Meio-Tom: inclui os valores de lineatura, angulação das cores e padrão de meios-tons previamente definidos no Page Setup do Photoshop. Recomenda-se não marcar esse item, preferindo marcar essas opções na ordem de serviço do seu prestador de serviços gráficos de pré-impressão.

Incluir Função de Transferência: inclui informações de transferência, como, por exemplo, o ganho de ponto estimado do processo de impressão ou ajustes nas curvas das cores.

Gerenciamento de Cores PostScript: instrui a impressora para converter a imagem de, por exemplo, RGB em CMYK, segundo seu perfil de cor. É preferível fazer quaisquer conversões antes de enviar o material para uma impressora.

Incluir Dados de Vetor: os elementos vetoriais serão incluídos, mas serão úteis apenas aos aplicativos para os quais essa imagem for importada e eles serão convertidos em curvas, podendo apresentar pequenas distorções perceptíveis. Se a imagem for aberta novamente no Photoshop, esses elementos vetoriais serão rasterizados (transformados em imagens) e não serão mais editáveis.

Interpolação de Imagem: minimiza as serrilhas. Recomendável somente para imagens de baixa resolução devido ao desfoque que causa nas de alta resolução.

3. Pressione o botão **OK**.

Photoshop EPS DCS 1.0

Essa versão de EPS permite a utilização do DCS 1.0 (Desktop Color Separation) desenvolvido pela Quark, em que as informações de cor da imagem já são pré-separadas, obtendo assim um ganho de performance na impressão.

ATENÇÃO

1. Ao salvar nesse formato, quaisquer camadas serão soldadas, e os textos e elementos vetoriais convertidos em curvas nos aplicativos para os quais essa imagem for importada. Desta forma eles podem, eventualmente, apresentar pequenas distorções perceptíveis.

2. Se a imagem for aberta novamente no Photoshop, esses elementos vetoriais serão rasterizados (transformados em imagens) e não serão mais editáveis.

3. O Photoshop EPS DCS não é um formato recomendável para quem trabalha com fluxo de cores compostas, pois as cores são pré-separadas. Somente alguns aplicativos (InDesign praticamente) conseguem dar saída em arquivos PostScript com cores compostas a partir de imagens salvas nesse formato.

1. No menu *Arquivo*, vá até a opção ***Salvar Como***.
2. Vá para o diretório/folder em que está o restante desse projeto e escolha a opção *Photoshop DCS 1.0 (*.EPS)* no campo **Formato**. Marque as opções de acordo com as necessidades de seu trabalho e da compatibilidade com os sistemas do prestador de serviços gráficos escolhido, depois pressione o botão **Salvar**.

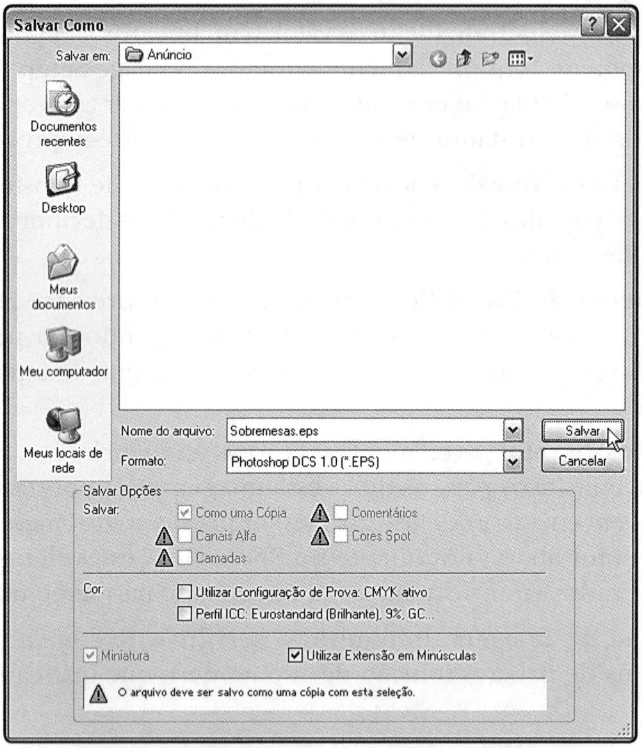

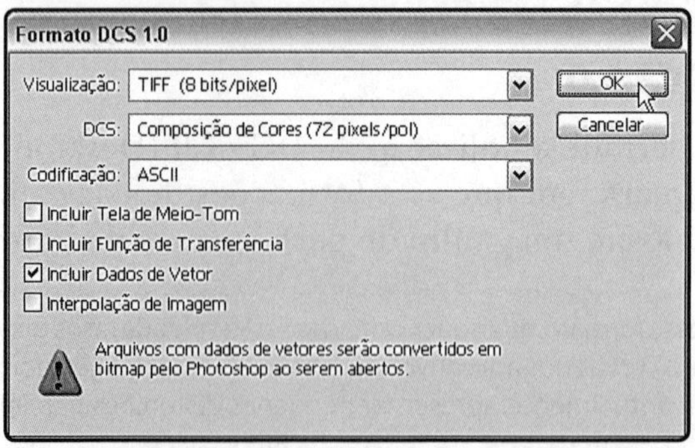

Visualização: permite escolher entre uma visualização no formato TIFF com apenas 1 bit de profundidade (Preto-e-Branco), 8 bits (256 cores) ou nenhuma visualização. Qualquer que seja a escolha, essa opção apenas produz uma imagem de baixa qualidade que, ao ser importada para qualquer outro software, permite a sua diagramação, não influindo na qualidade final da impressão.

DCS: permite pré-separar as informações de cor da imagem no mesmo arquivo (opção *PostScript Sem Composição*) ou separar cada cor CMYK num arquivo distinto, gerando mais um quinto arquivo que representa a junção dos outros quatro, tendo um preview em tons de cinza (opção *Composição em Tons de cinza (72 pixel/inch)*) ou um preview colorido (opção *Composição Colorida (72 pixel/inch)*).

Codificação: escolha entre *ASCII*, *Binária* ou uma das opções de codificação *JPEG*. Atualmente, com a evolução dos RIPs das impressoras o padrão está se voltando para o binário em ambas as plataformas.

A principal vantagem do algoritmo de compressão *JPEG* é que os arquivos que usam essa codificação chegam a ter aproximadamente a metade do tamanho dos codificados em ASCII. Pergunte ao seu prestador de serviços gráficos antes de escolher essa opção. As opções JPEG vão comprimir a imagem, gerando um arquivo menor, mas com perda de qualidade (variável de acordo com a opção escolhida). Não são recomendadas pela maioria dos prestadores de serviços gráficos.

Incluir Tela de Meio-Tom: inclui os valores de lineatura, angulação das cores e padrão de meios-tons previamente definidos no Page Setup do Photoshop. Recomenda-se não marcar esse item, preferindo marcar essas opções na ordem de serviço do seu prestador de serviços gráficos de pré-impressão.

Incluir Função de Transferência: inclui informações de transferência, como, por exemplo, o ganho de ponto estimado do processo de impressão ou ajustes nas curvas das cores.

Incluir Dados de Vetor: os elementos vetoriais serão incluídos, mas serão úteis apenas aos aplicativos para os quais essa imagem for importada e eles serão convertidos em curvas, podendo apresentar pequenas distorções perceptíveis. Se a imagem for aberta novamente no Photoshop, esses elementos vetoriais serão rasterizados (transformados em imagens) e não serão mais editáveis.

Interpolação de Imagem: minimiza as serrilhas. Recomendável somente para imagens de baixa resolução devido ao desfoque que causa nas de alta resolução.

3. Pressione o botão **OK**.

Photoshop EPS DCS 2.0

A principal diferença entre essa versão e a DCS 1.0 é que a 2.0 permite o salvamento de imagens com os canais de cores especiais.

ATENÇÃO

1. Ao salvar nesse formato, quaisquer camadas serão soldadas, e os textos e elementos vetoriais convertidos em curvas nos aplicativos para os quais essa imagem for importada. Desta forma eles podem, eventualmente, apresentar pequenas distorções perceptíveis.

2. Se a imagem for aberta novamente no Photoshop, esses elementos vetoriais serão rasterizados (transformados em imagens) e não serão mais editáveis.

3. O Photoshop EPS DCS não é um formato recomendável para quem trabalha com fluxo de cores compostas, pois as cores são pré-separadas. Somente alguns aplicativos (InDesign praticamente) conseguem dar saída em arquivos PostScript com cores compostas a partir de imagens salvas nesse formato.

1. No menu *Arquivo*, vá até a opção ***Salvar Como***.
2. Vá para o diretório/folder em que está o restante desse projeto e escolha a opção *Photoshop DCS 2.0 (*.EPS)* no campo **Formato**. Marque as opções de acordo com as necessidades de seu trabalho e da compatibilidade com os sistemas do prestador de serviços gráficos escolhido, depois pressione o botão **Salvar**.

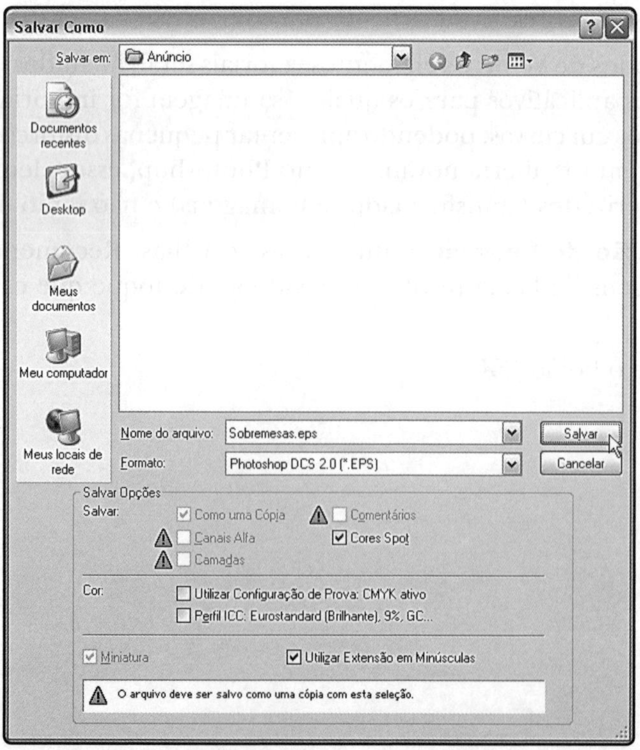

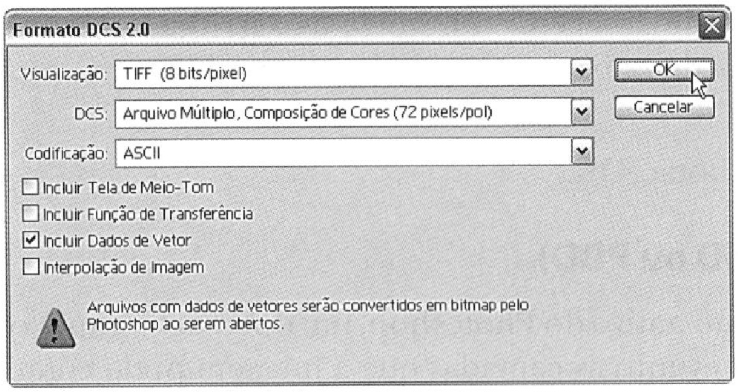

Visualização: permite escolher entre uma visualização no formato TIFF com apenas 1 bit de profundidade (Preto-e-Branco), 8 bits (256 cores) ou nenhuma visualização. Qualquer que seja a escolha, essa opção apenas produz uma imagem de baixa qualidade que ao ser importada para qualquer outro software, permite a sua diagramação, não influindo na qualidade final da impressão.

DCS: permite pré-separar as informações de cor da imagem no mesmo arquivo (opção *Arquivo Simples DCS, Sem composição*) ou separar cada cor CMYK ou especial num arquivo distinto, gerando mais um arquivo que representa a junção dos outros canais, tendo um preview em tons de cinza (opção *Arquivo Múltiplo com Composição em tons de cinza (72 pixel/inch)*) ou um preview colorido (opção *Arquivo Múltiplo com Composição de Cores (72 pixel/inch)*).

Codificação: escolha entre *ASCII*, *Binária* ou uma das opções de codificação *JPEG*. Atualmente, com a evolução dos RIPs das impressoras o padrão está se voltando para o binário em ambas as plataformas.

A principal vantagem do algoritmo de compressão *JPEG* é que os arquivos que usam essa codificação chegam a ter aproximadamente a metade do tamanho dos codificados em ASCII. Pergunte ao seu prestador de serviços gráficos antes de escolher essa opção. As opções JPEG vão comprimir a imagem, gerando um arquivo menor, mas com perda de qualidade (variável de acordo com a opção escolhida). Não são recomendadas pela maioria dos prestadores de serviços gráficos.

Incluir Tela de Meio-Tom: inclui os valores de lineatura, angulação das cores e padrão de meios-tons previamente definidos no Page Setup do Photoshop. Recomenda-se não marcar esse item, preferindo marcar essas opções na ordem de serviço do seu prestador de serviços gráficos de pré-impressão.

Incluir Função de Transferência: inclui informações de transferência, como, por exemplo, o ganho de ponto estimado do processo de impressão ou ajustes nas curvas das cores.

Incluir Dados de Vetor: os elementos vetoriais serão incluídos, mas serão úteis apenas aos aplicativos para os quais essa imagem for importada e eles serão convertidos em curvas, podendo apresentar pequenas distorções perceptíveis. Se a imagem for aberta novamente no Photoshop, esses elementos vetoriais serão rasterizados (transformados em imagens) e não serão mais editáveis.

Interpolação de Imagem: minimiza as serrilhas. Recomendável somente para imagens de baixa resolução devido ao desfoque que causa nas de alta resolução.

3. Pressione o botão **OK**.

Photoshop (PSD ou PDD)

Trata-se do formato nativo do Photoshop, um dos mais completos e um dos poucos que comporta as eventuais camadas que a imagem pode conter, ou seja, se você estiver trabalhando com uma imagem em qualquer outro formato e adicionar uma camada, ao salvar, o Photoshop oferecerá em primeiro lugar o formato Photoshop PSD. Suporta todos os modos de cor, salvando consigo todas as informações possíveis e disponíveis na imagem.

1. No menu *Arquivo*, vá até a opção ***Salvar Como***.
2. Vá para o diretório/folder em que está o restante desse projeto e escolha a opção *Photoshop (*.PSD; *.PDD)* no campo **Formato**. Marque as opções de acordo com as necessidades de seu trabalho e da compatibilidade com os sistemas do prestador de serviços gráficos escolhido, depois pressione o botão **Salvar**.

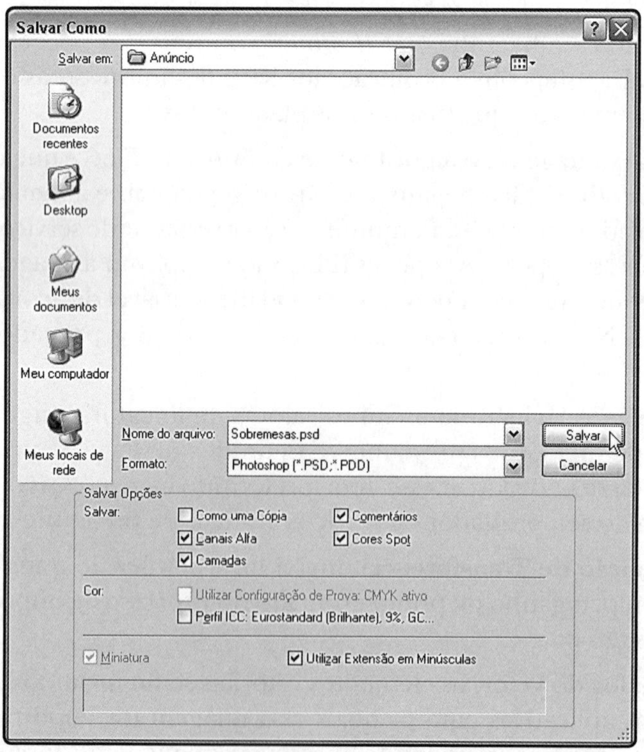

Photoshop PDF

Formato que recebeu implementações no Photoshop 6. Nesta versão, passou a aceitar camadas, manter os textos editáveis e promete ser uma excelente opção a alguns formatos com diversas vantagens:

- Possibilidade de manter as camadas "soltas", os textos editáveis e completamente vetoriais.
- Os textos se mantêm nítidos na impressão, independente da resolução da imagem. O TIFF rasteriza (transforma-os em bitmaps) os textos de acordo com a resolução da imagem. Desta forma podem gerar serrilhas.
- O PDF pode ser impresso em qualquer impressora, independente da linguagem, e o preview nos aplicativos é excelente. Já o EPS exige uma impressora de linguagem PostScript e tem um preview nos aplicativos (com exceção do InDesign) de baixa resolução.
- O PDF utiliza mecanismos de compressão eficientes e sem perda de qualidade (no caso do ZIP). Mesmo ao usar as opções de compressão JPEG, o PDF preserva melhor a qualidade da imagem em detrimento do formato JPEG "puro".

ATENÇÃO

Esse formato é importável para as versões mais recentes dos aplicativos de ilustração vetorial. No caso dos aplicativos de paginação/finalização, ele pode ser importado para todas as versões do InDesign, PageMaker 7 e QuarkXPress 5.

1. No menu *Arquivo*, vá até a opção ***Salvar Como***.
2. Vá para o diretório/folder em que está o restante desse projeto e escolha a opção *Photoshop PDF (*.PDF; *.PDP)* no campo **Formato**. Marque as opções de acordo com as necessidades de seu trabalho e da compatibilidade com os sistemas do prestador de serviços gráficos escolhido, depois pressione o botão **Salvar**.

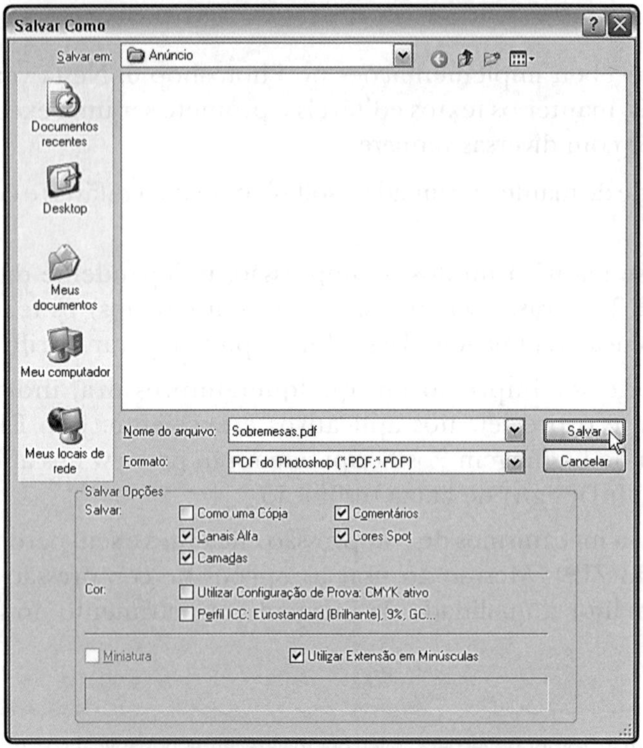

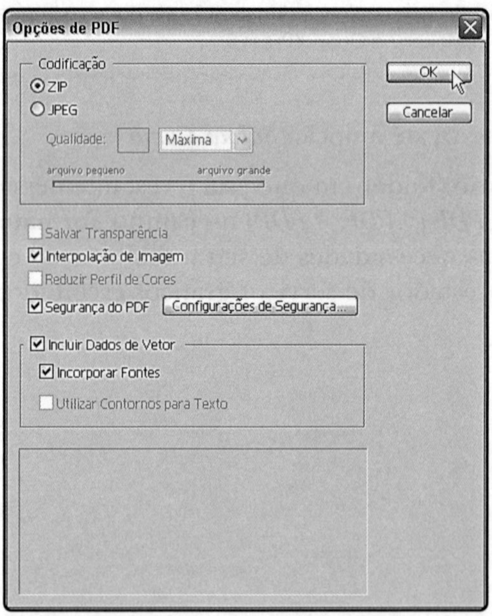

Codificação: a opção **JPEG** impõe a codificação, usando os algoritmos JPEG, produzindo arquivos menores ainda, mas sob pena de perda de qualidade. A opção **ZIP** impõe uma compressão sem perdas, mas resulta num arquivo não tão menor.

Qualidade: digite um valor no campo **Qualidade**, ou escolha entre as opções *Baixa, Média, Alta* e *Máxima,* ou deslize o slider para direita ou esquerda para definir a taxa de compressão e conseqüente perda de qualidade da imagem.

Salvar Transparência: existindo áreas transparentes na imagem, marque essa opção se deseja preservá-las para outros aplicativos e para o próprio Photoshop.

Interpolação de Imagem: minimiza as serrilhas. Recomendável somente para imagens de baixa resolução devido ao desfoque que causa nas de alta resolução.

Reduzir Perfil de Cores: selecione essa opção se planeja abrir o arquivo em um aplicativo que não suporta perfis do Acrobat 4.

Segurança do PDF: especifica opções de segurança, como senha e acesso restrito ao conteúdo de um arquivo. Escolha a criptografia RC4 de 40 bits ou 128 bits para um nível de segurança maior ou menor.

Incluir Dados de Vetor: os elementos vetoriais serão incluídos, mas serão úteis apenas aos aplicativos para os quais essa imagem for importada e eles serão convertidos em curvas, podendo apresentar pequenas distorções perceptíveis. Se a imagem for aberta novamente no Photoshop, esses elementos vetoriais serão rasterizados (transformados em imagens) e não serão mais editáveis.

Incorporar Fontes: marque essa opção para incluir os arquivos que compõem as fontes utilizadas nos textos.

Utilizar Contornos para Texto: converte os textos em curvas. Pode gerar distorções nos textos.

3. Pressione o botão **OK**.

JPEG

Anteriormente tinha utilização prioritária em imagens destinadas a ilustrar web sites, mas nos últimos anos passou a ser utilizado para armazenar imagens para a área gráfica.

Trata-se de um formato que reduz o tamanho do arquivo à medida que aumentamos a taxa de compactação, conseqüentemente, reduzindo a qualidade da imagem. Essa perda de qualidade, mesmo impondo uma qualidade máxima, ocorre inevitavelmente e não pode mais ser recuperada depois que o arquivo é gerado.

Apesar da crescente aceitação, uma parte dos prestadores de serviços gráficos brasileiros não aceita imagens nesse formato por razões de compatibilidade do RIP ou porque as imagens podem ter sido capturadas na Internet e, conseqüentemente, só possuem pouco mais de 72 ppi e pouca confiabilidade no ajuste de cores para impressão offset.

Esse formato pode ser importado para todos os aplicativos de editoração eletrônica.

CUIDADO

Antes de usar esse formato, entre em contato com o prestador de serviços gráficos para avaliar a compatibilidade com o RIP.

1. No menu *Arquivo*, vá até a opção ***Salvar Como***.
2. Vá para o diretório/folder em que está o restante desse projeto e escolha a opção *JPEG (*.JPG; *.JPE)* no campo **Formato**. Marque as opções de acordo com as necessidades de seu trabalho e da compatibilidade com os sistemas do prestador de serviços gráficos escolhido, depois pressione o botão **Salvar**.

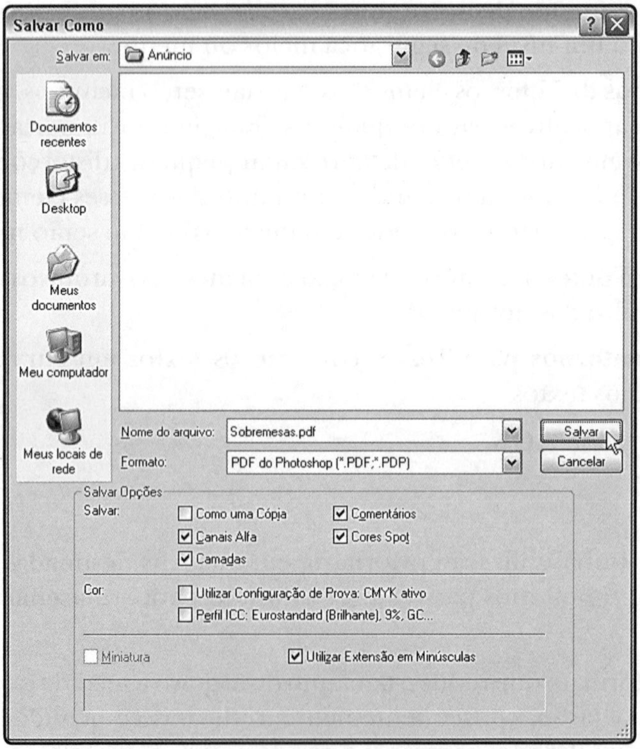

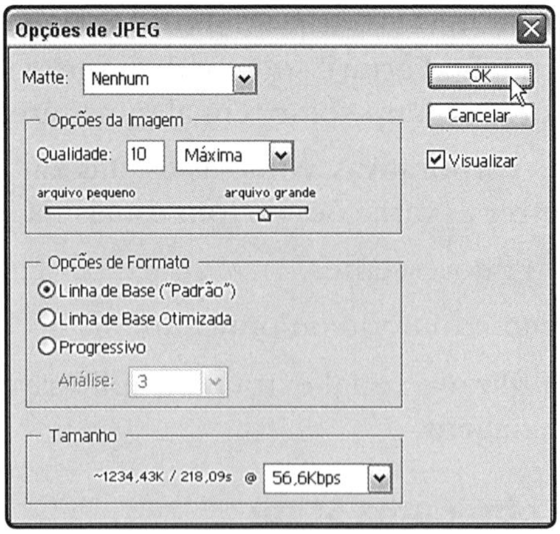

Matte: especifica a cor do plano de fundo utilizada para preencher arestas com suavização de serrilhado adjacentes às áreas transparentes da imagem.

Opções da Imagem: digite um valor no campo **Qualidade**, ou escolha entre as opções *Baixa, Média, Alta* e *Máxima,* ou deslize o slider para direita ou esquerda.

Opções de Formato: define um formato de reconhecimento pelos browsers (navegadores de Internet, como o Microsoft Explorer e o Netscape Comunicator). O *Linha de Base ("Padrão")* é reconhecido pela maioria dos navegadores. O *Linha de Base Otimizada* otimiza as cores da imagem, produzindo arquivos menores, mas não é suportado por todos os navegadores. Já o formato *Progressivo* faz com que a imagem seja mostrada gradualmente, à medida que o arquivo da imagem é enviado para o computador. Ela vem ganhando foco, dependendo do valor de *Análises* que você definir.

Visualizar: permite visualizar a corrosão da imagem à medida que alteramos as opções.

Tamanho: exibe o tamanho do arquivo final e o tempo estimado de download, dependendo da velocidade da conexão.

3. Pressione o botão **OK**.

Uso de cores Spot em imagens bitmap

Aplicar uma ou mais cores especiais (spot colors) em imagens bitmap coloridas acrescenta canais adicionais de separação de cores, além dos quatro canais do CMYK.

Sua principal aplicação é permitir a impressão de cores que são impossíveis de serem obtidas apenas com a mistura de tintas CMYK. Alguns exemplos:

- Utilização de sistemas de impressão colorida de gammut ampliado, como os sistemas Hexachrome (seis tintas) e Hi-Fi Color (sete tintas).

- Uso de tonalidades como "laranja-abóbora" e "verde-limão" (comuns em alimentos) ou "vermelho-Ferrari", que podem ser realçadas com a aplicação de uma cor de reforço (bump color) em algumas áreas.
- Impressão de cores corporativas, como as usadas em um logotipo ou marca, que não podem sofrer as variações de tom usuais na impressão CMYK.
- Cores luminosas ou fluorescentes.
- Cores metálicas, como dourado ou prateado.

Outra possibilidade é utilizar o canal extra para aplicar verniz de reserva apenas em algumas áreas das imagens.

Passo-a-passo para obter uma 5ª cor

CUIDADO

É altamente recomendável o uso de uma versão do Photoshop igual ou superior a 5.5 para esta tarefa.

1. Converta a imagem no espaço CMYK no menu *Imagem/Modo/**Cores CMYK**.*
2. Abra a paleta Canais e no menu da paleta escolha o comando ***Novo Canal de Spot***. Clique na área de amostra de cor.

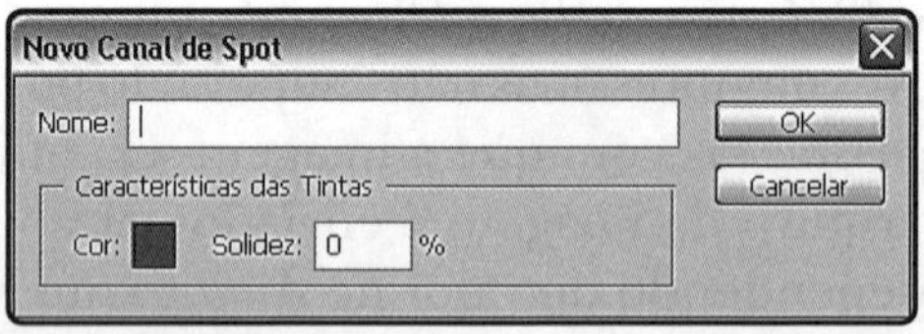

3. Pressione o botão **Personalizar**.

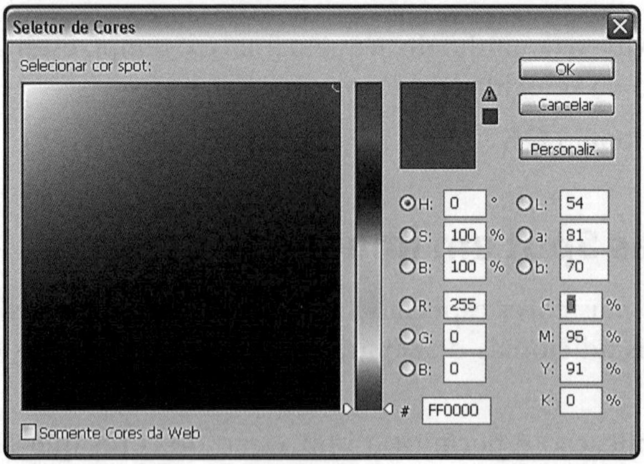

4. Escolha um padrão de cores Spot no campo **Amostra** e clique em uma das cores (é recomendável escolher as cores com base em uma escala impressa, e não pela sua visualização no monitor). Pressione o botão **OK**.

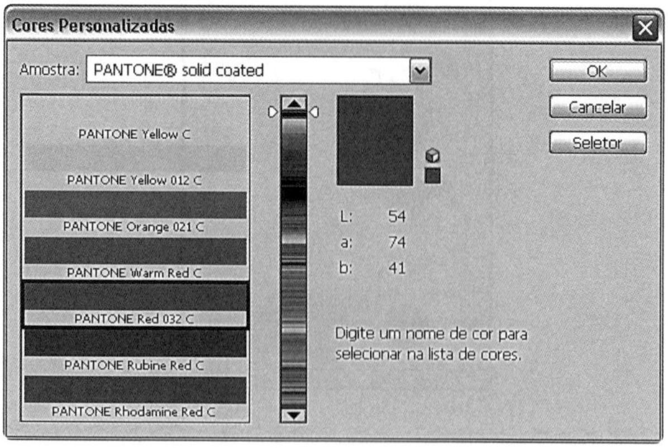

ATENÇÃO

Se pretende usar essa imagem para gerar um arquivo em conformidade com a norma PDF/X-1a, é necessário que a cor Spot esteja claramente definida, preferencialmente por uma especificação padronizada, como as da escala Pantone ("Pantone Red 032 C", por exemplo, e não "Vermelho de reforço").

5. Pressione o botão **OK**.

ATENÇÃO

O ajuste de solidez determina se a tinta especial é transparente (0%), como a maior parte das tintas offset coloridas, ou opaca (100%), como costumam ser as tintas metálicas. O campo **Solidez** desse quadro de diálogo apenas altera a visualização da cor especial na tela do Photoshop, mas não tem nenhuma influência no percentual de tinta que será aplicado na impressão.

CUIDADO

Quando se utilizam cores opacas, é preciso ficar atento à ordem de impressão das tintas na gráfica, pois esse tipo de tinta cobre totalmente ou parcialmente o que estiver impresso por baixo.

6. Defina nesse canal as áreas que vão receber a tinta Spot.

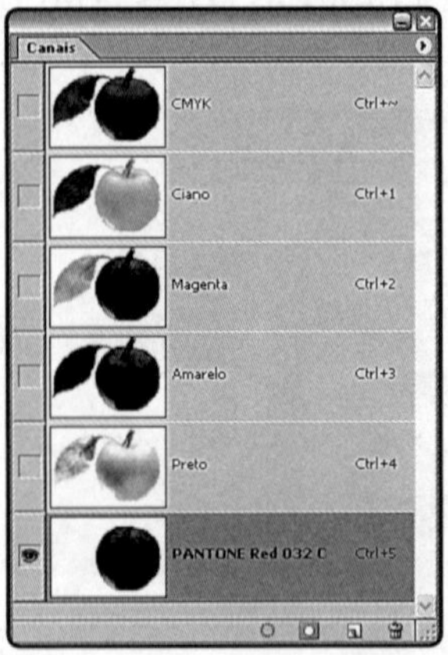

CUIDADO

Utilizar cores especiais de reforço sobre a impressão CMYK é uma técnica sofisticada, que requer uma série de cuidados com relação à sobreposição de cores, carga máxima de tinta e ângulos de retícula.

Se você não tiver experiência, é recomendável procurar orientação na gráfica ou consultar um especialista antes de utilizar esse recurso.

7. Salve a imagem no formato *Photoshop PSD* ou *Photoshop PDF*, marcando a opção **Cores Spot**.

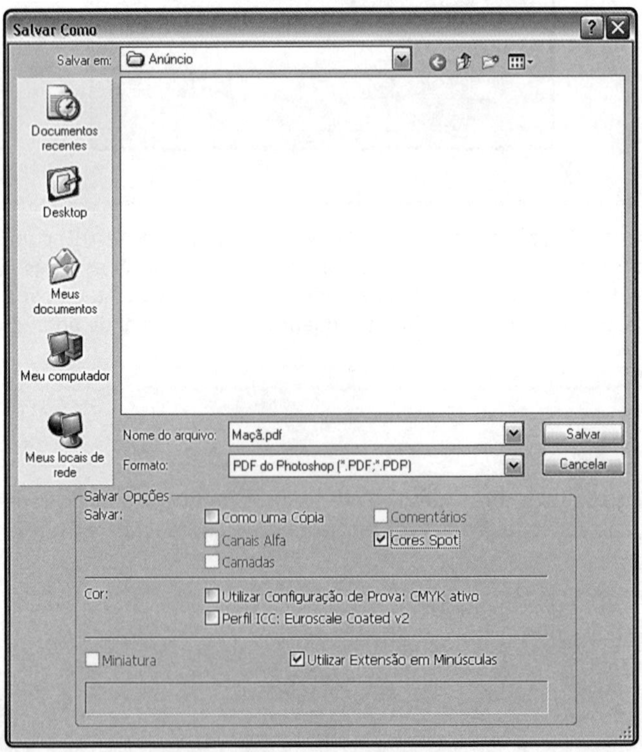

ATENÇÃO

Existem outros formatos que reconhecem as cores Spot, porém tudo depende da versão do Photoshop que você está utilizando e, principalmente, do aplicativo de paginação e a respectiva versão. Cada um deles reconhece ou não os canais de cores extras de forma diferente, ou simplesmente não consegue importar a imagem.

8. Importe para um software de paginação como InDesign, QuarkXPress ou PageMaker.

ATENÇÃO

Verifique se essa cor Spot foi acrescentada automaticamente às paletas de cores/swatches dos aplicativos de paginação depois de sua importação. Isso é fundamental para o reconhecimento posterior do conteúdo do canal pelos RIPs das impressoras high-end.

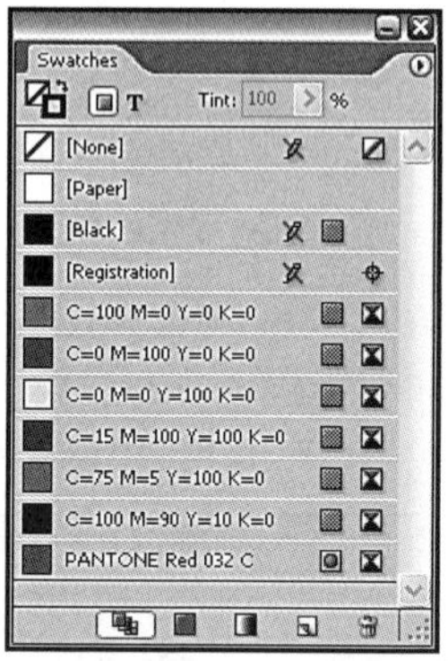

ATENÇÃO

Avise seu prestador de serviços gráficos que seu arquivo possui uma ou mais cores Spot para que ele possa escolher e definir ângulos de retículas para essa(s) cor(es) especial(is) e evitar o efeito moirê.

Uso de imagens bitmap multitone

Imagens multitone são derivadas de uma imagem em tons de cinza (grayscale) que recebe instruções especiais para que seja impressa com uso de duas ou mais tintas, embora possua apenas um canal de cor.

Esse recurso é muito utilizado para dar alguma tonalidade de cor às fotos preto-e-branco.

Na sua composição, podem ser usadas cores de processo ou especiais. As cores são definidas por gráficos de curva para aplicação em áreas de luz e de sombras e é uma atribuição do RIP fazer a separação de cores.

Por esta razão, elas têm de ser gravadas num formato PostScript, como o formato Photoshop EPS "puro" (não DCS) ou Photoshop PDF.

Nomenclatura

- Duotone = duas cores (preto e sépia, por exemplo)
- Tritone = três cores
- Quadritone = quatro cores

Passo-a-passo para obter uma imagem multitone

Para exemplificar, vamos criar uma imagem duotone para dar o efeito sépia.

CUIDADO

É altamente recomendável o uso de uma versão do Photoshop igual ou superior a 5.5 para esta tarefa.

1. Converta a imagem no espaço grayscale no menu *Imagem/Modo/**Grayscale***.
2. Para converter a imagem no modo multitone, vá até o menu *Imagem/Modo/**Duotônico***. Escolha a opção *Duotônico* no campo **Tipo**, clique na segunda cor e escolha uma cor (um tom de laranja Spot, por exemplo).

ATENÇÃO

Se pretende usar essa imagem para gerar um arquivo em conformidade com a norma PDF/X-1a, é necessário que a cor Spot tenha uma especificação comercial ("Pantone 1585 C", por exemplo, e não "Laranja-Escuro").

3. Se desejar, clique nos gráficos para ajustar as curvas tonais das cores.

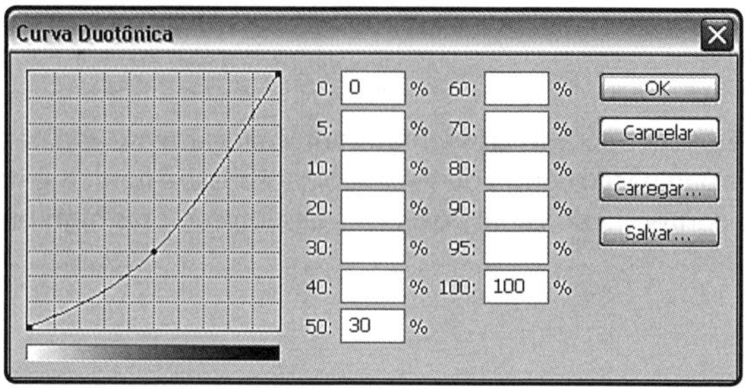

4. Salve a imagem no formato *Photoshop PSD* ou *Photoshop PDF*, marcando a opção **Cores Spot**.

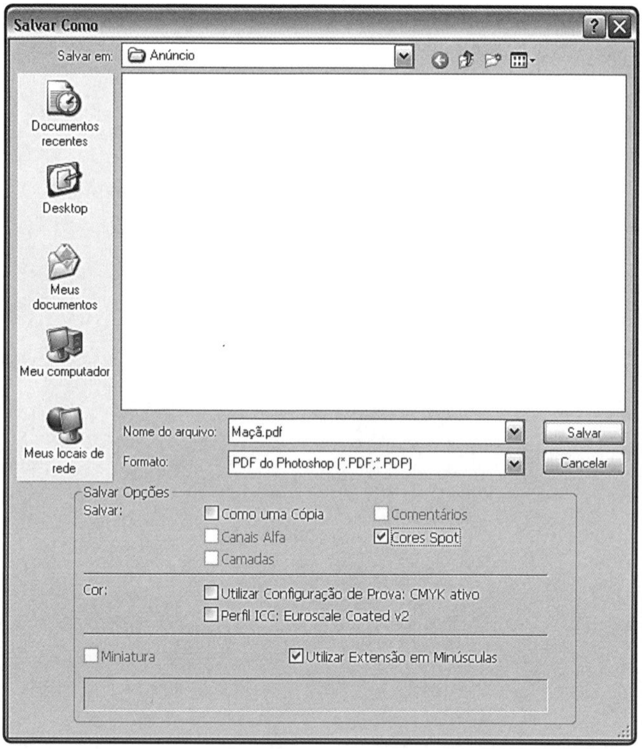

ATENÇÃO

Existem outros formatos que reconhecem as cores Spot, porém tudo depende da versão do Photoshop que você está utilizando e, principalmente, do aplicativo de paginação e a respectiva versão. Cada um deles reconhece ou não os canais de cores extras de forma diferente, ou simplesmente não consegue importar a imagem.

5. Importe para um software de paginação, como InDesign, QuarkXPress ou PageMaker.

ATENÇÃO

Verifique se essa cor Spot foi acrescentada automaticamente às paletas de cores/swatches dos aplicativos de paginação depois de sua importação. Isso é fundamental para o reconhecimento posterior do conteúdo do canal pelos RIPs das impressoras high-end.

ATENÇÃO

Avise seu prestador de serviços gráficos que seu arquivo possui uma ou mais cores Spot para que ele possa escolher e definir ângulos de retículas para essa(s) cor(es) especial(is) e evitar o efeito moirê.

7

Dicas & Cuidados:
Cores e Tintas

Este capítulo explica alguns conceitos sobre o uso de cores e tintas nas artes gráficas.

O conceito WYSIWYG

What you see is what you get. "O que você vê é o que você vai ter" é o significado de WYSIWYG, um conceito surgido no início da editoração eletrônica para classificar alguns aplicativos que "teoricamente" mostravam com fidelidade na tela do computador todos os elementos que serão impressos.

Se nós compararmos os aplicativos existentes antes da editoração eletrônica (todos rodando no DOS), realmente conseguimos trabalhar com uma visualização de página muito precisa (que é a base do WYSIWYG), mas em se tratando de cores, a história é um tanto diferente.

Entenda a cor

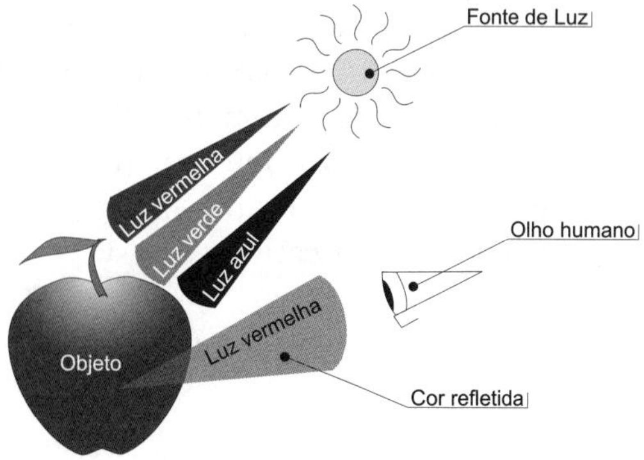

Para existir a cor, são necessários três elementos: **luz**, **objeto** e **um observador**. A física provou que a luz é composta por comprimentos de onda vermelho, verde e azul, e a visão humana é sensível a eles. Os objetos absorvem e refletem comprimentos de onda vermelho, verde e azul que, por sua vez, são percebidos pelo olho humano.

Cores primárias e secundárias

Chamamos primárias as cores básicas que formam outras cores, e de secundárias as resultantes da combinação das cores básicas. Por exemplo, para obter a cor laranja, é necessária uma combinação de vermelho e amarelo; laranja é a cor secundária, enquanto vermelho e amarelo são as cores primárias.

As cores primárias são vermelho, verde, azul, ciano, amarelo e magenta.

Podemos também classificar as cores primárias em duas sínteses: aditiva e subtrativa.

Síntese aditiva

A síntese aditiva é baseada na emissão de luz, ou seja, a cor visualizada é resultado da emissão de luz vermelha, verde e azul (RGB). Os monitores de computador baseiam-se nessa síntese, então podemos dizer que as cores na tela do computador são formadas por combinações de RGB. Por exemplo, luz verde e luz azul juntas resultam na cor ciano, luz vermelha e luz verde juntas resultam na cor amarela, e todas as luzes juntas resultam na cor branca. A intensidade dessas luzes pode variar em até 256 níveis, e combinando-as em diferentes variações de intensidade, podemos obter cerca de 16,7 milhões de cores diferentes.

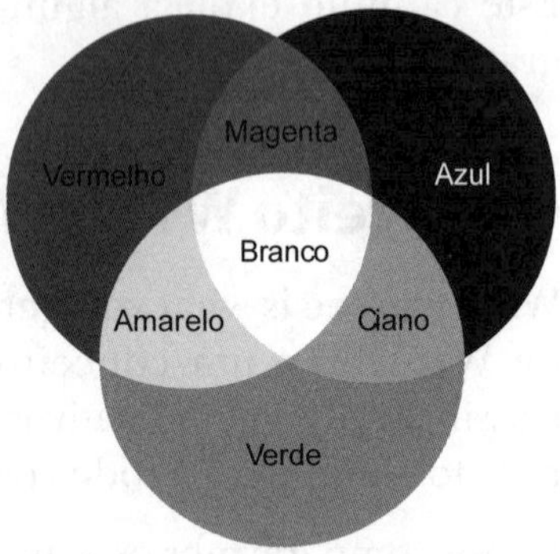

Síntese subtrativa

A síntese subtrativa é baseada na reflexão da luz, ou seja, a cor visualizada é resultado da reflexão de luz vermelha, verde e azul sobre pigmentos ciano, magenta e amarelo (CMY). O processo de impressão comercial baseia-se nessa síntese, então podemos dizer que as cores de um impresso são formadas por combinações de CMY. Por exemplo, a tinta ciano e a tinta amarela juntas resultam na cor verde, e a tinta magenta mais a tinta ciano resultam na cor azul. Assim como no processo RGB, ao variarmos as densidades de tinta nas combinações, obtemos uma significativa gama de cores.

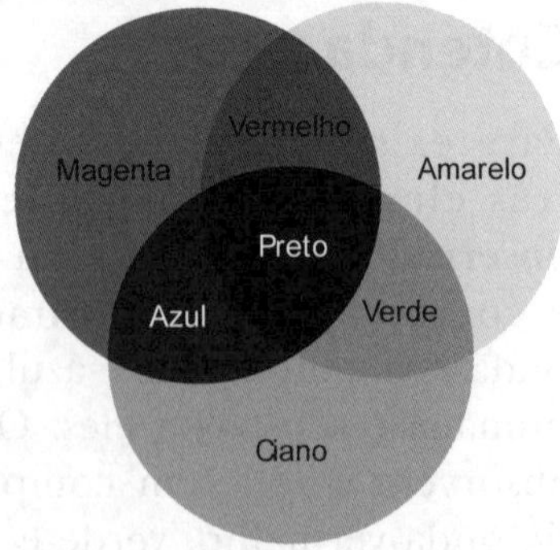

Reprodução de cores com os pigmentos (CMY)

O processo subtrativo baseia-se em pigmentos sobre uma superfície branca (papel). O papel sem pigmentos é branco porque toda a iluminação sobre essa superfície é refletida para o olhar do observador, ou seja, as luzes vermelha, verde e azul estão sendo refletidas juntas e, como mencionamos anteriormente, vermelho, verde e azul resultam em branco.

No processo subtrativo, as tintas de escala (ciano, magenta e amarelo) funcionam como filtros de luz. Cada tinta absorve uma parte da luz e deixa refletir outras.

Quando uma das tintas cobre o papel, não haverá mais branco, pois apenas duas luzes estão sendo refletidas e não as três luzes RGB. Por exemplo, ao cobrirmos o papel com a tinta ciano, a luz vermelha é absorvida, deixando refletir as luzes verde e azul. O observador verá ciano, pois verde e azul combinados resultam em ciano.

Para obter uma gama considerável de cores, a carga dessas tintas é aplicada sobre o papel em diferentes intensidades; menos tinta, mais luz é refletida; mais tinta, menos luz é refletida.

Teoricamente, todas as cores de escala juntas resultariam no preto, mas devido a algumas características como a relativa transparência das tintas de escala, o resultado da impressão das três tintas juntas é um tom de marrom esverdeado bem escuro, mas não preto.

Para compensar essa deficiência, foi adicionada ao processo a tinta preta ou "a chave" (K-Key), por isso a síntese subtrativa na impressão é atualmente conhecida como CMYK.

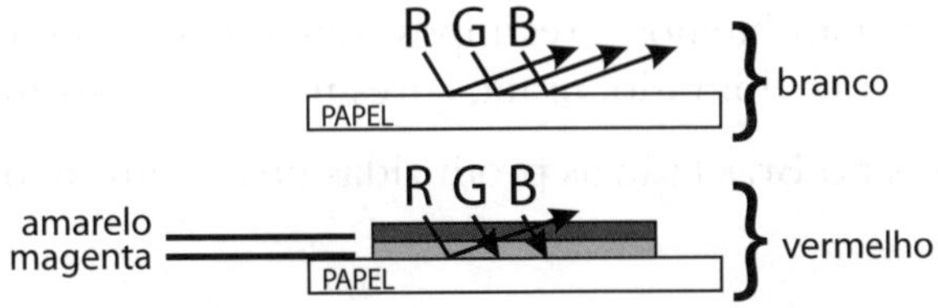

Cor no monitor X cor impressa

Já que os monitores de computador reproduzem as cores de uma maneira diferente do papel, não é possível confiar "cegamente" nas cores que enxergamos neles. Além disso, nos monitores, a cor é mais viva, mais brilhante e no papel, é mais opaca.

Existem sistemas compostos de aplicativos e hardware que podem calibrar o monitor para demonstrar suas cores com fidelidade em função das cores impressas em offset.

Escala de cores de processo e escala de cores Spot

Diante dessa diferença de cores entre monitor e papel, ou investimos alguns milhares de reais em sistemas de calibração de monitores ou temos de trabalhar com tabelas ou escalas de cores impressas.

No Brasil, trabalhamos basicamente com dois sistemas de cores: as cores/tintas CMYK e as cores/tintas do padrão Pantone. Essas tabelas ou escalas são normalmente impressas em dois tipos de papel: não revestido (*matte*) e papel revestido (couchê brilho); o primeiro é opaco e absorve mais tinta, o segundo é brilhante com uma absorção menor de tinta. Portanto, ao escolher uma cor, faça-o no tipo de papel que será usado na impressão final do seu material.

ATENÇÃO

Qualquer tabela/escala de cores tem de ser substituída anualmente, visto que perde sua fidelidade por causa do amarelamento do papel e desgaste das tintas.

CMYK

Ciano, Magenta, Amarelo e Preto são as quatro cores/tintas básicas da escala de cores de processo. Usando combinações dessas quatro cores, conseguimos formar milhares de cores por ilusão de óptica.

Spot ou Especiais

As cores/tintas Spot ou especiais são diferentes das de processo (CMYK), pois se trata de pigmentos puros misturados fisicamente e não visualmente.

Por meio desse sistema, obtemos cores impossíveis de conseguir nas cores processadas (CMYK), como verniz, dourado, prata, cores metálicas e fosforescentes.

As mais populares no Brasil são as produzidas pela Pantone ou que seguem esse padrão.

ATENÇÃO

Avalie com cautela a utilização dessas tintas, pois para cada cor que você escolher será gerada uma lâmina a mais de fotolito/chapa e, conseqüentemente, outra passada na impressora offset será necessária.

8

Dicas & Cuidados:
Ilustrações Vetoriais

Veja alguns cuidados que devem ser tomados ao construir e exportar uma ilustração.

CorelDRAW - Windows

Cores CMYK ou Spot

1. No CorelDRAW, selecione o objeto e na barra de ferramentas escolha a opção **Preenchimento uniforme**.

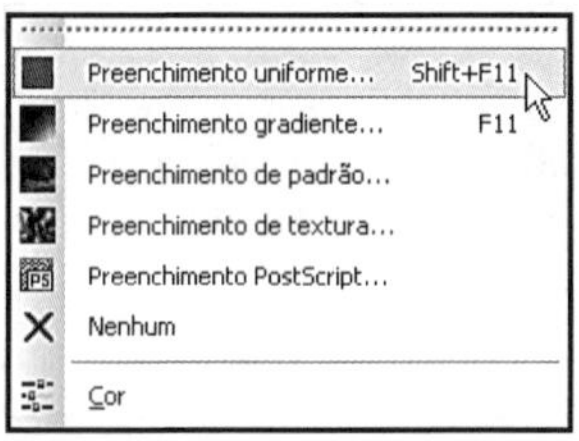

2. No quadro de diálogo, selecione as porcentagens das cores CMYK.

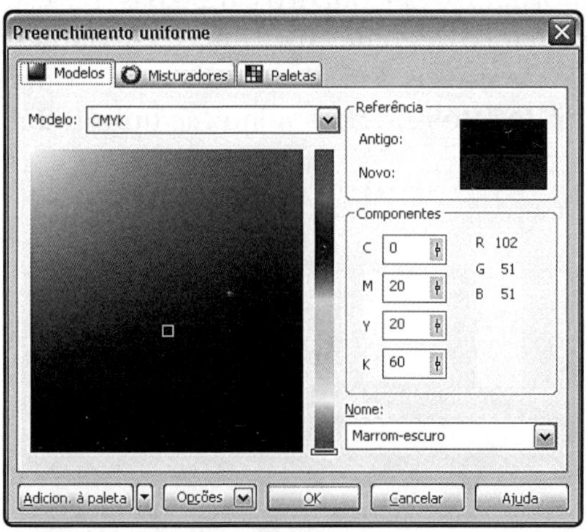

3. Se desejar utilizar cores Pantone, pressione a aba **Paletas**. No campo **Paleta**, escolha, por exemplo, *Pantone Matching System*. Selecione o número da cor Pantone clicando nos quadros, ou digite o número no campo **Nome**.

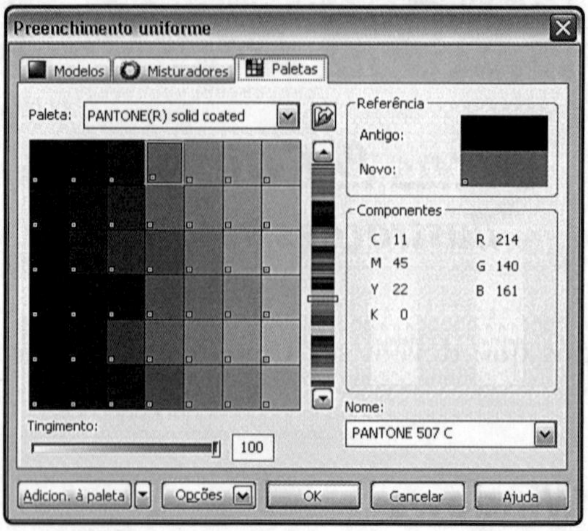

Degradês

1. Selecione o objeto e na barra de ferramentas escolha a opção **Preenchimento gradiente**.

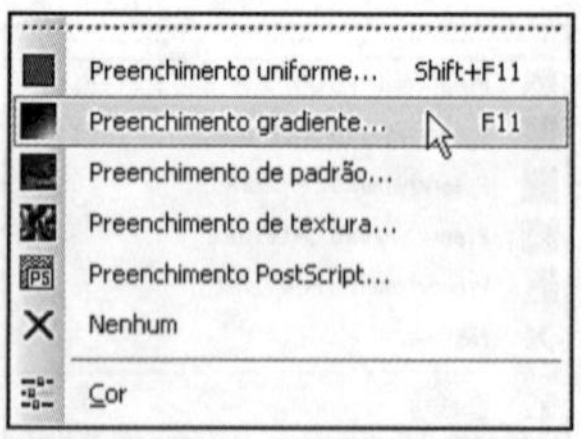

2. No quadro de diálogo, escolha o tipo de degradê que deseja no campo **Tipo**. O item mais importante desse quadro é o **Etapas**. Ele especifica a quantidade de passos que formará o degradê entre uma cor e outra. Valores baixos geram degradês com faixas visíveis. Em se tratando de ilustrações para um material impresso a partir de fotolitos, recomenda-se utilizar 256 passos.

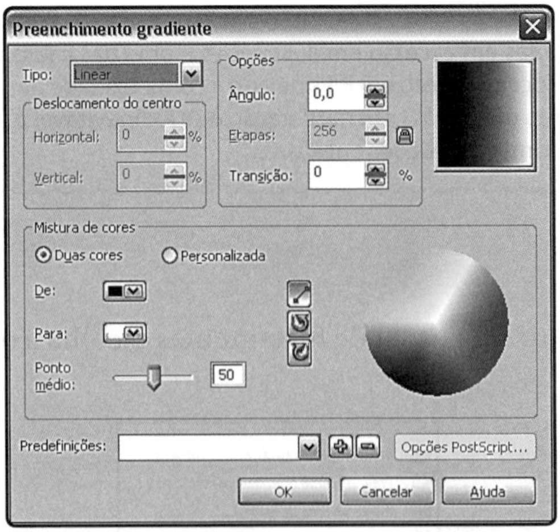

3. Para escolher as cores do degradê, pressione a opção **De** e **Para** e pressione o botão **Outra**.

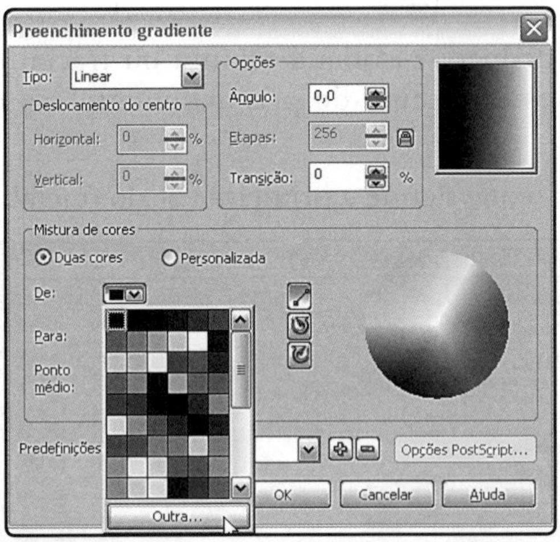

4. No quadro de diálogo que se abriu, podem ser escolhidas as porcentagens de cores CMYK.

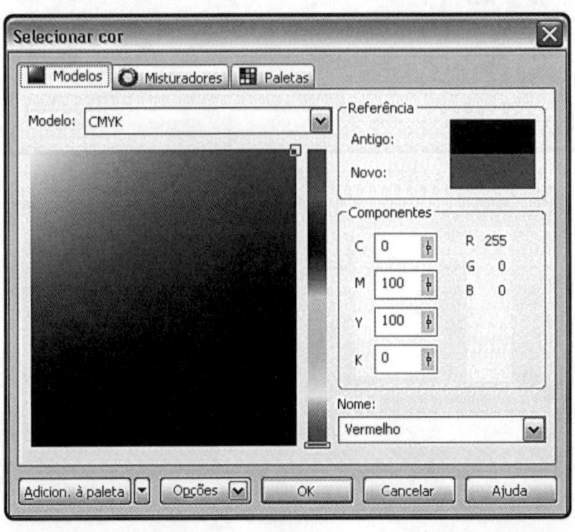

CUIDADO

O uso de degradês em excesso em ilustrações é uma das causas do aumento considerável do tempo de processamento em RIPs devido à complexidade dos cálculos para gerá-los. Para evitar isso, prefira utilizá-los com moderação e se for inevitável o uso em excesso, exporte-os como TIFF conforme instruções anexas.

Texturas fractais

1. Selecione o objeto e na barra de ferramentas escolha a opção **Preenchimento de textura**.

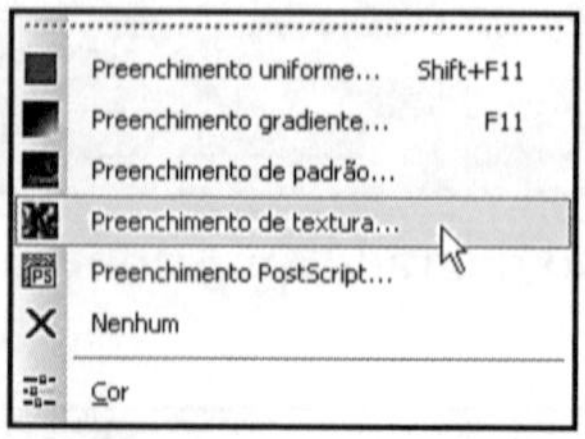

2. No quadro de diálogo, escolha a textura ou fractal que deseja. Os itens mais importantes desse tipo de preenchimento são o espaço de cor e a resolução.

3. Pressione o botão que define a primeira cor do fractal.

4. Pressione o botão **Outra**.

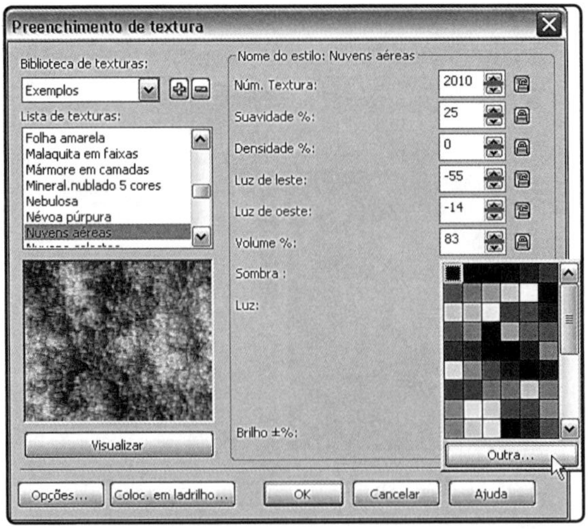

5. Na opção **Modelo** (espaços de cor), escolha a opção *CMYK*.

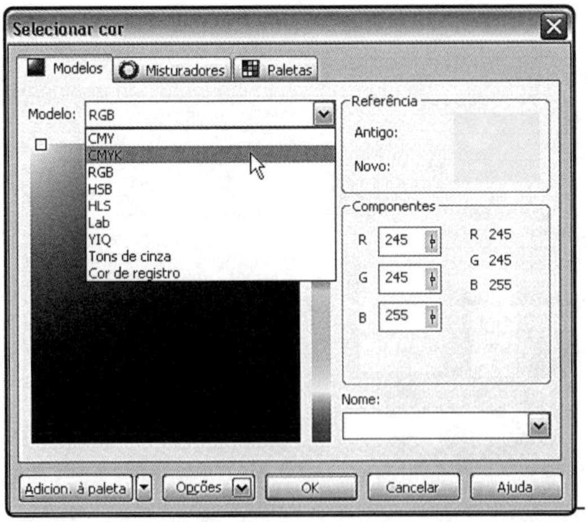

6. Selecione as porcentagens das cores CMYK colhidas numa escala de cor impressa.

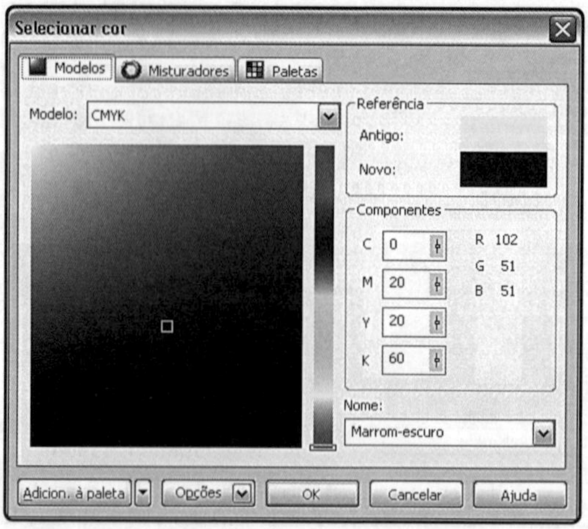

7. Repita o processo com todas as outras cores que compõem o fractal.

8. Para alterar a resolução do fractal, pressione o botão **Opções**.

9. No campo **Resolução do bitmap**, coloque o valor *300*.

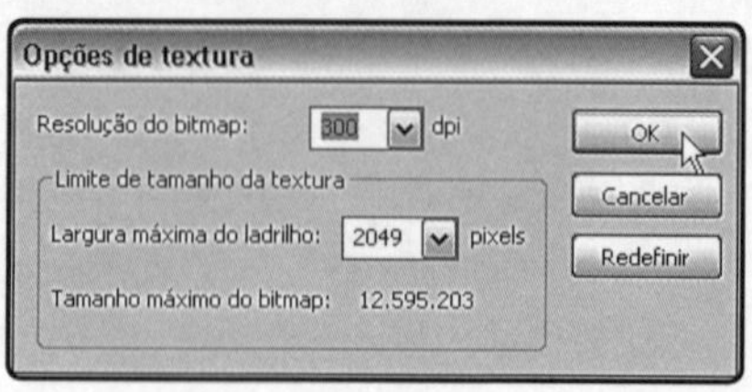

Os fractais são bitmaps formados por vetores; em outras palavras, são imagens geradas a partir de cálculos matemáticos. Por esta razão tendem a gerar problemas quando submetidos ao processamento de equipamentos high-end, mesmo com as alterações descritas anteriormente. Para um processamento com o mínimo de problemas, prefira utilizar texturas que já são imagens e podem ser conseguidas em CD-ROM específicos. Se for inevitável o uso de texturas ou fractais do CorelDRAW, exporte-os no formato TIFF conforme instruções anexas.

ATENÇÃO

Se decidir importar imagens bitmap para o CorelDRAW, principalmente os formatos que usam algum mecanismo de compressão (TIFF, JPEG ou EPS), tome o cuidado de desabilitar a opção de compressão de imagens bitmap para evitar corromper o arquivo do Corel e eventual impedimento de abertura/edição dele. Veja os descritivos dos passos a seguir.

Opção 1

1. Vá até o menu *Ferramentas/**Opções***. Clique no item **Documento** e **Salvar**. Desmarque a opção **Usar compressão de bitmap**.

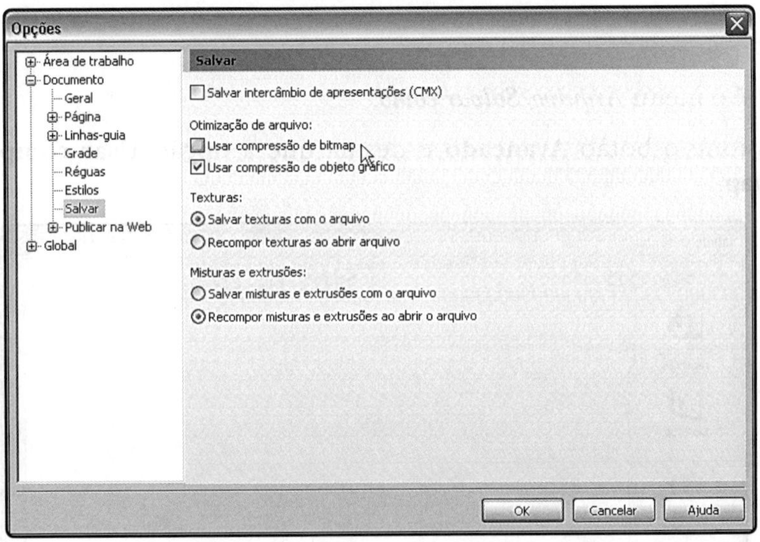

2. Clique no item **Documento**, marque a opção **Salvar opções como padrão para novos documentos** para perpetuar essa opção para os documentos que serão criados a partir desse momento e pressione o botão **OK**.

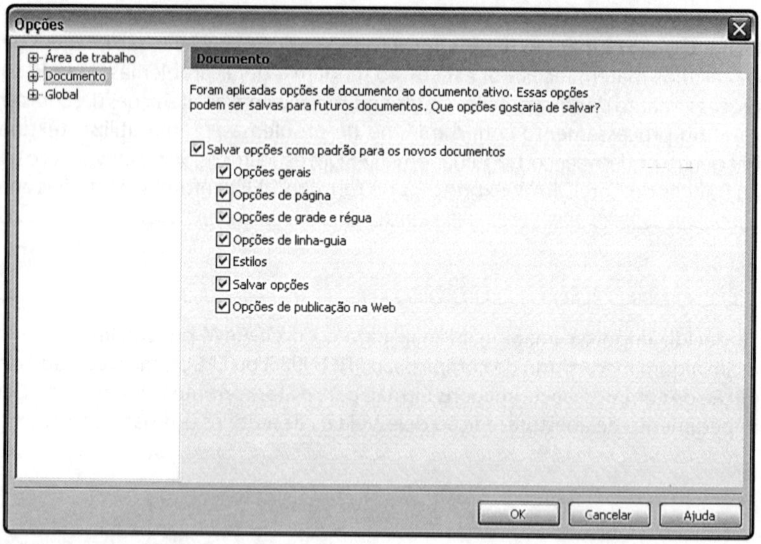

Essa opção está disponível também no quadro de diálogo de salvamento dos documentos.

Opção 2

1. Vá até o menu *Arquivo/**Salvar como**.*

   Pressione o botão **Avançado** e desmarque a opção **Usar compressão de bitmap**.

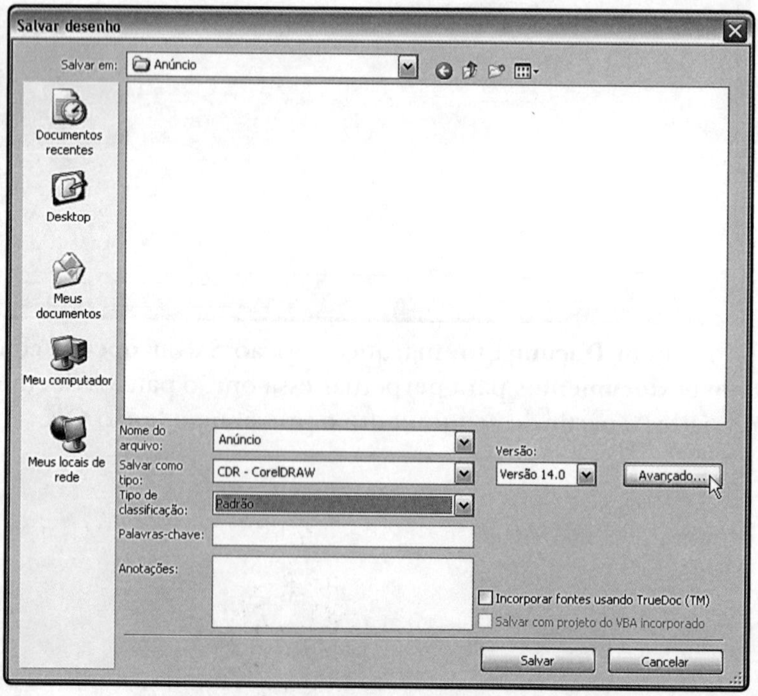

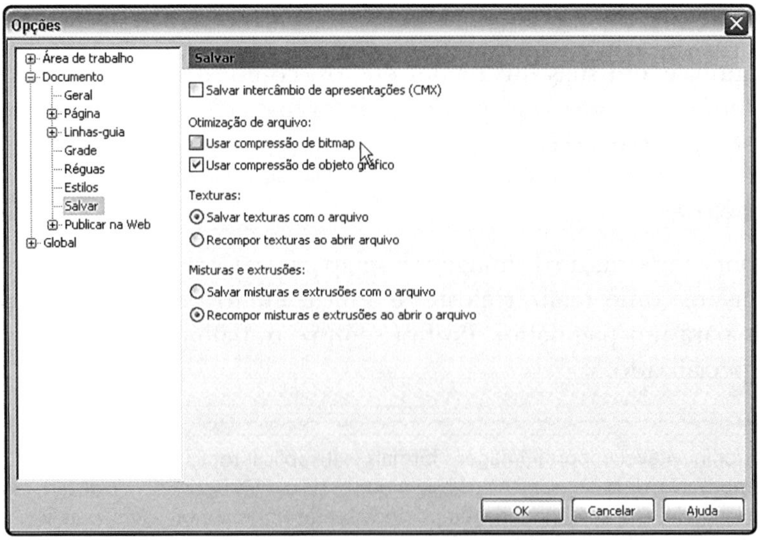

Se a recomendação anterior chegou tarde demais para você, e um ou mais documentos do CorelDRAW não estão abrindo por causa de um corrompimento causado por imagens bitmap ou qualquer outro fator, siga estas dicas para tentar "ressuscitar" o arquivo:

1. Importe o arquivo problemático para um documento novo.
2. Renomeie a extensão de uma cópia do arquivo problemático de CDR para BAK. Tente abrir esse arquivo ou importá-lo para um documento novo.
3. Renomeie a extensão de uma cópia do arquivo problemático de CDR para CMX. Tente abrir esse arquivo ou importá-lo para um documento novo.

Objetos complexos

O CorelDRAW, como qualquer software ilustrador, trabalha com cálculos matemáticos para construir seus elementos. Além desses cálculos, ele utiliza pequenos pontos ou nós para definir retas e curvas. O excesso deles também implica em problemas na hora de imprimir.

Evite trabalhar com ilustrações com muitos nós (um valor "saudável" seria em torno de 1.000 nós por ilustração). Se for inevitável, prefira rasterizá-las (converter em bitmap) conforme instruções anexas.

Textos

Assim como qualquer software ilustrador, ele não diagrama textos com a mesma desenvoltura que os aplicativos de paginação. Prefira adicionar ao CorelDRAW somente textos que devem receber alguns recursos e/ou efeitos, como extrusões, envelopamento, perspectivas, degradês etc.

Efeitos especiais

Se desejar utilizar em suas ilustrações efeitos, como, por exemplo, as inúmeras opções de lentes, sombras, transparências interativas etc., exporte-as num formato bitmap/raster como o TIFF.

Imagens bitmap

Procure evitar a importação de imagens bitmap para o CorelDRAW ou para qualquer ilustrador, assim como realizar ajustes e aplicar efeitos para depois exportá-los e importá-los para um paginador. Prefira sempre trabalhar cada elemento no seu software especializado.

ATENÇÃO

Se for inevitável importar imagens bitmap, evite aplicar rotações, pois isso pode acarretar um tempo maior de processamento desses arquivos pelos RIPs. Dependendo do tamanho do arquivo da imagem, esse acréscimo de tempo pode ser de algumas horas. Prefira aplicar a rotação das imagens no software de retoque fotográfico e mascarar as imagens.

Exporte a ilustração em formatos profissionais

A exportação de arquivos dos ilustradores para os paginadores é necessária, pois nem sempre o PageMaker, QuarkXPress ou o InDesign reconhecem os formatos nativos do CorelDRAW, Illustrator, FreeHand.

O ato de exportar significa codificar o formato nativo: CDR, AI e FH, em formatos que os paginadores compreendam e também mantenham as características de cores, tamanho, qualidade e informações para a impressão.

O formato mais indicado é o EPS (Encapsulated PostScript) já que é integralmente compatível com a linguagem PostScript das impressoras profissionais. Em alguns aplicativos (Illustrator, por exemplo), em vez de exportar o arquivo, simplesmente salvamos no formato EPS. A outra opção é o formato TIFF, mas ele tem suas limitações.

CUIDADO

Devemos evitar a utilização do recurso "***Copy & Paste***", ou seja, copiar no ilustrador e colar no paginador. Isso pode fazer com que as ilustrações ou imagens sejam exportadas em baixa resolução ou que ocasionem problemas de processamento no prestador de serviços gráficos.

Exportação em EPS

A exportação em EPS (Encapsulated PostScript) mantém as mesmas características da ilustração original, ou seja, os vetores, qualidade independente de resolução, possibilidades de ampliação e redução sem perda de qualidade, fidelidade de cores e manutenção das áreas transparentes (áreas em que não existe preenchimento).

1. Salve a ilustração a ser exportada e vá até o menu *Arquivo/**Exportar***.
2. Vá para o diretório em que está o restante desse projeto e, no campo **Arquivos do tipo**:, escolha a opção *EPS - Encapsulated PostScript*. Pressione o botão **Exportar**.

3. No campo **Cabeçalho da imagem**, definimos a qualidade da imagem que representa o EPS. Uma vez que ela só serve para posicionamento e diagramação e não interfere na qualidade do arquivo, não há necessidade de que o cabeçalho tenha muita definição nem qualidade. Escolha *TIFF* no **Formato**, *Tons de cinza de 4 bits* no **Tipo** e *100 dpi* no campo **Resolução**. No campo **Exportar texto como**, escolha a opção **Texto** e a subopção **Incluir fontes** a fim de que os textos incluídos na ilustração sejam exportados sem conversão em nós e as fontes utilizadas sejam incluídas. Desabilite a opção **Aplicar perfil ICC**. No campo **Enviar bitmaps como**, escolha a opção *CMYK*.

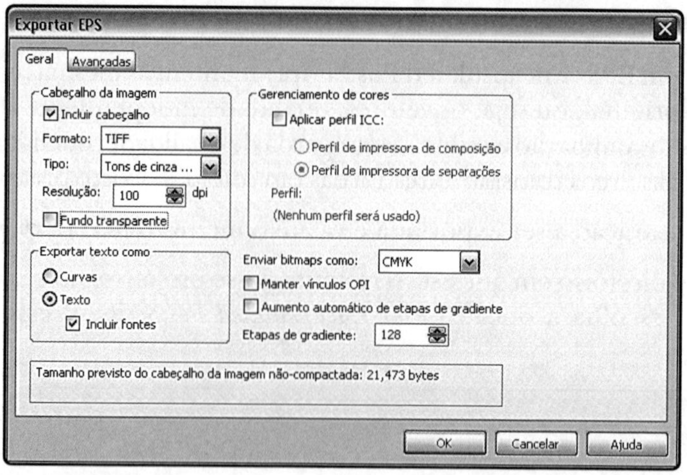

4. Clique na aba **Avançadas**. No campo **Compatibilidade**, escolha a opção de nível de PostScript de acordo com a indicação do seu prestador de serviços gráficos. Não é recomendável utilizar as opções do **Utilizar compactação JPEG**. Em **Caixa delimitadora**, deixe marcada a opção **Objetos**. Pressione o botão **OK**.

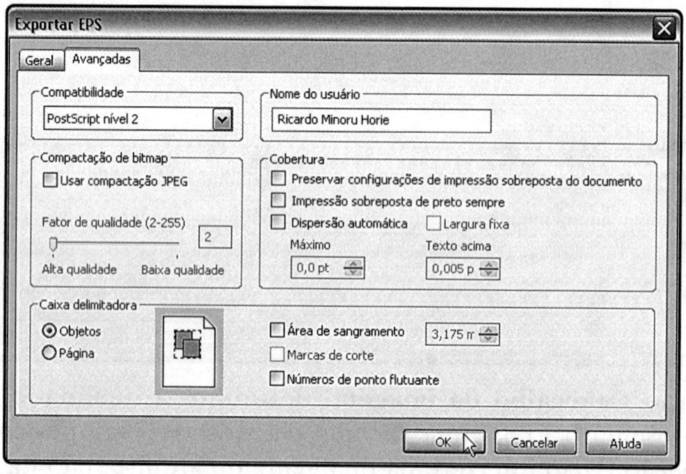

Exportação em TIFF

Ao exportar as ilustrações vetoriais no formato TIFF, vamos transformar todos os cálculos matemáticos dos elementos em imagens bitmap num processo conhecido como rasterização. Isso elimina alguns problemas, mas traz outros.

ATENÇÃO

Uma vez como imagens, não importa mais a quantidade de nós nem os efeitos que foram aplicados nas ilustrações, porém os arquivos crescerão em tamanho, passarão a depender de resolução, não poderão ser ampliados nem reduzidos e nas áreas em que não existia preenchimento, serão preenchidas com a cor branca.

1. Salve a ilustração a ser exportada e vá até o menu *Arquivo/**Exportar***.
2. Vá para o diretório em que está o restante desse projeto e no campo **Arquivos do tipo** escolha a opção *TIF - Bitmap TIFF*. Pressione o botão **Exportar**.

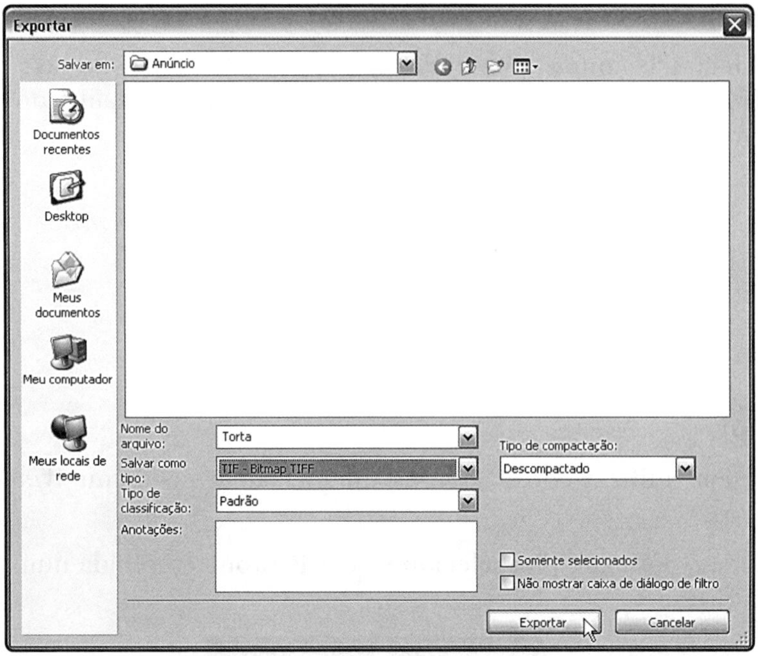

3. No campo **Tamanho**, mantenha os mesmos valores de largura, altura e porcentagens e habilite a opção **Manter proporção**, de forma que a imagem seja exportada no tamanho em que se encontra. Em **Resolução**, escolha *300* ou um valor que você obteve ou foi recomendado em função da lineatura do seu impresso.

   No campo **Modo de cor**, escolha a opção *Cor CMYK (32 bits)*, de forma que as cores se mantenham em CMYK e com valores idênticos aos que você escolheu. Marque a opção **Suavização de serrilhado** a fim de que se minimizem as serrilhas nas ilustrações. Pressione o botão **OK**.

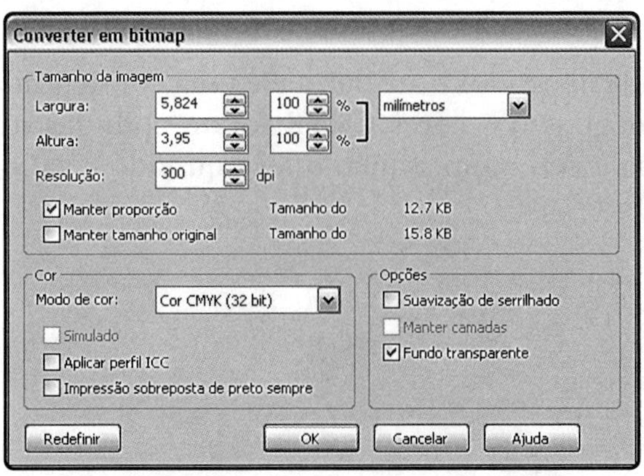

Illustrator - Mac OS

Cores CMYK

1. No Illustrator, abra a paleta **Color** no menu *Window/Color*.
2. Na paleta, selecione as porcentagens das cores CMYK, colhidas numa escala de cor impressa, caso o seu monitor não esteja ajustado e calibrado em relação à impressão offset.

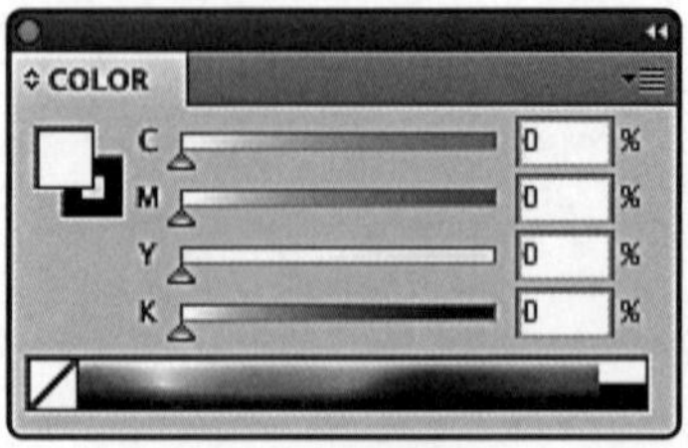

Cores Spot

1. Se desejar utilizar cores Spot, escolha a paleta no menu *Window/Swatch Libraries*.
2. Na paleta, por exemplo, selecione a cor Pantone escolhida numa escala de cor impressa.

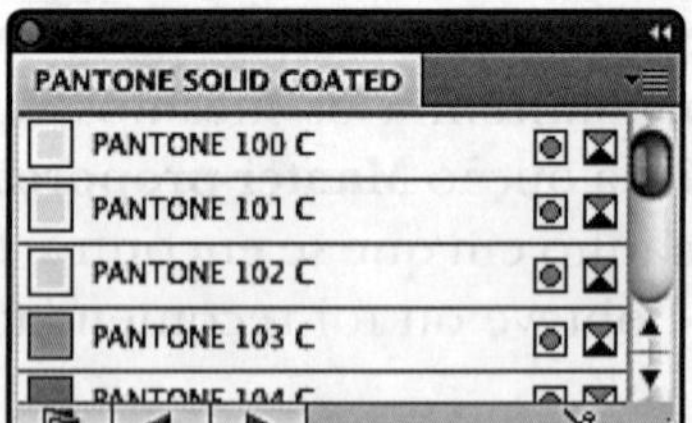

Degradês

1. No Illustrator, abra a paleta **Gradient** no menu *Window*.
2. Na paleta, escolha o tipo de degradê em **Type**, a angulação em **Angle** e a posição de cada marcador de cor que compõe o degradê em **Location**.
3. Clique em cada marcador e atribua a ele uma cor definida na paleta **Colors**, cujas porcentagens das cores CMYK foram colhidas numa escala de cor impressa, caso o seu monitor não esteja ajustado e calibrado em relação à impressão offset.

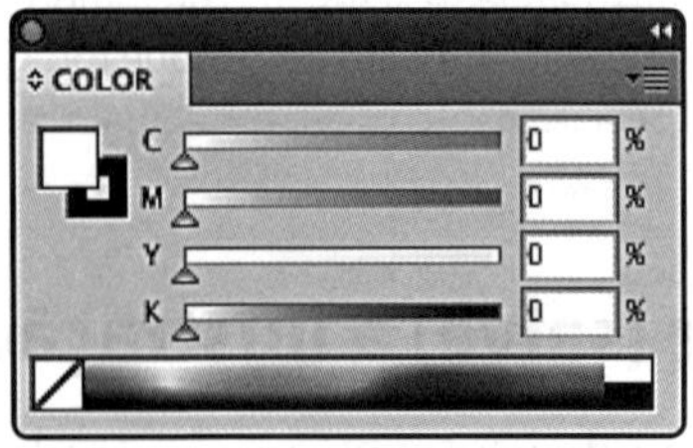

CUIDADO

O uso de degradês em excesso em ilustrações é uma das causas do aumento considerável do tempo de processamento em RIPs devido à complexidade dos cálculos para gerá-los. Para evitar isso, prefira utilizá-los com moderação e se for inevitável o uso em excesso, exporte-os como TIFF conforme instruções anexas.

Objetos complexos

O Illustrator, como qualquer software ilustrador, trabalha com cálculos matemáticos para construir seus elementos. Além desses cálculos ele utiliza pequenos pontos ou nós para definir retas e curvas. O excesso deles também pode implicar em problemas na hora de imprimir.

Evite trabalhar com ilustrações com muitos nós (um valor "saudável" seria em torno de 1.000 nós por ilustração). Se for inevitável, prefira rasterizá-las (converter em bitmap) conforme instruções anexas.

Textos

Assim como qualquer software ilustrador, ele não diagrama textos com a mesma desenvoltura que os aplicativos de paginação. Prefira adicionar ao CorelDRAW somente textos que devem receber alguns recursos e/ou efeitos, como extrusões, envelopamento, perspectivas, degradês etc.

Imagens bitmap

Procure evitar a importação de imagens bitmap para o Illustrator ou para qualquer ilustrador, assim como realizar ajustes e aplicar efeitos para depois exportá-los e importá-los para um paginador. Prefira sempre trabalhar cada elemento no seu software especializado.

ATENÇÃO

Se for inevitável importar imagens bitmap, evite aplicar rotações, pois isso pode acarretar um tempo maior de processamento desses arquivos pelos RIPs. Dependendo do tamanho do arquivo da imagem, esse acréscimo de tempo pode ser de algumas horas. Prefira aplicar a rotação das imagens no software de retoque fotográfico e mascarar as imagens.

Exporte (salve) a ilustração em formatos profissionais

A exportação de arquivos dos ilustradores para os paginadores é necessária, pois nem sempre o PageMaker, QuarkXPress ou o InDesign reconhecem os formatos nativos do CorelDRAW, Illustrator, FreeHand.

O ato de exportar significa codificar o formato nativo: CDR, AI e FH, em formatos que os paginadores compreendam e também mantenham as características de cores, tamanho, qualidade e informações para a impressão.

O formato mais indicado e popular é o EPS (Encapsulated PostScript) já que é integralmente compatível com a linguagem PostScript das impressoras profissionais. A segunda opção e que tende a se tornar padrão num futuro próximo é o PDF. A terceira opção é o formato TIFF, mas ele tem suas limitações.

CUIDADO

Devemos evitar a utilização do recurso "***Copy** & **Paste***", ou seja, copiar no ilustrador e colar no paginador. Isso pode fazer com que as ilustrações ou imagens sejam exportadas em baixa resolução ou que ocasionem problemas de processamento no prestador de serviços gráficos.

Exportação (salvamento) em EPS

A exportação (salvamento) em EPS (Encapsulated PostScript) mantém as mesmas características da ilustração original, ou seja, os vetores, qualidade independente de resolução, possibilidades de ampliação e redução sem perda de qualidade, fidelidade de cores e manutenção das áreas transparentes (áreas sem preenchimento). Esse arquivo EPS continua plenamente editável pelo aplicativo que o gerou (Illustrator ou FreeHand).

1. Vá até o menu *File/**Save As***.
2. Direcione para o folder no qual está o restante desse projeto e no campo **Format**, escolha a opção *Illustrator EPS (EPS)*.

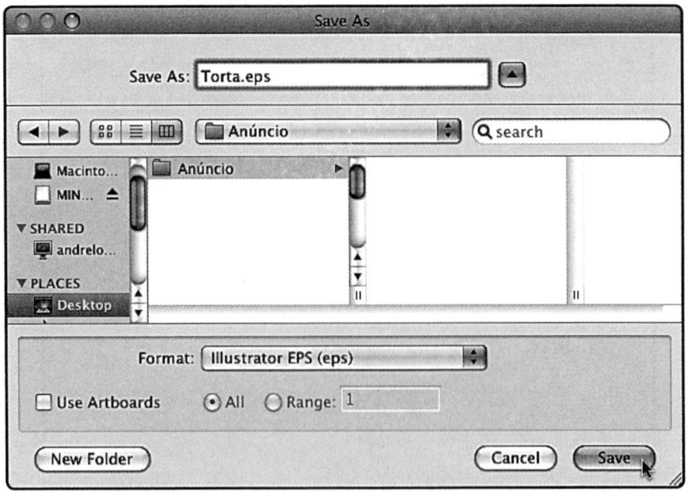

3. No campo **Version**, escolha a opção de acordo com a versão do seu Illustrator.

   Na área **Preview**, definimos a qualidade da imagem que representa o EPS. Uma vez que ela só servirá para o posicionamento e diagramação e não interfere na qualidade do arquivo, não há necessidade de que o cabeçalho tenha muita definição nem qualidade.

   Na área **Fonts**, marque a opção **Embed Fonts (for other applications)** para embutir as fontes utilizadas no documento.

   Em **Options**, marque as opções conforme as características do seu arquivo: **Include Linked Files** - para embutir as imagens bitmap importadas no arquivo do Illustrator; **Include Document Thumbnails** - para embutir as miniaturas do documento; **Adobe PostScript** - defina o nível da linguagem PostScript da impressora final a que esse arquivo será submetido.

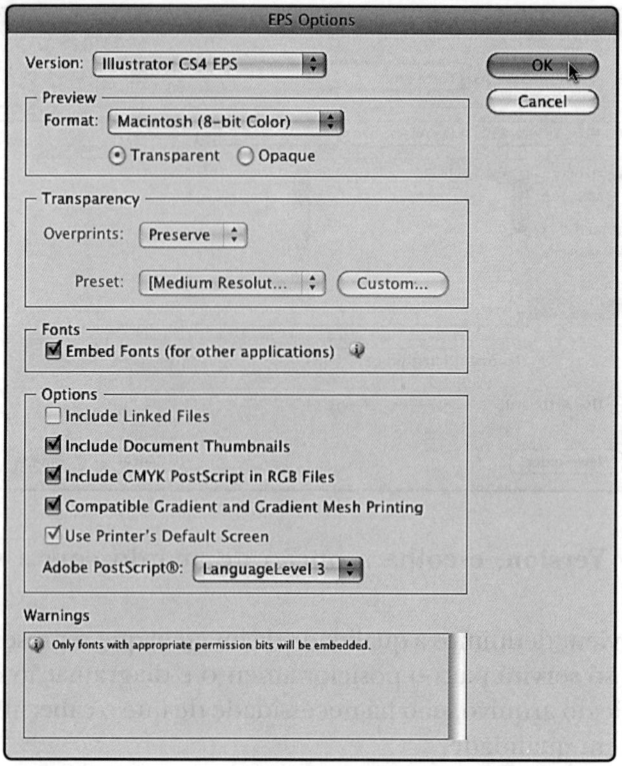

Exportação em TIFF

Ao exportar as ilustrações vetoriais no formato TIFF, vamos transformar todos os cálculos matemáticos dos elementos em imagens bitmap num processo conhecido como rasterização. Isso elimina alguns problemas, mas traz outros.

Uma vez como imagens, não importa mais a quantidade de nós nem os efeitos que foram aplicados nas ilustrações, porém os arquivos crescerão em tamanho, passarão a depender de resolução, não poderão ser ampliados nem reduzidos e nas áreas em que não existia preenchimento, serão preenchidas com a cor branca.

1. Salve a ilustração a ser exportada e vá até o menu *File/**Export***.
2. Vá para o folder em que está o restante desse projeto e no campo **Format**, escolha a opção *TIF - Bitmap TIFF*. Pressione o botão **Export**.

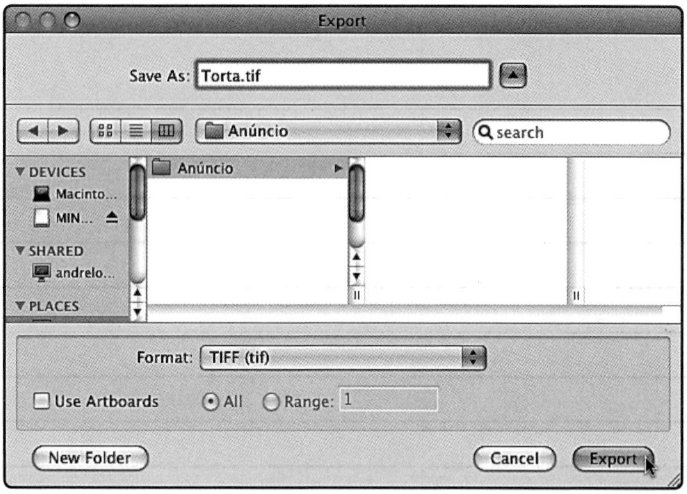

3. No campo **Resolution**, escolha *300* ou um valor que você obteve ou foi recomendado em função da lineatura do seu impresso.

No campo **Color Model**, escolha a opção *CMYK*, de forma que as cores se mantenham em CMYK e com valores idênticos aos que você escolheu. Marque a opção **Anti-Alias** a fim de que se minimizem as serrilhas nas ilustrações. Pressione o botão **OK**.

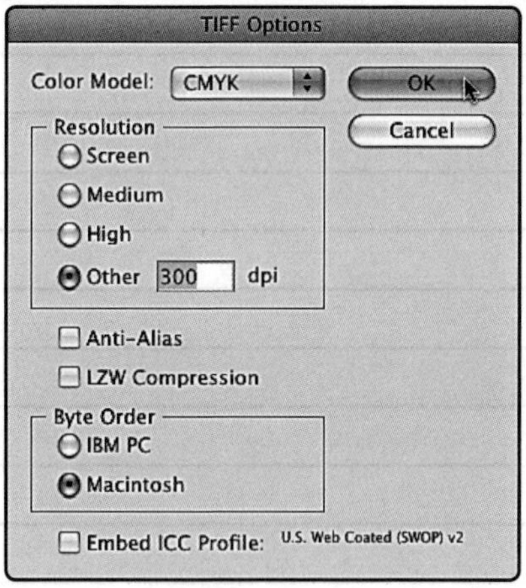

Anotações

9

Dicas & Cuidados:
Arte-Finalização do Arquivo

Veja neste capítulo os principais cuidados que devem ser tomados ao finalizar os arquivos antes de serem enviados para os prestadores de serviços gráficos.

InDesign - Windows

Imagens bitmap

ATENÇÃO

Não é recomendável rotacionar imagens bitmap dentro de aplicativos de paginação, pois pode acarretar um tempo maior de processamento desses arquivos pelos RIPs.

Se for necessário, prefira aplicar a rotação das imagens no software de retoque fotográfico e mascarar as imagens usando o recurso Clipping Path (Demarcador de corte) descrito no capítulo 6.

Crie cores CMYK

1. No InDesign, abra a paleta Swatches no menu *Window/**Swatches.***
2. Nas opções da paleta, escolha a opção ***New Colour Swatch.***

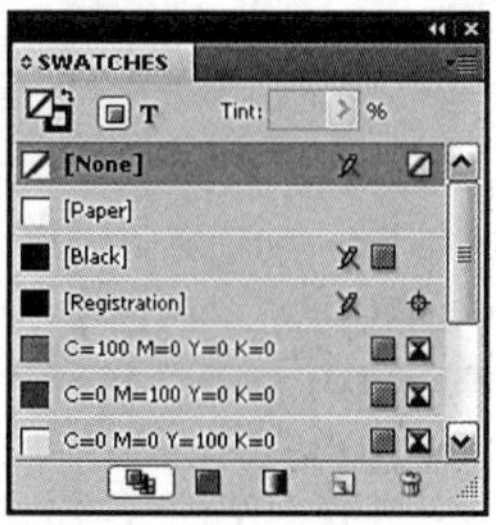

3. No quadro de diálogo, escolha a opção *Process* no campo **Colour Type** e *CMYK* no campo **Colour Mode**. Defina os valores das porcentagens de ciano, magenta, amarelo e preto nos respectivos campos. Pressione o botão **OK**.

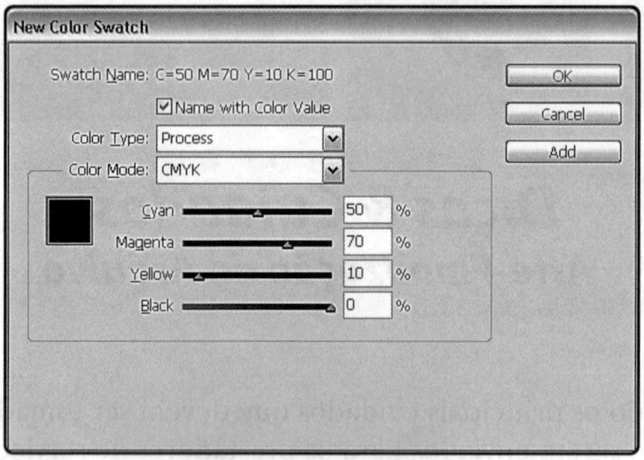

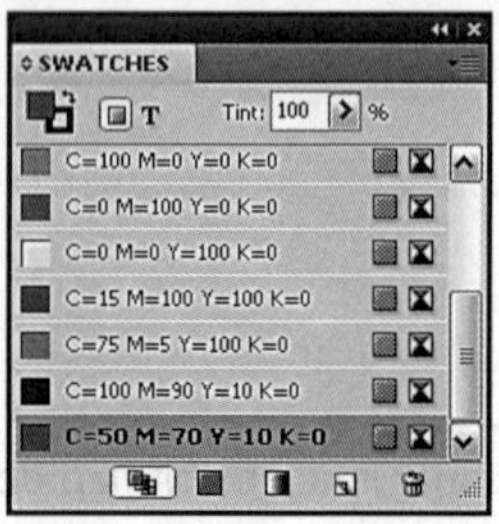

Crie cores Spot

1. No InDesign, abra a paleta Swatches no menu *Window/Swatches.*
2. Nas opções da paleta escolha a opção ***New Colour Swatch.***

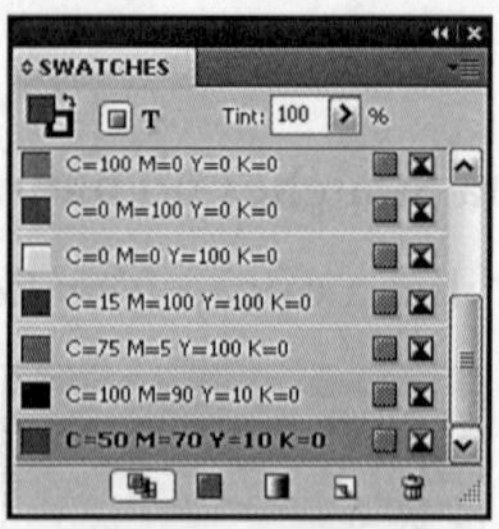

3. No campo **Color Mode**, escolha, por exemplo, uma biblioteca de cores como *Pantone Solid Coated* para impressos em papel brilhante (couchê) ou *Pantone Solid Uncoated* para impressos em papel fosco (offset) ou *Pantone Metallics* se tiver cores metálicas. Clique no código da cor Pantone no seletor ou digite o código no campo **Pantone**. Pressione o botão **OK**.

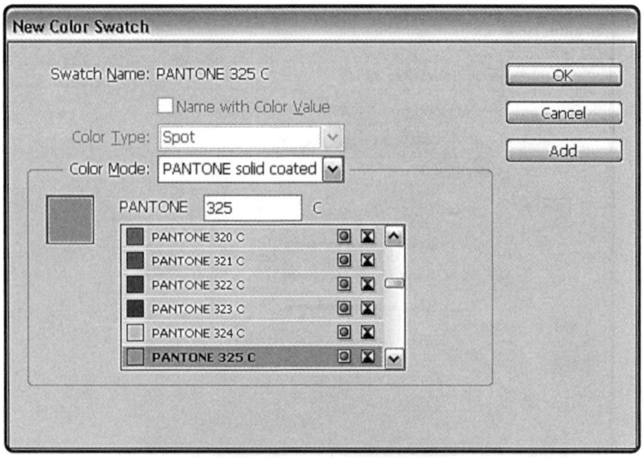

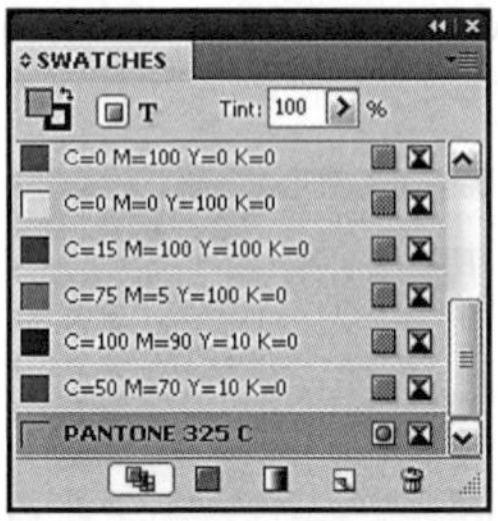

Converta todas as cores em CMYK

Caso não queira trabalhar com cores especiais, converta-as no padrão CMYK.

1. No InDesign, abra a paleta Swatches no menu *Window/**Swatches.***
2. Dê um duplo-clique em qualquer cor que queira converter.

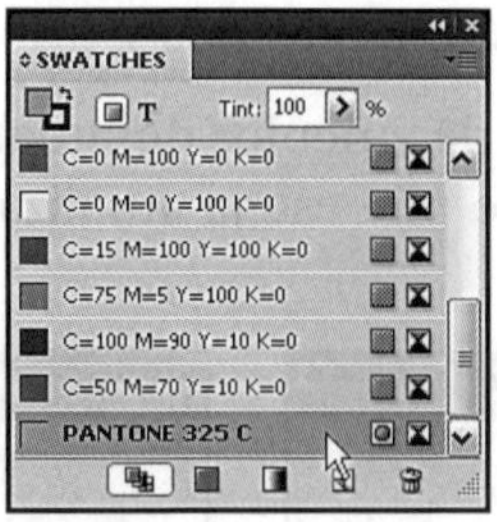

3. No quadro de diálogo, escolha a opção *Process* no campo **Colour Type** e *CMYK* no campo **Colour Mode**.

   Confirme os valores das porcentagens de ciano, magenta, amarelo e preto, comparando-as com uma escala de cores CMYK impressa para certificar-se da cor da impressão final. Se for o caso, escolha uma cor que mais se aproxime da especial e digite nos campos as novas porcentagens.

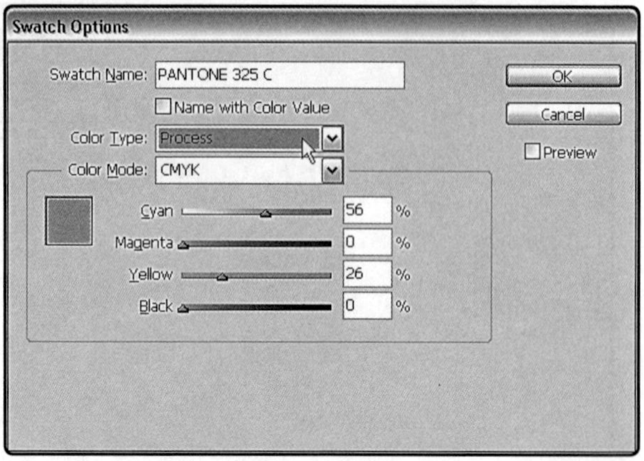

4. Repita o processo com todas as outras cores que não estiverem predispostas para separação CMYK.

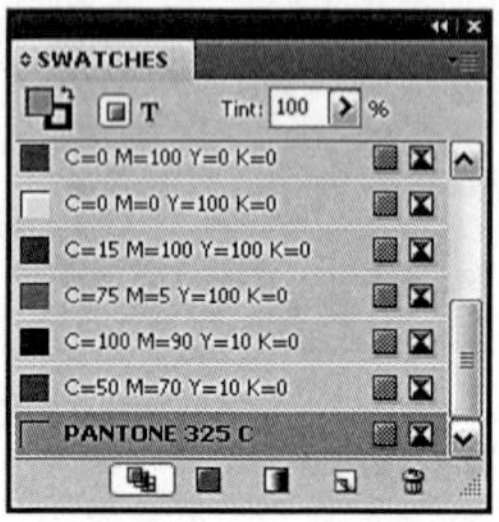

Verifique os vínculos

1. Os vínculos das imagens e ilustrações devem estar atualizados antes de enviar o arquivo finalizado para ser impresso no prestador de serviços gráficos. No menu *Window*, escolha o comando ***Links***.

2. Percorra a lista em busca de vínculos desatualizados. Caso encontre alguma imagem ou ilustração que não esteja atualizada, pressione o botão **Update Link**.

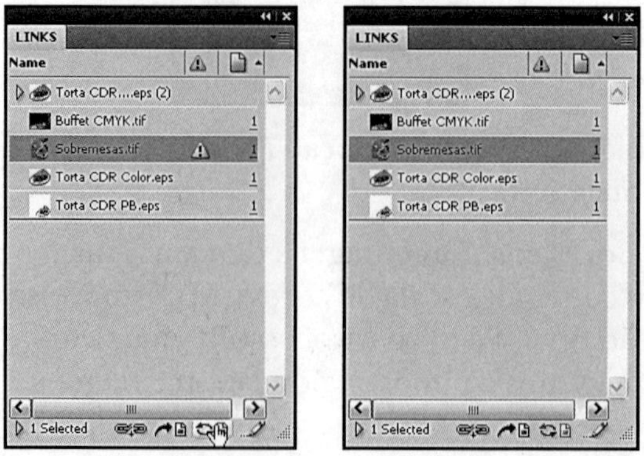

3. Se desejar maiores informações sobre esses elementos, selecione-os e clique no pequeno triângulo no canto inferior esquerdo da paleta. Será possível obter informações como espaço de cor, tipo do arquivo, tamanho etc.

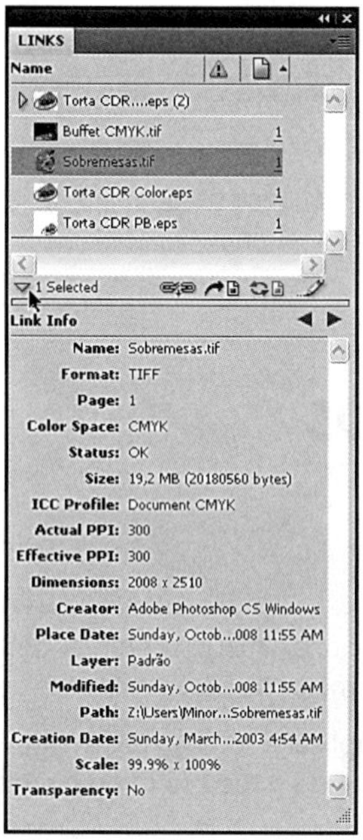

Livre-se do excesso de peso

1. O InDesign costuma realizar minissalvamentos toda vez que mudamos de página e em outras atividades. Esses minissalvamentos vão se acumulando, resultando em muitos Kbytes sem nenhuma função. Para se livrar desse excesso de "peso", salve o arquivo com o mesmo nome conforme as instruções seguintes.

   No menu *File*, vá até o submenu ***Save As***.

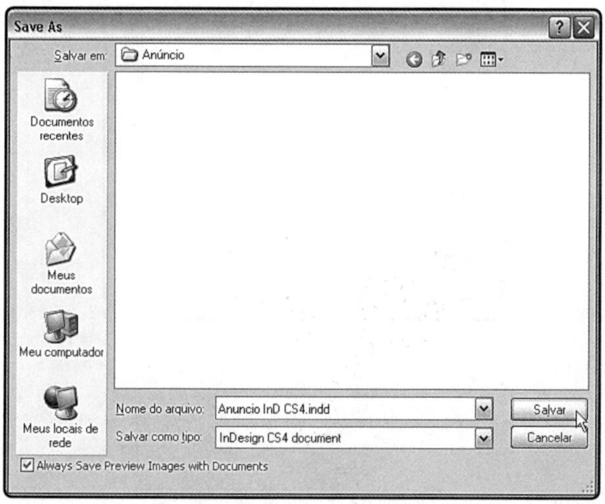

2. Pressione o botão **Sim** para substituir o arquivo.

Elimine todas as páginas em branco ou que não devem ser impressas, assim como todos os elementos que estão fora das páginas.

QuarkXPress - Mac OS

Imagens bitmap

ATENÇÃO

Não é recomendável rotacionar imagens bitmap dentro de aplicativos de paginação, pois pode acarretar um tempo maior de processamento desses arquivos pelos RIPs.

Se for necessário, prefira aplicar a rotação das imagens no software de retoque fotográfico e mascarar as imagens usando o recurso Clipping Path (Demarcador de corte) descrito no capítulo 6.

Crie cores CMYK

1. No QuarkXPress, vá até o menu *Edit/**Colors***.
2. No quadro de diálogo, pressione o botão **New**.

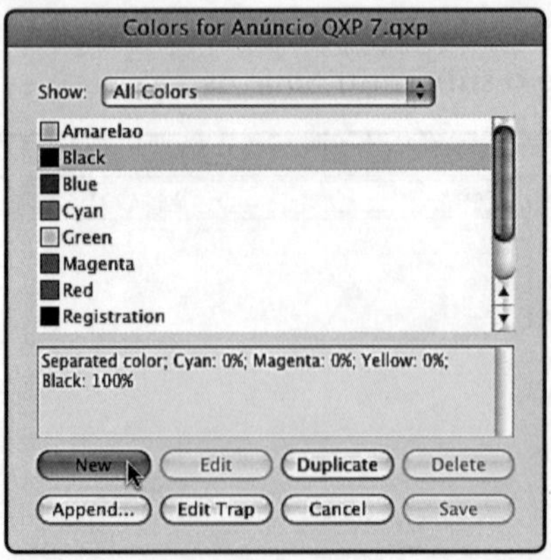

3. Nesse quadro de diálogo, dê um nome para essa cor no campo **Name**. Escolha *CMYK* no campo **Model**. Defina os valores das porcentagens de ciano, magenta, amarelo e preto nos respectivos campos.

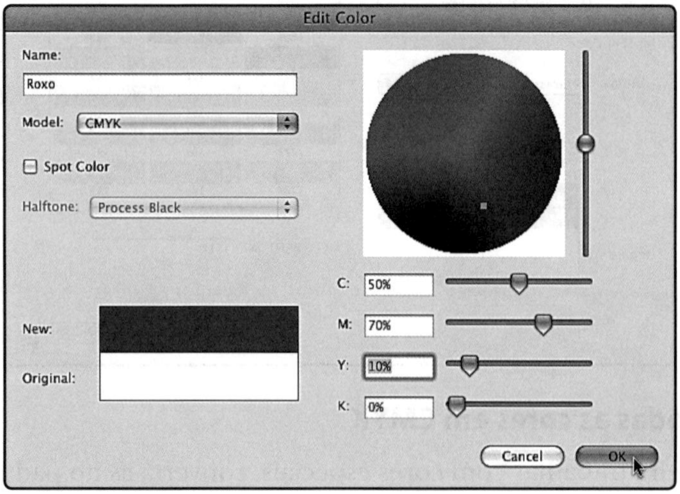

Crie cores Spot

1. No QuarkXPress, vá até o menu *Edit/**Colors***.
2. No quadro de diálogo, pressione o botão **New**.

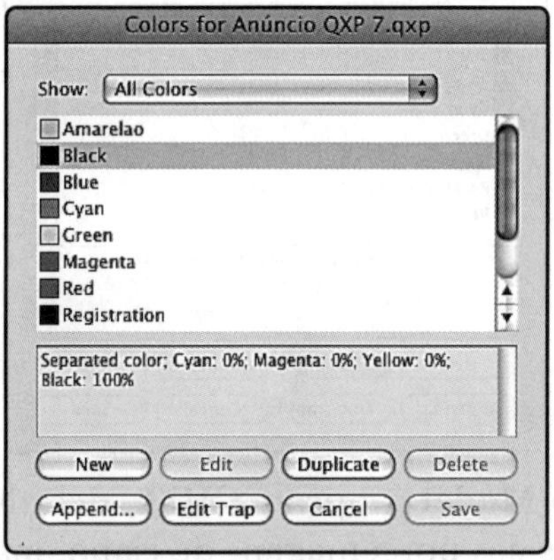

3. No quadro de diálogo Edit Color, escolha no campo **Model** uma biblioteca de cores, por exemplo, *Pantone Coated* para impressos em papel brilhante (couchê) ou *Pantone Uncoated* para impressos em papel fosco (offset) ou *Pantone Metallics* se tiver cores metálicas. Clique sobre o código da cor Pantone no seletor ou digite o código no campo **Pantone**. Marque a opção **Spot Color**.

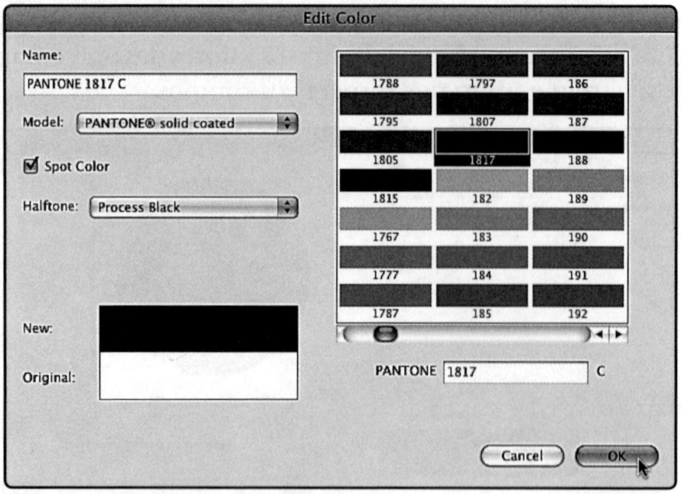

Converta todas as cores em CMYK

Caso não queira trabalhar com cores especiais, converta-as no padrão CMYK.

1. No QuarkXPress, vá até o menu *Edit/**Colors***.
2. Selecione a cor *Blue* e pressione o botão **Edit**.

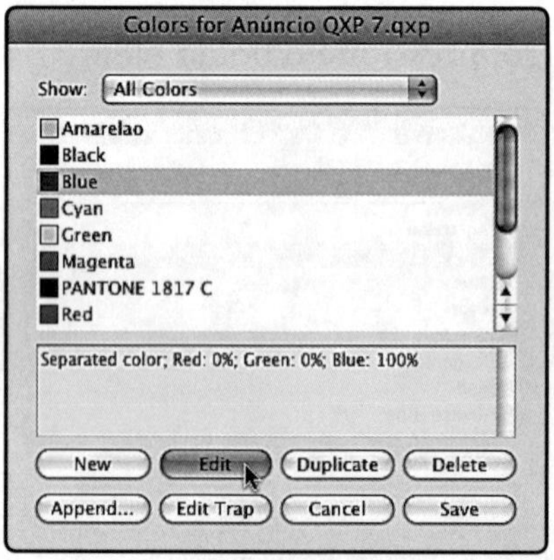

3. Escolha no campo **Model** a opção *CMYK*, desative a opção **Spot Color**. Confirme os valores das porcentagens de ciano, magenta, amarelo e preto, comparando-as com uma escala de cores CMYK impressa para certificar-se da cor da impressão final. Se for o caso, escolha uma cor que mais se aproxime da especial e digite nos campos as novas porcentagens.

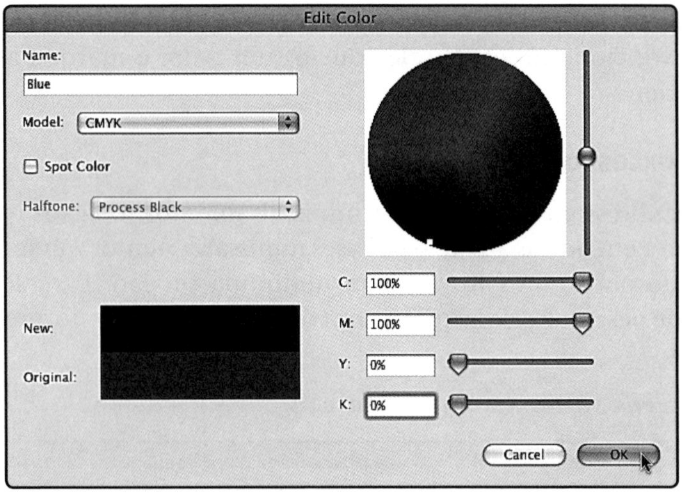

4. Repita o processo com todas as outras cores que não estiverem predispostas para separação CMYK.

Verifique os vínculos

1. Os vínculos das imagens e ilustrações devem estar atualizados antes de enviar o arquivo finalizado para ser impresso no prestador de serviços gráficos. No menu *Utilities*, escolha o comando ***Usage*** e a aba **Pictures**.

2. Clique em cada um dos vínculos para verificar se estão atualizados. Caso encontre alguma imagem ou ilustração que não esteja atualizada, clique no botão **Update**.

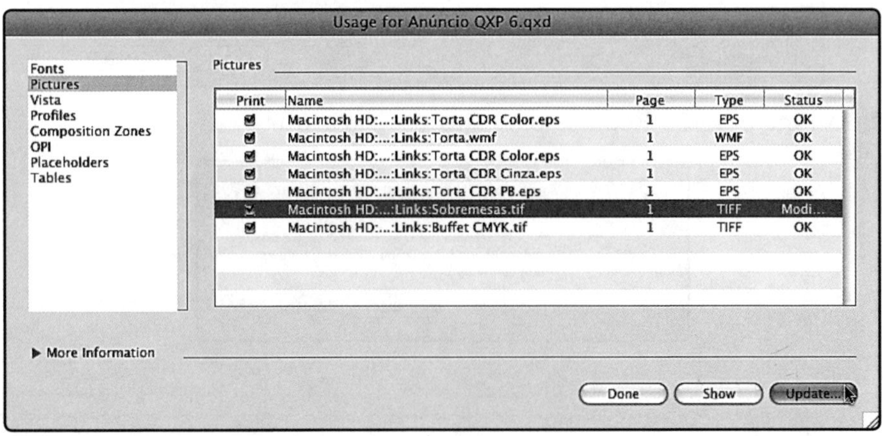

CUIDADO

O Quark costuma alterar o posicionamento e a rotação das imagens e ilustrações dentro dos seus respectivos frames quando os vínculos são atualizados. Por esta razão, sempre confira e conserte eventuais deslocamentos indesejáveis.

3. Se desejar maiores informações sobre esses elementos (localização, tipo do arquivo, tamanho etc.), selecione-os um a um e marque a opção **More Information**.

Livre-se do excesso de peso

1. O QuarkXPress costuma realizar minissalvamentos toda vez que mudamos de página e em outras atividades. Esses minissalvamentos vão se acumulando, resultando em muitos Kbytes sem nenhuma função. Para se livrar desse excesso de peso, salve os arquivos com o mesmo nome conforme as instruções seguintes.

   No menu *File*, vá até o submenu ***Save As***.

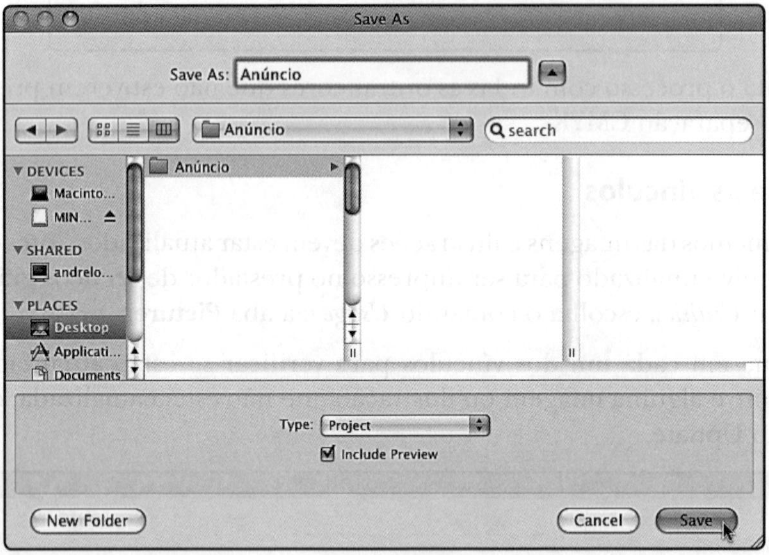

2. Pressione o botão **Replace** para substituir o arquivo.

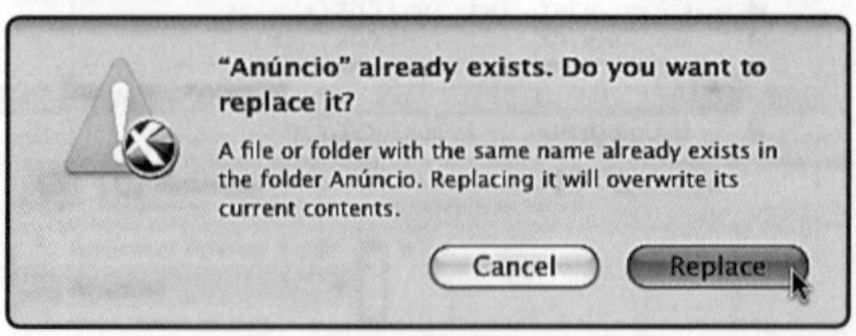

Elimine todas as páginas em branco ou que não devem ser impressas, assim como todos os elementos que estão fora das páginas.

10

Envio dos Arquivos em Regime Aberto

Se resolver enviar seu arquivo finalizado aberto por qualquer motivo, inclusive se for uma sugestão do próprio prestador de serviços gráficos, ou caso prefira enviar seus arquivos nos dois regimes, siga os próximos passos.

De acordo com o próprio conceito de arquivo aberto para impressão remota, o arquivo terá de ser aberto e conferido antes de ser enviado para a impressora. Para tanto, devemos simular o ambiente no qual o arquivo foi criado com as fontes e vínculos de elementos.

Este capítulo detalha o funcionamento dos módulos dos aplicativos que reúnem todos os arquivos necessários para impressão remota num diretório/folder. A maior parte deles também faz uma análise dos componentes do arquivo finalizado em busca de problemas e cria relatórios com informações sobre os arquivos digitais.

InDesign CS3 e CS4

1. Vá até o menu *File/ **Package**.*
2. Verifique cuidadosamente todas as categorias do quadro de diálogo em busca de itens problemáticos.

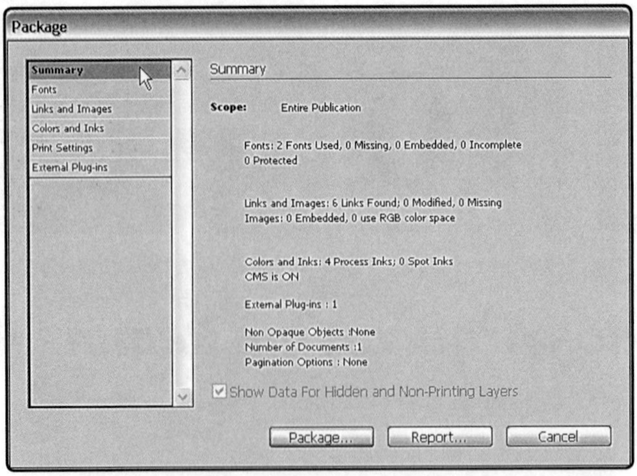

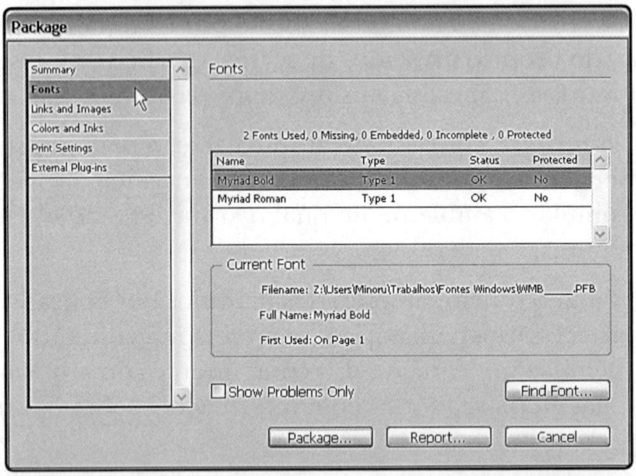

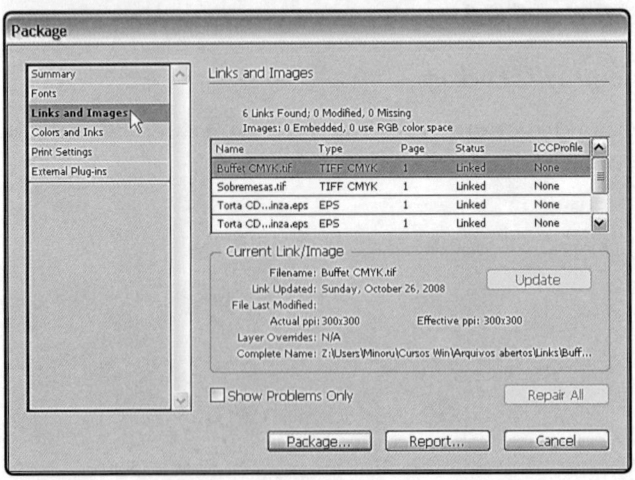

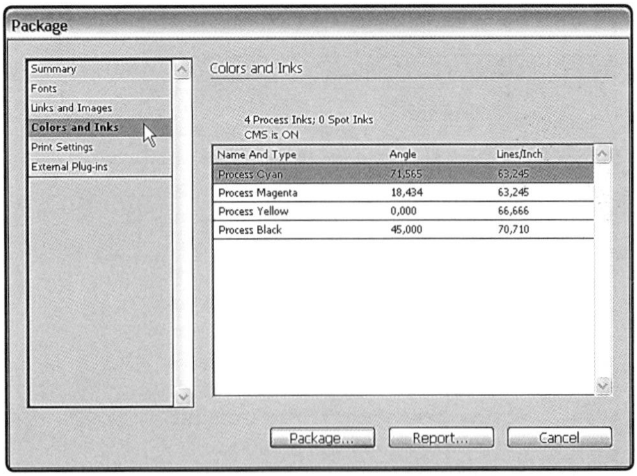

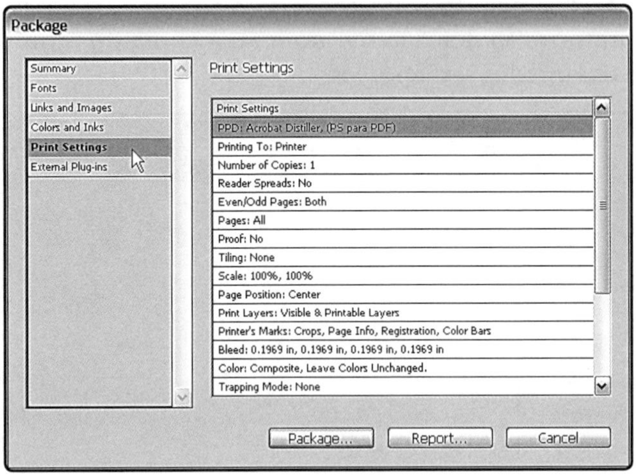

3. Pressione o botão **Package**.

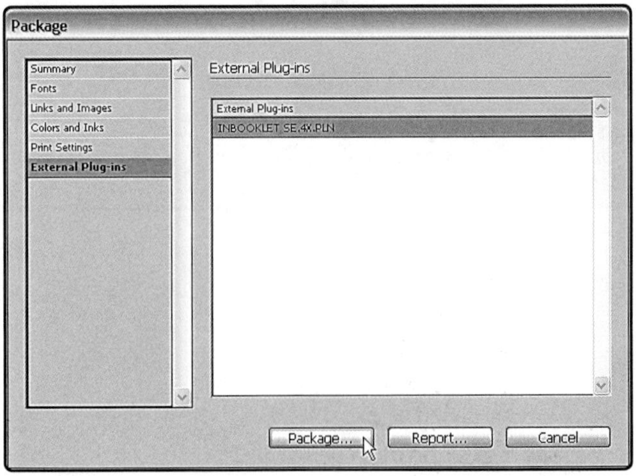

4. Se desejar, preencha o formulário e pressione o botão **Continue**.

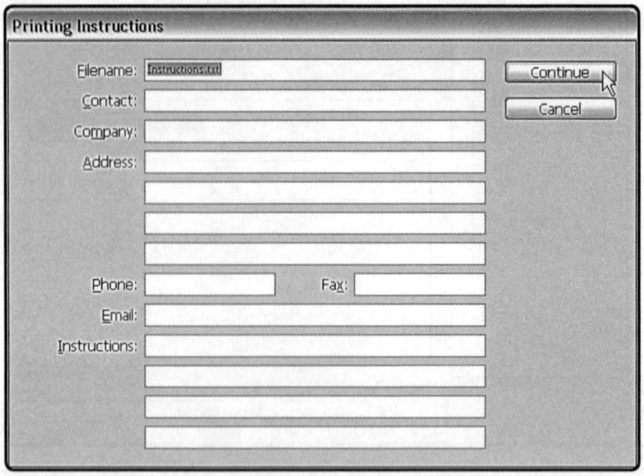

5. Crie um diretório/folder *"Aberto"* no qual a cópia do arquivo do InDesign, as fontes e os vínculos serão salvos.

6. Marque as opções **Copy Fonts**, **Copy Linked Graphics**, **Update Graphics Links** e **Include Fonts and Links From Hidden Layers** e pressione o botão **Package**.

ATENÇÃO

Sempre confira o conteúdo dos diretórios/folders criado pelo aplicativo para certificar-se de que todos os arquivos necessários foram realmente copiados.

QuarkXPress 7 e 8

1. No menu *File*, escolha a opção ***Collect for Output***. Digite um nome para o relatório no campo **Report Name**. Ele contém informações sobre o seu documento. Vá para um diretório/folder de sua preferência e/ou para um disco ou pressione o botão **New Folder** para criar um diretório/folder.

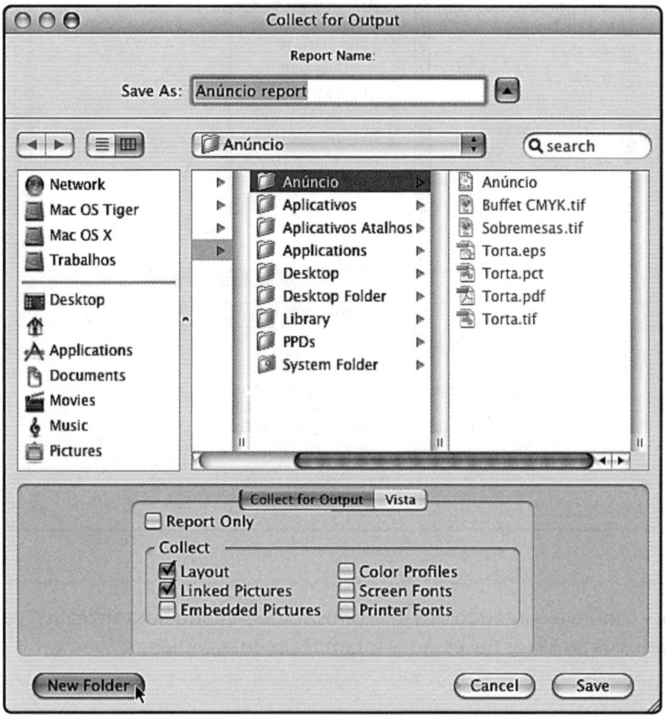

2. Digite um nome para esse folder de modo a deixar clara a localização do seu arquivo aberto e dos vínculos.

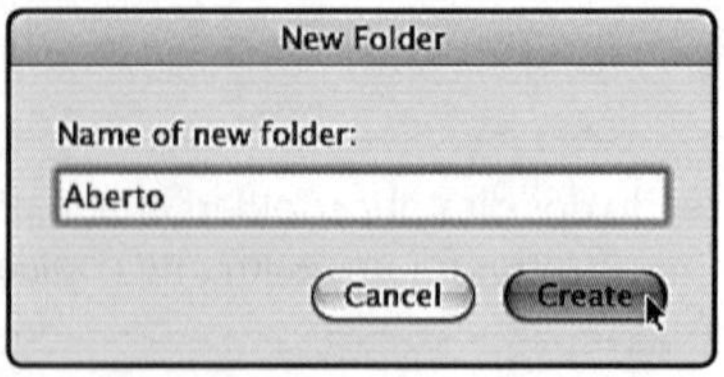

3. Marque as opções **Layout**, **Linked Pictures**, **Embedded Pictures**, **Screen Fonts** e **Printer Fonts**. Pressione o botão **Save**.

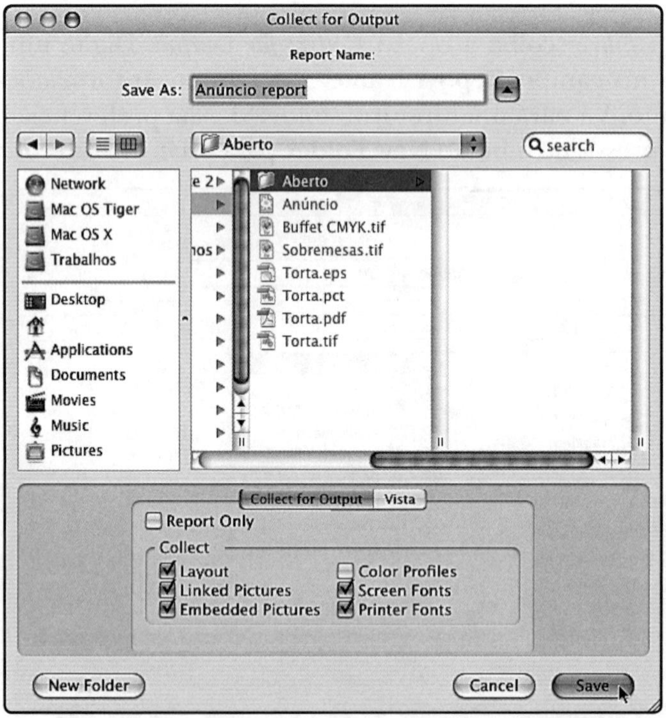

ATENÇÃO

Sempre confira o conteúdo dos diretórios/folders criado pelo aplicativo para certificar-se de que todos os arquivos necessários foram realmente copiados.

PageMaker 7

1. Vá até o menu *Utilitários/Recursos Adicionais/**Salvar para Prestador de Serviços**.*
2. Pressione o botão **Visualizar publicação** a fim de que seja feita uma análise desse documento.

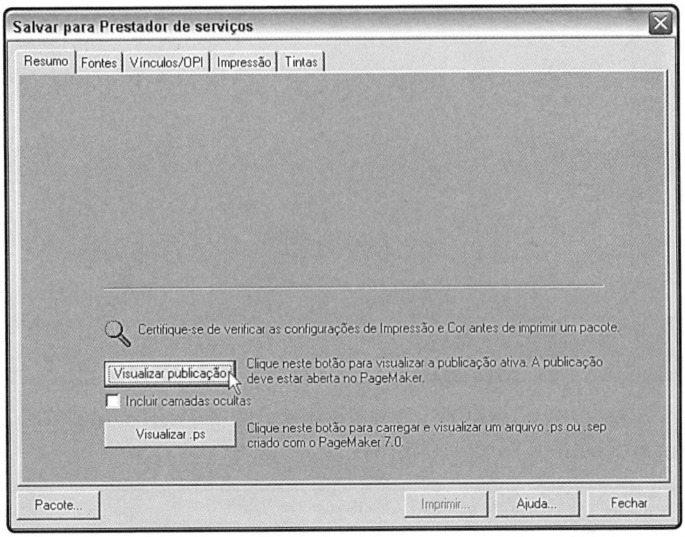

3. Com a análise concluída, note que a aba **Resumo** demonstra que está tudo em ordem com esse documento.

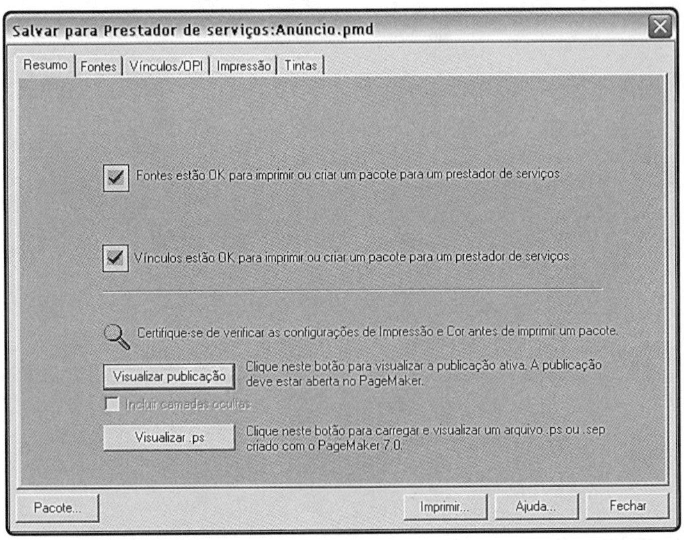

4. Clique na aba **Fontes** para constatar e confirmar as fontes que foram utilizadas nesse arquivo.

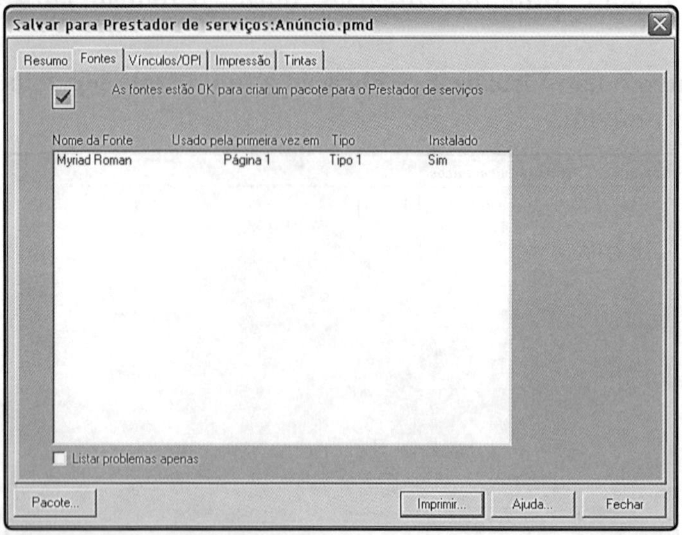

5. Clique na aba **Vínculos/OPI** para constatar e confirmar todos os vínculos que foram utilizados nesse arquivo.

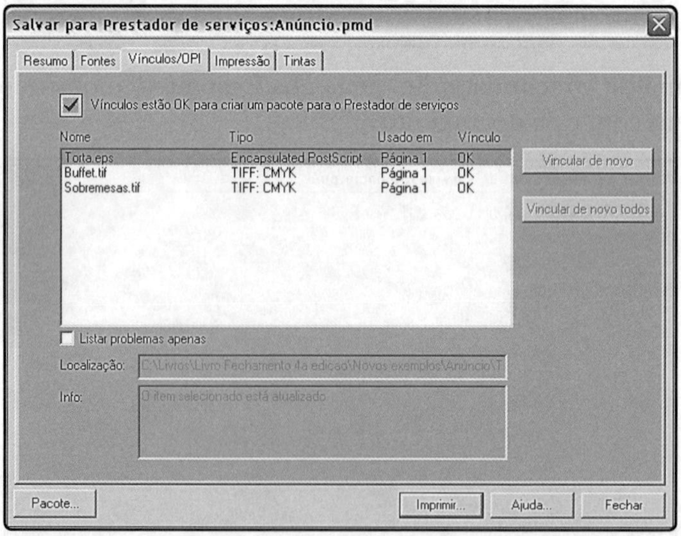

6. Clique na aba **Impressão** para constatar e confirmar todas as opções e recursos de impressão.

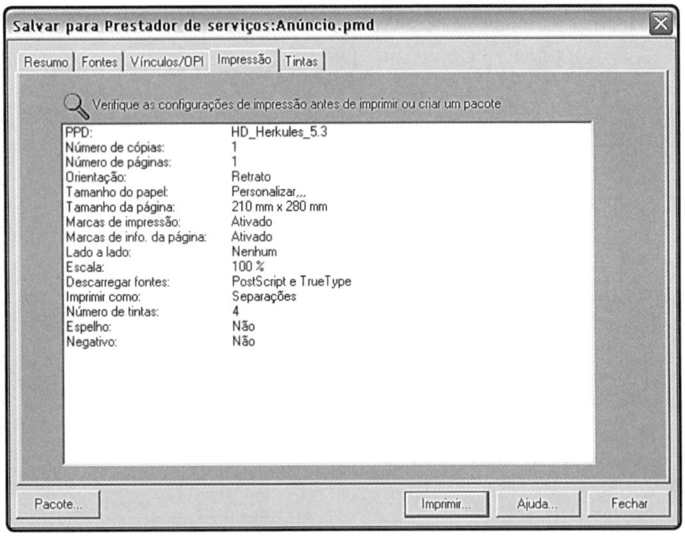

7. Clique na aba **Tintas** para constatar e confirmar todas as chapas de cor e respectivos ângulos, além do valor de lineatura escolhido.

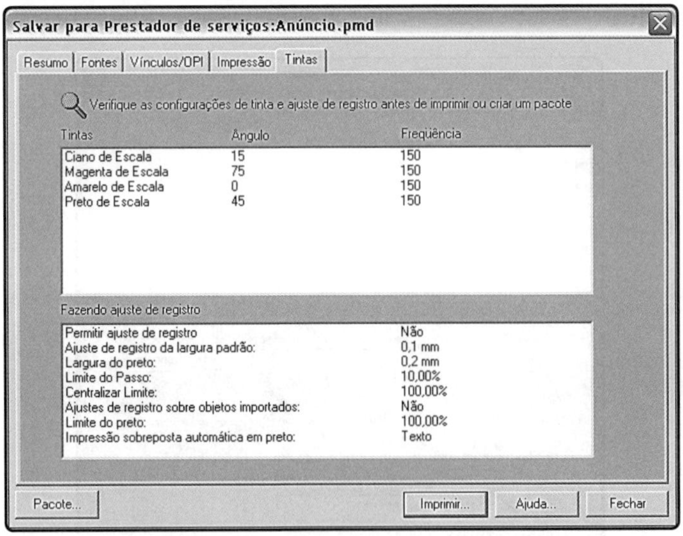

8. Para gerar um pacote do projeto em regime aberto, pressione o botão **Pacote**.

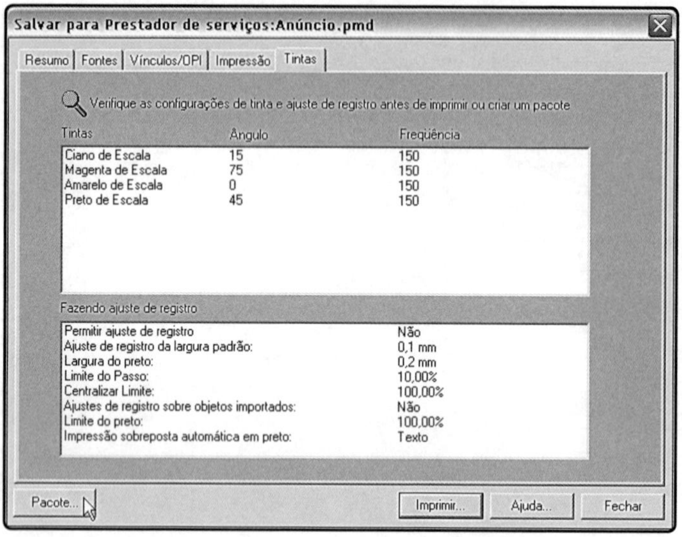

9. Crie um diretório com o nome *"Aberto"*.

10. Uma vez dentro dele, marque as opções **Copiar fontes** e **Todas** e pressione o botão **Salvar**.

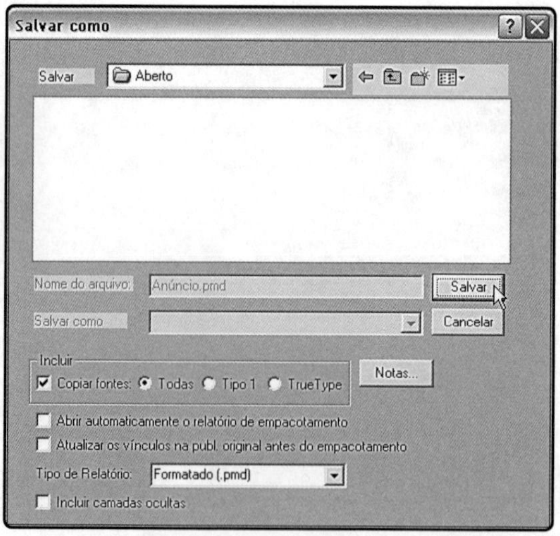

ATENÇÃO

Sempre confira o conteúdo dos diretórios/folders criado pelo aplicativo para certificar-se de que todos os arquivos necessários foram realmente copiados.

Illustrator CS3 e CS4

O Illustrator não possui recursos de geração de pacotes com os arquivos abertos. Ele apenas dispõe da paleta **Document Info** que ajuda na identificação das fontes e da paleta **Links** para identificar as imagens bitmap que compõem o arquivo.

1. Vá até o menu *Window/**Document Info***.
2. Escolha o comando ***Font Details*** nas opções da paleta. Anote o nome das fontes utilizadas no documento e identifique os arquivos que as compõem com a ajuda do ATM, Suitcase ou Font Reserve.

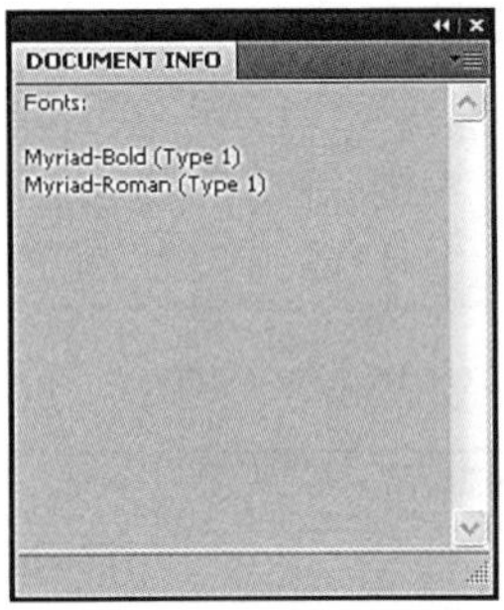

3. Vá até o menu *Window/**Links***. Escolha o comando ***Link Information*** nas opções da paleta. Anote a localização dos arquivos e proceda à cópia manual dos arquivos para um diretório/folder que será enviado para o prestador de serviços gráficos.

FreeHand MX

1. Vá até o menu *File*/***Collect For Output***.
2. Pressione o botão **OK**.

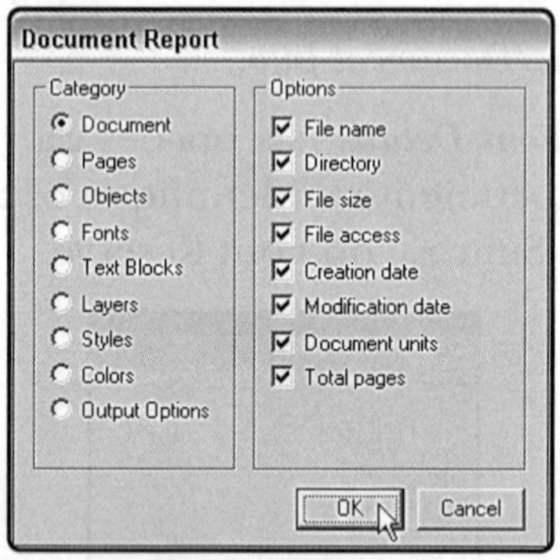

3. Crie um diretório com o nome "Aberto".

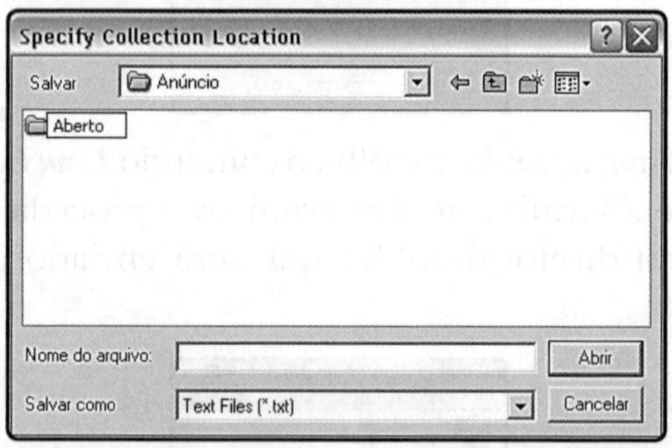

4. Uma vez dentro dele, digite um nome para o relatório no campo **Nome do Arquivo** e pressione o botão **Salvar**.

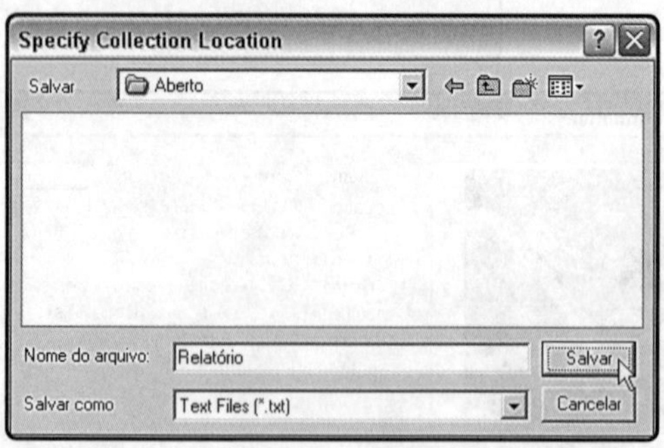

ATENÇÃO

Sempre confira o conteúdo dos diretórios/folders criado pelo aplicativo para certificar-se de que todos os arquivos necessários foram realmente copiados.

CorelDRAW X3 e X4

1. Vá até o menu *Arquivo/**Preparar para bureau de serviços**.*
2. Escolha a opção **Reunir todos os arquivos associados a esse documento** e pressione o botão **Avançar**.

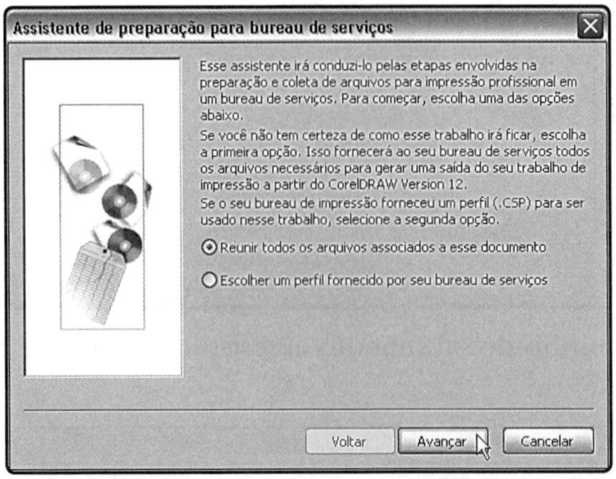

3. Marque a opção **Copiar fontes** e pressione o botão **Avançar**.

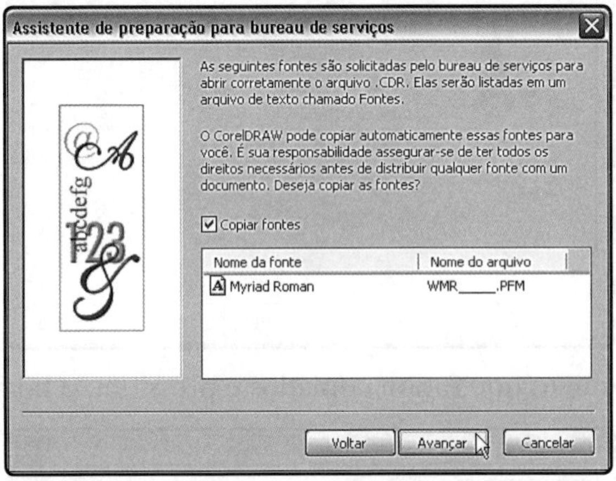

4. Pressione o botão **Avançar**.

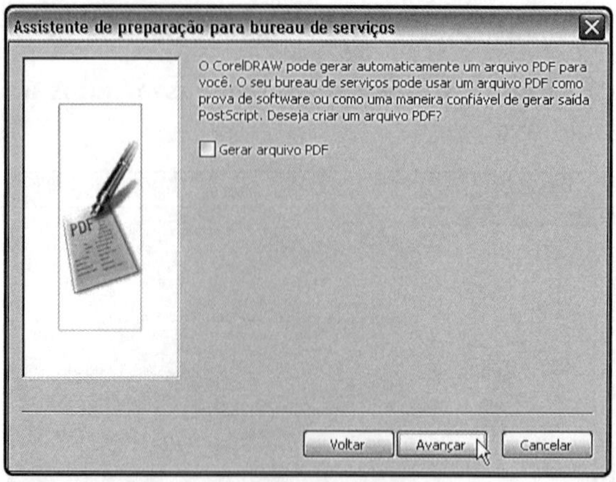

5. Depois do caminho de salvamento acrescente *"\Aberto"* e pressione o botão **Avançar**.

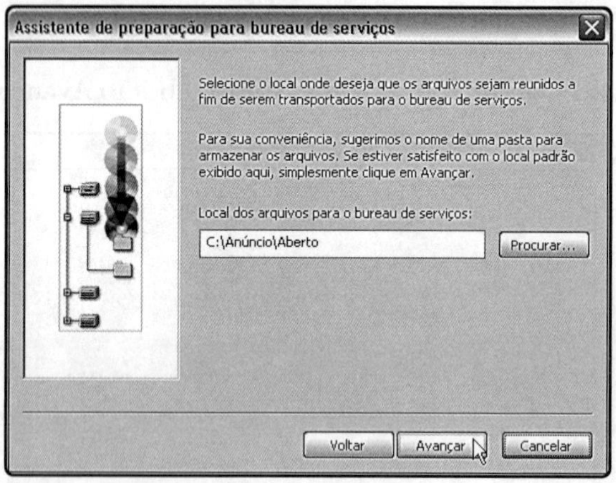

6. Confira os arquivos que foram copiados e pressione o botão **Concluir**.

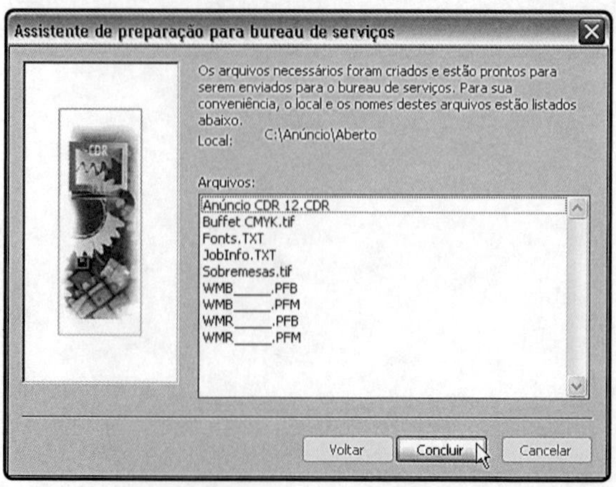

ATENÇÃO

Sempre confira o conteúdo dos diretórios/folders criado pelo aplicativo para certificar-se de que todos os arquivos necessários foram realmente copiados.

FlightCheck

O Markzware FlightCheck é um aplicativo desenvolvido para fazer preflight, ou seja, testar arquivos em regimes aberto, fechado e PDF antes de serem enviados para os prestadores de serviços gráficos. Tanto a versão FlightCheck como a versão FlightCheck Collect automatizam o envio de arquivos em regime aberto para os birôs, criando um folder no qual serão copiados o próprio documento, os arquivos que compõem as fontes e os vínculos.

1. No menu *Collect*, escolha o comando ***Collect Job***. Escolha as opções de acordo com seu trabalho e pressione o botão **Collect**.

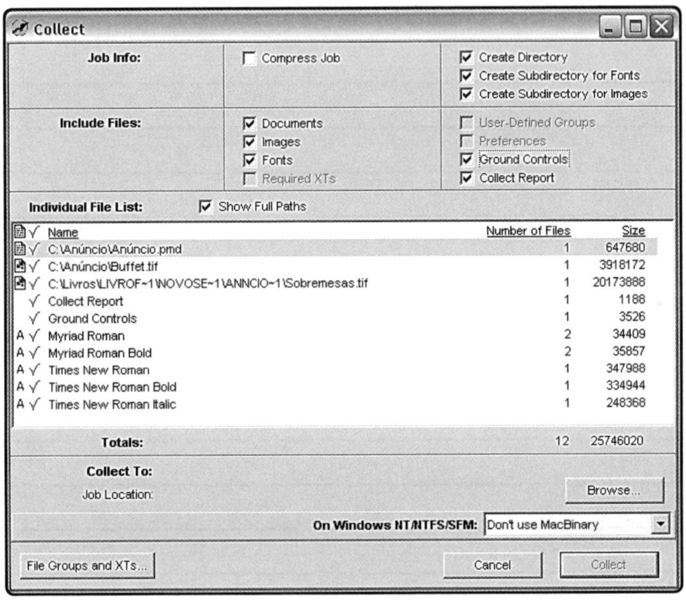

Anotações

11

Geração do Arquivo PostScript

Dando continuidade ao exercício proposto no livro, acompanhe a seguir os passos para o fechamento do arquivo (geração do arquivo PostScript) no InDesign CS4 (Windows) e no QuarkXPress 8 (Mac OS), partindo do pressuposto de que seu objetivo é sensibilizar fotolitos numa imagesetter e/ou sensibilizar chapas numa platesetter.

ATENÇÃO

Lembre-se de que os passos descritos a seguir são sugestões desenvolvidas a partir de uma pesquisa feita pelo autor deste livro com vários prestadores de serviços gráficos brasileiros e que se propõem a servir a maior quantidade possível dos equipamentos de pré-impressão disponíveis no Brasil.

ATENÇÃO

As opções marcadas e não comentadas geralmente são as mais utilizadas pela maioria dos prestadores de serviços gráficos no Brasil.

Já outras opções, que podem ter nomes diferentes em vários aplicativos e funções importantes que são decisivas em diferentes sistemas de pré-impressão e impressão digital, merecem ser consultadas com seu prestador de serviços gráficos; serão identificadas por meio de numerais romanos e terão explicações unificadas e detalhadas no final deste capítulo.

Os procedimentos de geração de arquivos PostScript para outras impressoras de finalidade ou tecnologia semelhantes, tais como imposisetters (imagesetters de grande formato) ou impressoras digitais (que imprimem diretamente sobre o papel), têm poucas diferenças com relação aos demonstrados a seguir passo a passo.

ATENÇÃO

Convém confirmar com seu prestador de serviços gráficos eventuais configurações diferentes nos quadros de diálogo.

ATENÇÃO

Os aplicativos usados na geração desses arquivos PostScript estavam rodando sobre o Windows XP e Mac OS 10.5.

Veja no próximo capítulo como gerar arquivos PostScript a partir de outras versões do QuarkXPress, PageMaker, InDesign, Illustrator e CorelDRAW.

InDesign CS4 - Windows

1. Escolha o comando ***Print*** do menu *File*.

2. Nas opções **General**, no campo **Printer**, selecione a impressora que seu prestador de serviços gráficos lhe forneceu ou recomendou e no campo **Pages**[I] selecione as páginas que devem ser incluídas no arquivo PostScript.

   Marque a opção **Spreads**[II] se desejar imprimir páginas duplas, triplas etc. como se fossem uma só.

   Caso você tenha atribuído a alguns elementos das páginas a opção **Nonprinting** (por meio da paleta Attributes) durante a construção do arquivo e depois não tenha certeza de ter retirado esse atributo, marque a opção **Print Non-printing Objects** e a opção **Print Blank Pages**[X] se desejar ou precisar incluir as páginas vazias no arquivo PostScript.

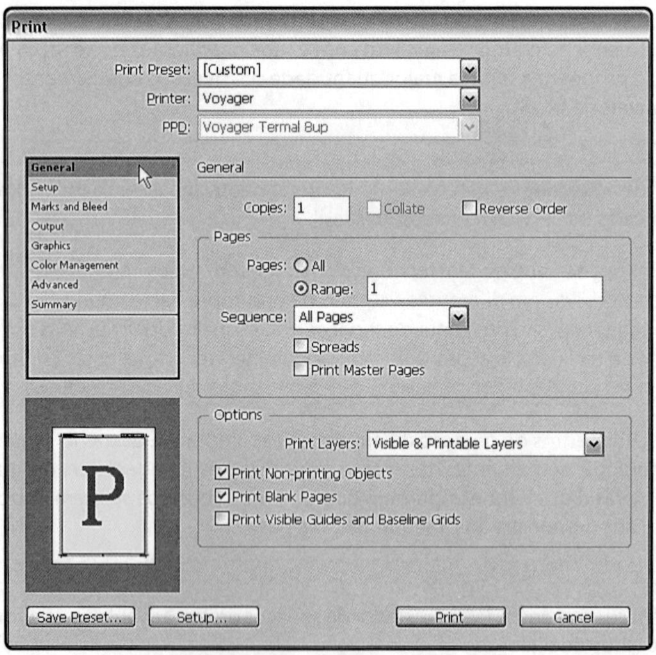

3. Clique na opção **Setup**. No campo **Paper Size**[IV] escolha um formato que comporte o documento acrescido de um espaço para as marcas de corte e registro. Note que, se o formato do seu documento for padrão (A4, Letter etc.), a maioria dos drivers de impressão disponibiliza formatos prontos (*A4 Extra*, *Letter Extra* etc.).

   Caso se trate de um formato personalizado, como é o caso deste anúncio, digite nos campos **Width** e **Height** valores para largura e altura com aproximadamente *5 cm* (valor usado neste exemplo) acima do formato final do arquivo.

Em se tratando de fotolitos não imposicionados, por uma questão de economia na metragem, confirme com seu prestador de serviços gráficos a possibilidade do uso da opção **Transverse**, a fim de que documentos portrait sejam impressos em landscape e vice-versa. Às vezes, o próprio prestador de serviços gráficos prefere fazer os ajustes, ou até o RIP da imagesetter se encarrega disso.

Confirme se o valor 100% está selecionado nos campos **Width** e **Height** e selecione *Centered* no campo **Page Position**[VIII].

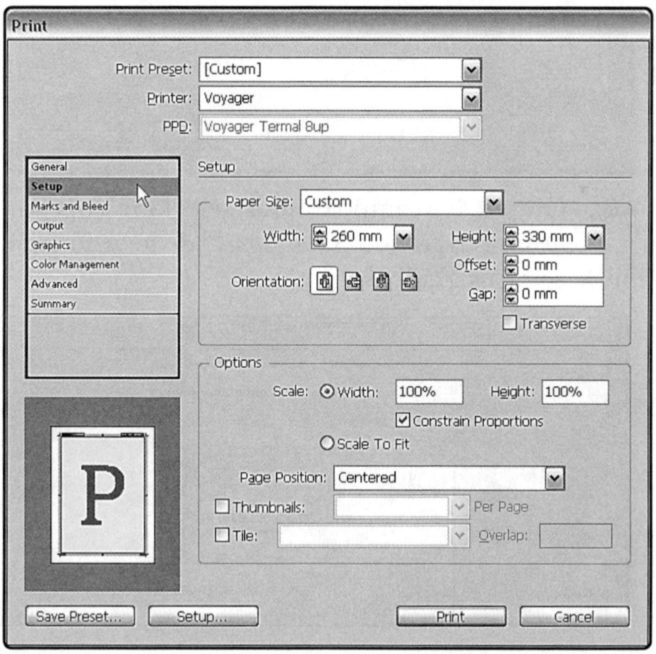

4. Clique na opção **Marks and Bleed**. Marque a opção **All Printer´s Marks**[III]. No campo **Offset**, digite um valor de aproximadamente *3,5 mm* (*10 pt*) para a distância das marcas de corte e registro em relação aos limites da página.

   Nos campos **Bleed**[VII], digite um valor de sangria entre 3 e 5 mm para os campos **Top** (superior), **Bottom** (inferior), **Left** (esquerdo) e **Right** (direito).

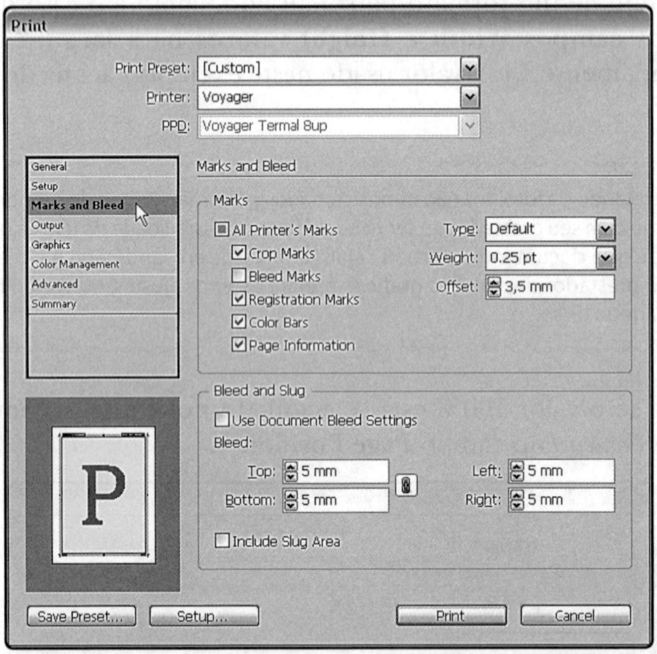

5. Clique na opção **Output**. No campo **Colour**, selecione a opção *Composite Leave Unchanged*[VI], *Composite CMYK*[VI] ou *Separations*[VI] de acordo com a preferência do prestador de serviços gráficos.

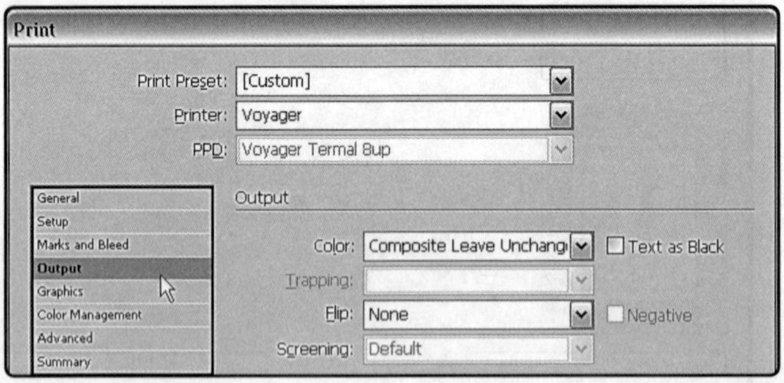

6. Clique na opção **Graphics**. Na área **Images**, no campo **Send Data**, escolha a opção *All* a fim de que os dados das imagens e ilustrações sejam enviados, priorizando sua qualidade já definida.

Na área Font, no campo **Download**, escolha as opções *Complete* e **Download PPD Fonts** para assegurar que todos os arquivos das fontes utilizadas nesse documento sejam enviados dentro do arquivo PostScript.

Escolha a opção *Level 3* (ou de acordo com o nível de PostScript disponível no seu prestador de serviços gráficos) no campo **PostScript** e *ASCII* ou *Binary* no campo **Data Format**[V].

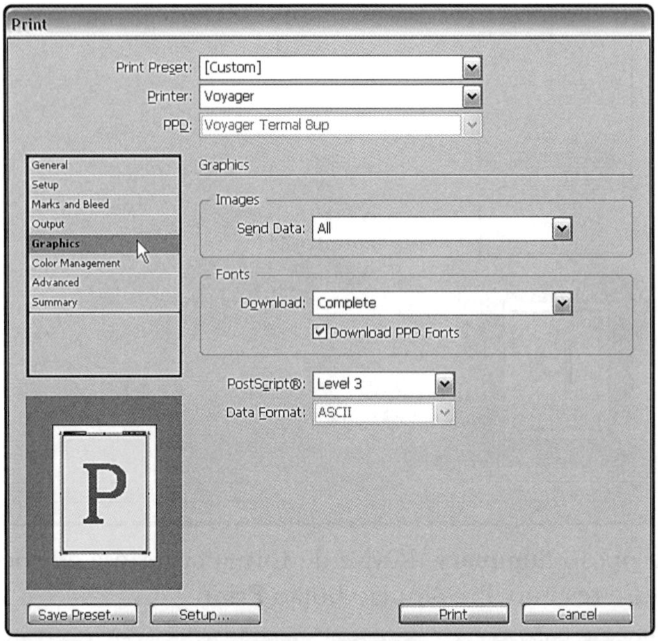

7. Clique na opção **Colour Management**. Escolha a opção *No Colour Management* ou outra opção, caso esteja trabalhando num ambiente com um sistema de gerenciamento de cor implantado.

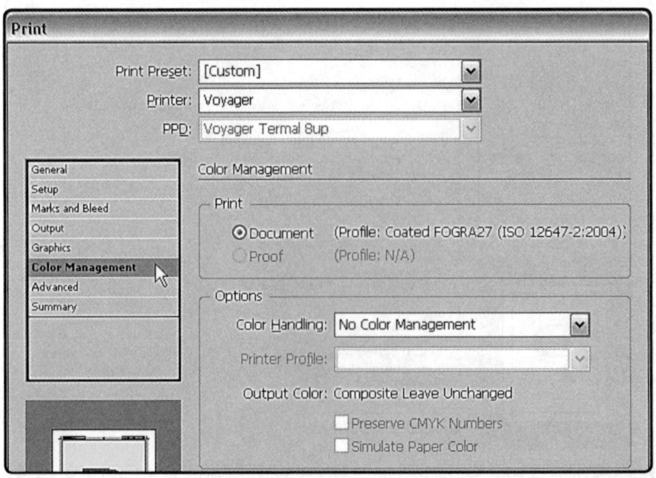

8. Clique na opção **Advanced**. Escolha a opção *[High Resolution]* no campo **Preset** para que as áreas transparentes sejam rasterizadas na melhor qualidade disponível.

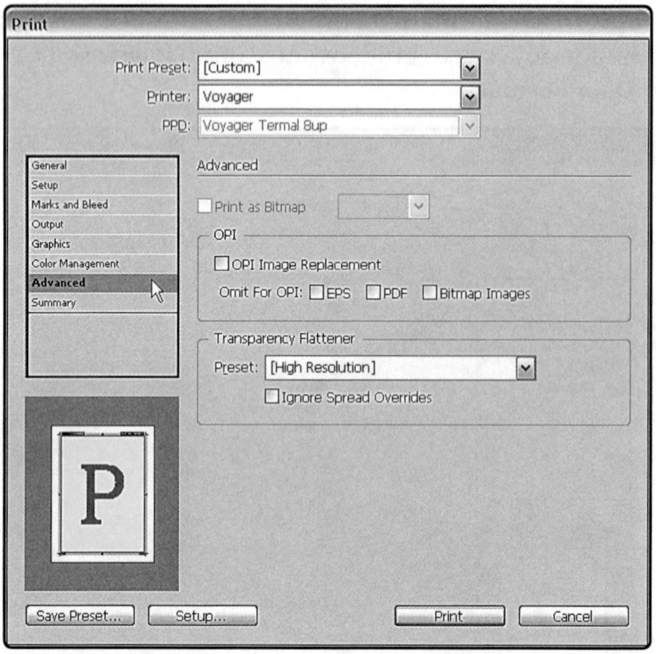

9. Clique na opção **Summary**. Revise de forma criteriosa as opções marcadas ou não nesse resumo. Pressione o botão **Print**.

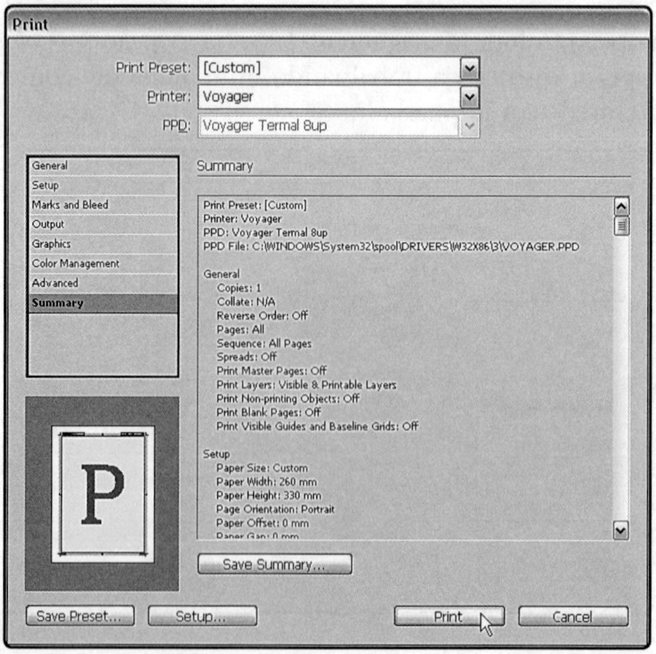

10. No quadro de diálogo que se abrirá, vá para um diretório/folder de sua preferência e digite o nome para seu arquivo PostScript. Se o InDesign não o fizer, adicione a extensão ".ps" e pressione o botão **Salvar**.

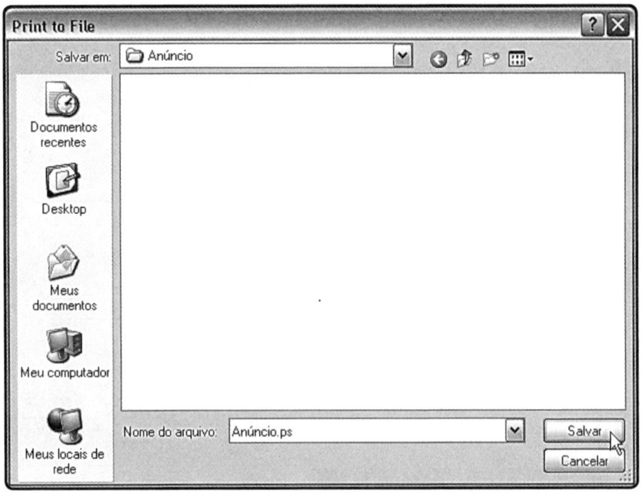

QuarkXPress 8 - Mac OS

1. Escolha o comando ***Print*** do menu *File*.
2. No campo **Printer**, selecione a impressora que seu prestador de serviços gráficos lhe forneceu ou recomendou.
3. Pressione o botão **Printer**.

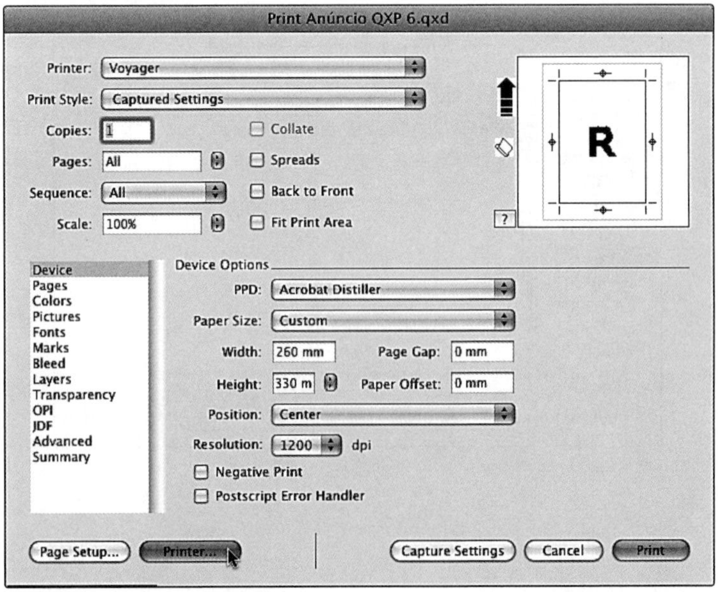

4. Pressione o botão **PDF** e escolha a opção *Save PDF as PostScript.*

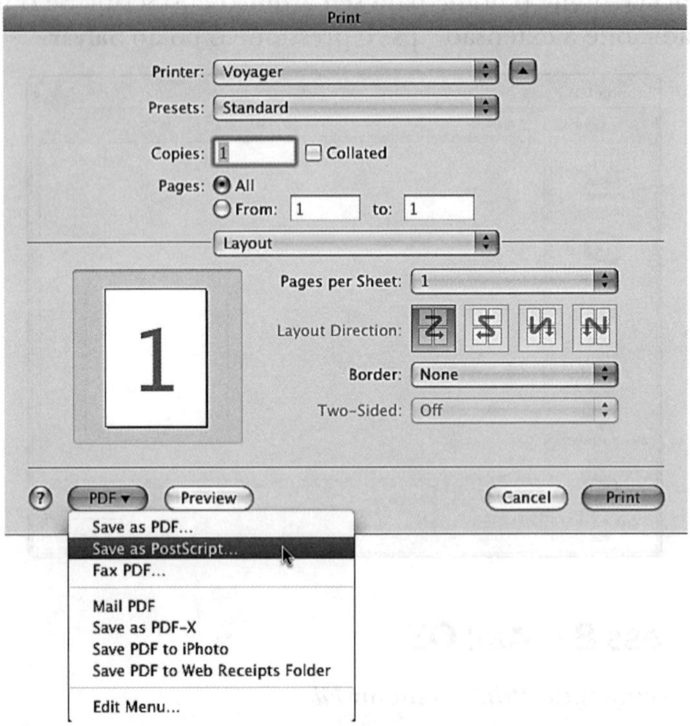

5. Direcione para um folder de sua preferência, digite o nome para seu arquivo PostScript e adicione a extensão ".ps". Pressione o botão **Save**.

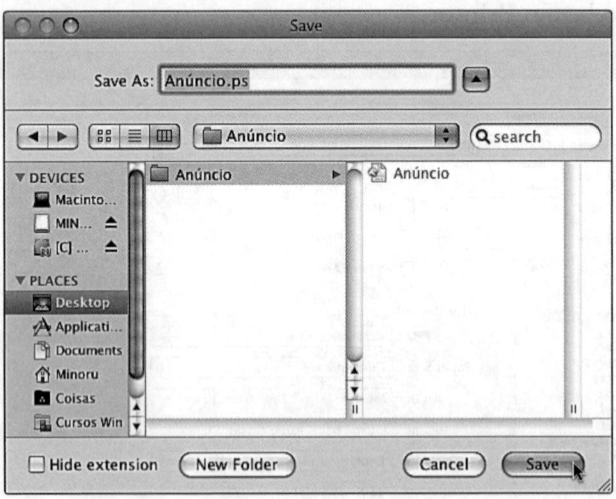

6. Na aba **Device**, selecione as páginas que devem ser impressas no campo **Pages**[I].

   No campo **Printer Description**, selecione o PPD que seu prestador de serviços gráficos lhe forneceu ou recomendou.

   Marque a opção **Spreads**[II] se desejar imprimir páginas duplas, triplas etc. como se fossem uma só.

   No campo **Paper Size**[IV], escolha um formato que comporte a sua página acrescido de um espaço para as marcas de corte e registro. Caso se trate de um formato personalizado, como é o caso deste anúncio, digite nos campos **Width** e **Height** valores para largura e altura com aproximadamente *5 cm* ou *2 polegadas* acima do formato final do arquivo.

   Nos campos **Paper Offset**[VIII] (deslocamento da página) e **Page Gap** (distância entre as lâminas de cores), coloque o valor *0*.

   Selecione *Center* no campo **Position**[VIII].

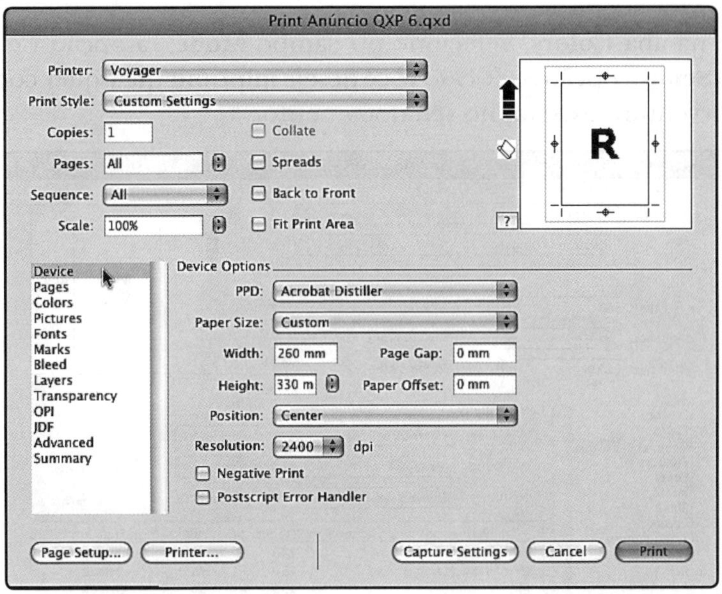

7. Clique na aba **Pages**. Marque a opção **Include Blank Pages**[X] se desejar ou precisar incluir as páginas vazias no arquivo PostScript.

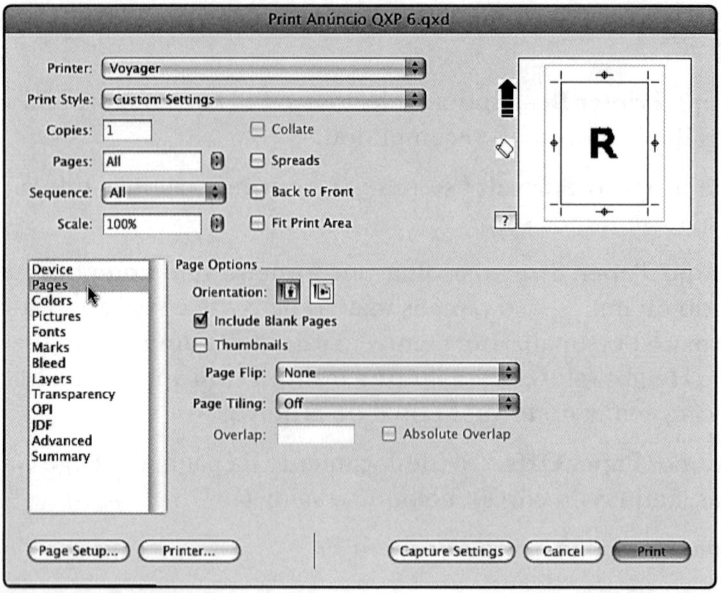

8. Clique na aba **Colors**. Selecione no campo **Mode**[IX] a opção *Composite* e no campo **Setup** a opção *As Is*, caso você deseje imprimir quaisquer cores especiais que porventura existam no seu documento.

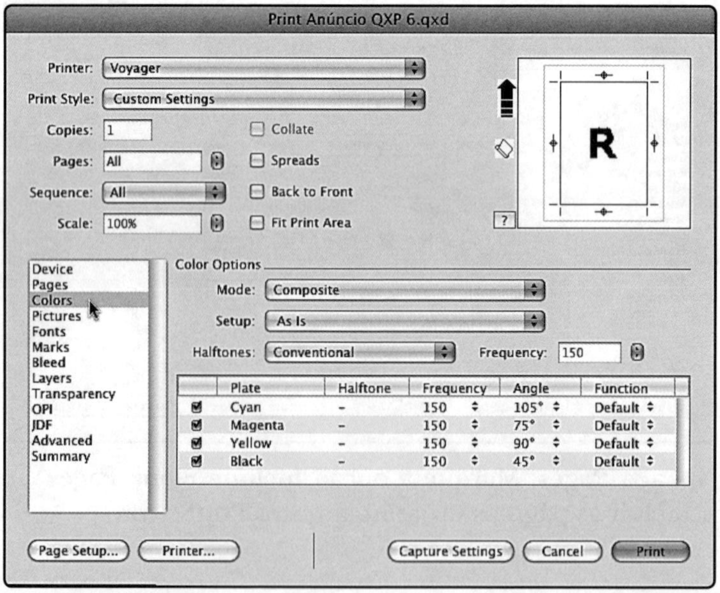

9. Clique na aba **Pictures**. Escolha para os respectivos campos: **Output** - *Normal* e **Data**[V] - *Binary*. Marque as opções **Overprint EPS/PDF Black** e **Full Resolution TIFF Output**.

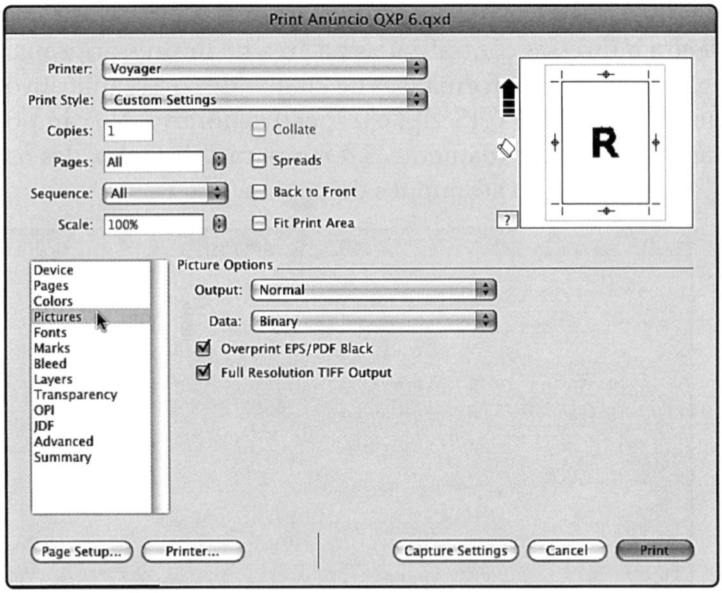

10. Clique na aba **Fonts**. Marque a opção **Select All**.

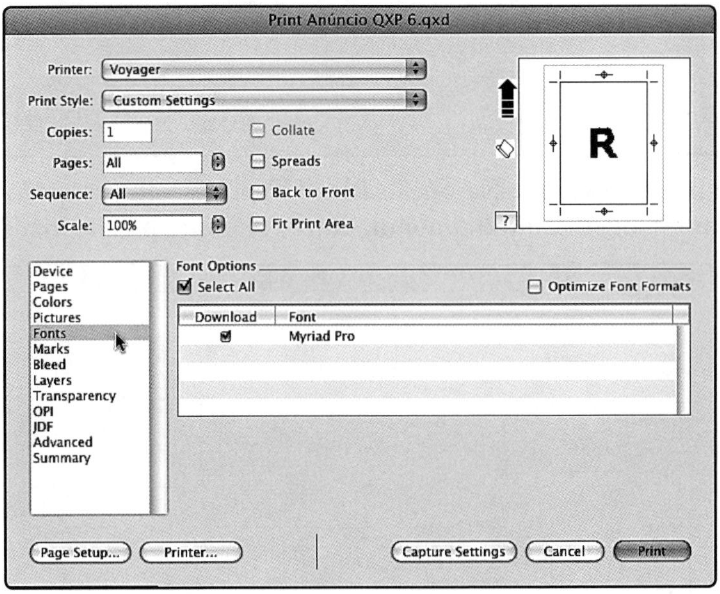

11. Clique na aba **Marks**. Selecione no campo **Mode**[III] a opção *Centered* a fim de que sejam impressas centralizadas na área de impressão as marcas de corte e de registro, além de informações de chapas de cores, aplicativo e documento que gerou o arquivo PostScript e respectivo horário. No campo **Offset**, digite um valor de aproximadamente *3,5 mm* para a distância das marcas de corte e registro em relação aos limites da página.

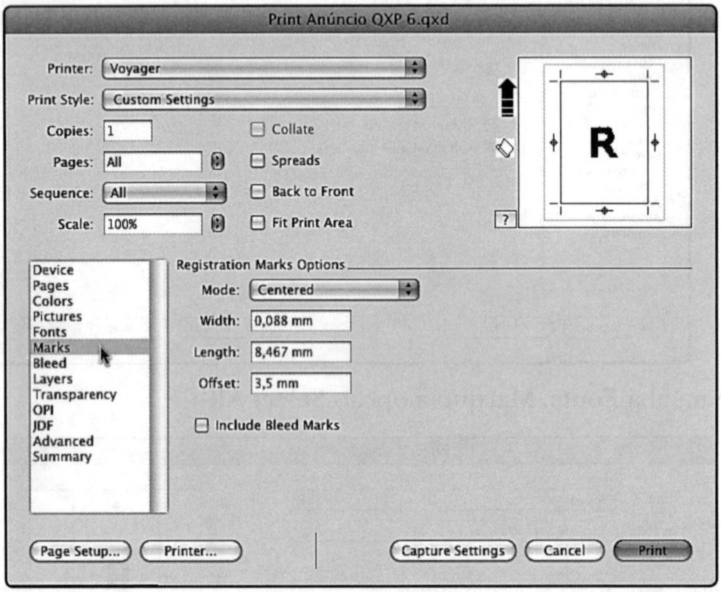

12. Clique na aba **Bleed**[VII]. Na opção **Bleed Type**, escolha a opção *Symmetric* e digite um valor no campo **Amount**, entre 3 e 5 mm para a área de sangria.

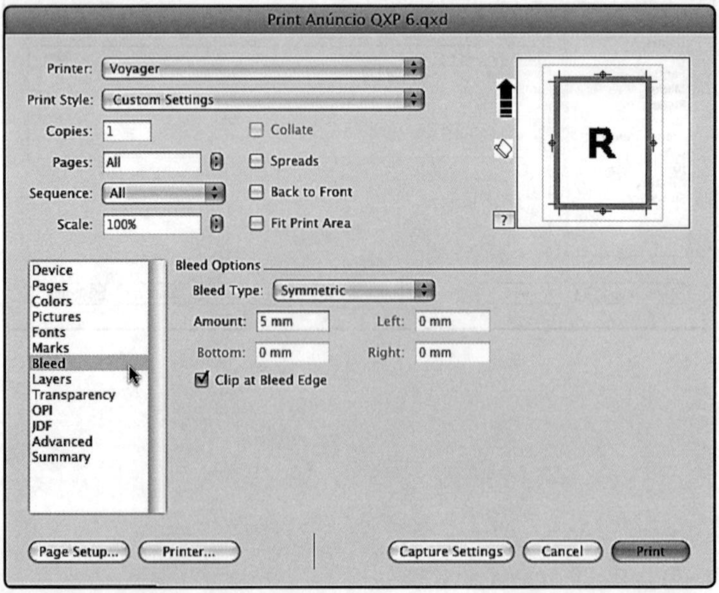

13. Clique na aba **Layers**. Escolha as camadas que devem ter seu conteúdo impresso.

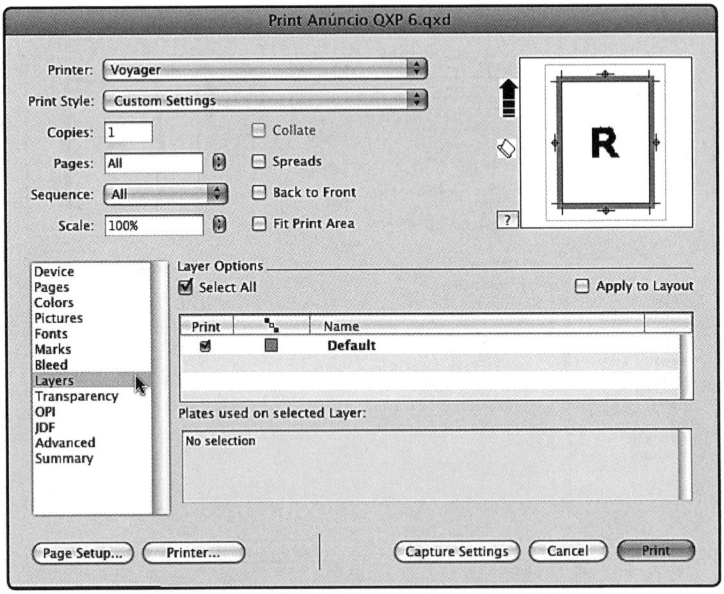

14. Clique na aba **Transparency**. Defina os valores de resolução para os elementos vetoriais, degradês e sombras.

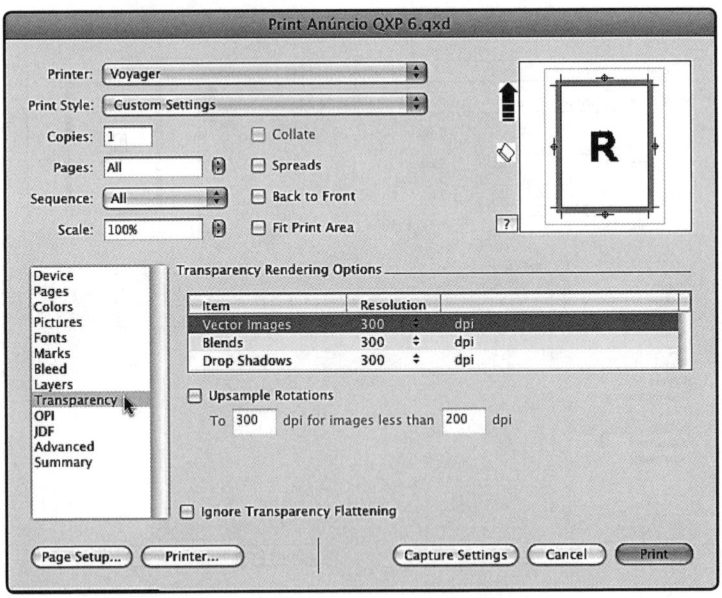

15. Clique na aba **OPI**. Desmarque as opções caso não trabalhe em regime OPI.

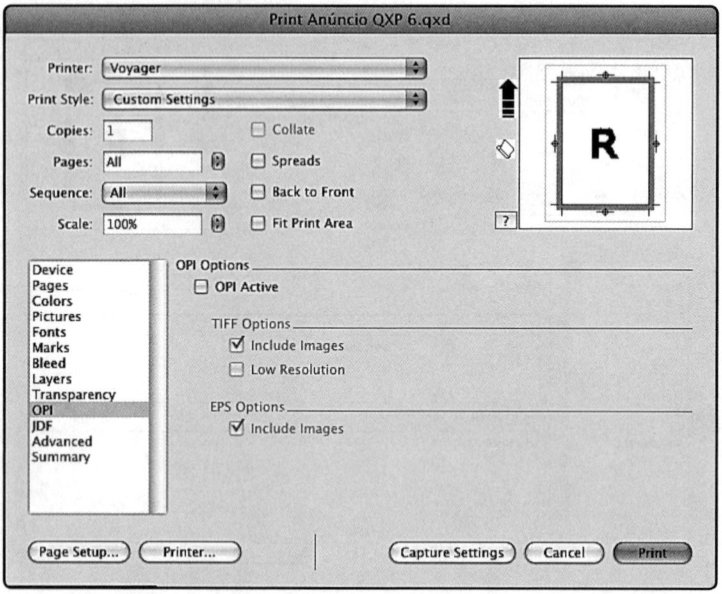

16. Clique na aba **JDF**. Desmarque a opção caso não trabalhe com um fluxo baseado na tecnologia JDF.

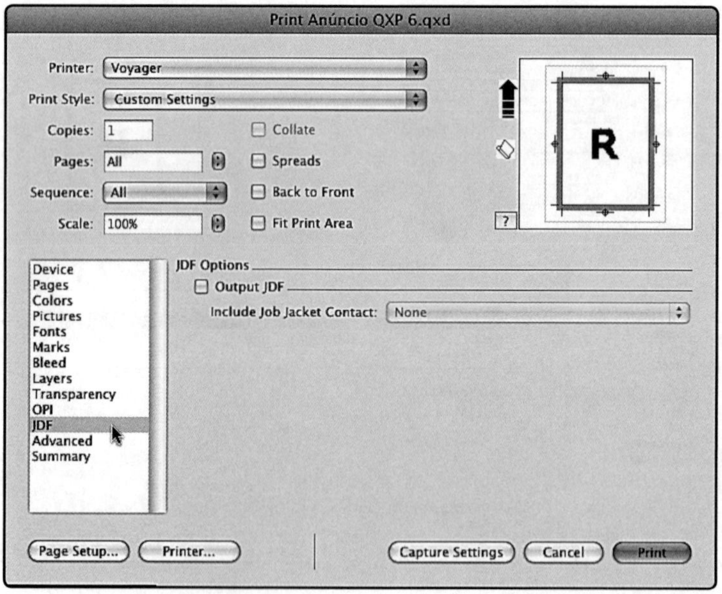

17. Clique na aba **Advanced**. Escolha a opção *PostScript Level 3* no campo **PostScript Level**.

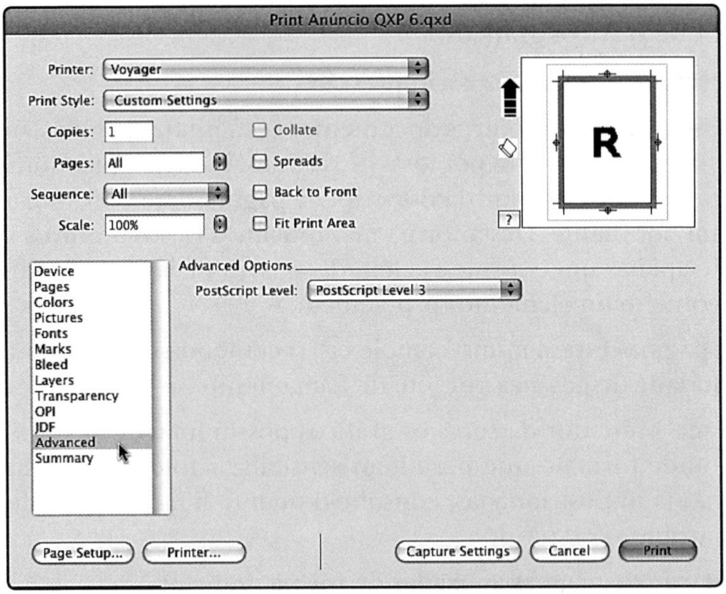

18. Clique na aba **Summary**. Confira as informações e pressione o botão **Print**.

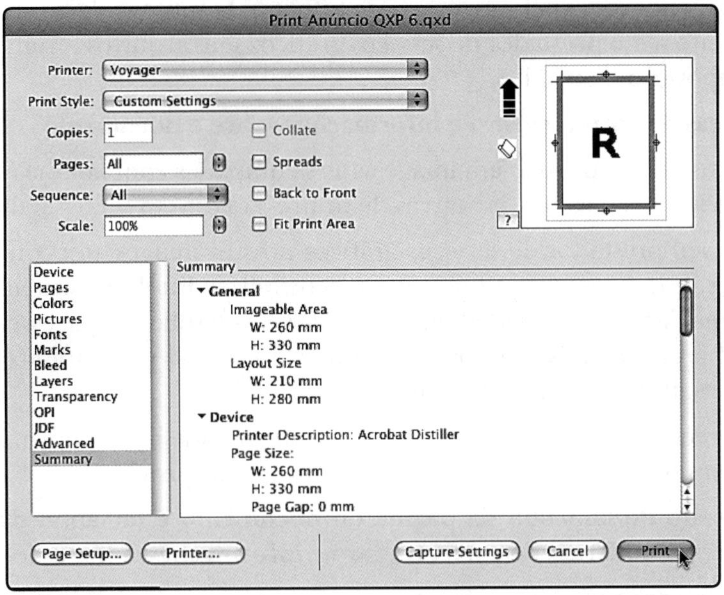

Dicas e cuidados importantes

Antes de selecionar, marcar ou desmarcar as opções descritas em seguida, consulte seu prestador de serviços gráficos.

I - **Intervalo de páginas para a impressão**

No caso de livros ou outros documentos com muitas páginas, uma sugestão é realizar o fechamento por lotes de páginas. Por exemplo, num livro de 200 páginas, gerar um arquivo PostScript da página 1 até a 50, outro da 51 a 100 e assim por diante. Desta forma manipulamos vários arquivos menores em vez de apenas um enorme e, além disso, será mais fácil identificar páginas que contenham elementos problemáticos.

Se as páginas forem muito complexas, recomenda-se diminuir ainda mais a quantidade de páginas por lote de fechamento.

Se o seu prestador de serviços gráficos possui imagesetters ou platesetters de grande formato que permitem sensibilizar fotolitos ou chapas com as páginas já imposicionadas, consulte-o quanto à quantidade de páginas de cada arquivo PostScript.

II - **Impressão de páginas anexadas de forma unificada**

Trata-se de um item interessante para imprimir documentos que possuem páginas anexadas pela economia de fotolitos. Lembre-se de que isso não pode ser feito se no prestador de serviços gráficos seus arquivos forem submetidos à imposição eletrônica.

III - **Marcas de corte, registro e informações sobre o documento**

No caso de impressão em imagesetters equipadas com bobinas de fotolitos, esses itens referentes às marcas de impressão devem ser assinalados.

Se o seu prestador de serviços gráficos possuir imagesetters ou platesetters de grande formato que permitem sensibilizar fotolitos ou chapas com as páginas já imposicionadas, normalmente ele vai solicitar que esses itens sejam desmarcados, pois o software de imposição é que vai atribuir essas marcas automaticamente à chapa inteira.

Se precisar gerar arquivos PDF em conformidade com a norma PDF/X, as marcas de impressão devem ser incluídas no arquivo.

IV - **Conceito de tamanho da página do documento e tamanho da página de impressão. Marcas de corte, registro e informações sobre o documento**

No caso de impressão em imagesetters equipadas com bobinas de fotolitos, é necessário que o tamanho da página de impressão seja maior que o tamanho da página do documento, para que as marcas de impressão possam ser impressas.

Se o seu prestador de serviços gráficos possuir imagesetters ou platesetters de grande formato que permitem sensibilizar fotolitos ou chapas com as páginas já imposicionadas, normalmente ele vai solicitar que o tamanho da página de impressão seja exatamente igual ao tamanho de página do documento.

Se precisar gerar arquivos PDF em conformidade com a norma PDF/X, o formato de impressão deve ser maior para poder comportar as marcas de impressão que obrigatoriamente devem estar presentes no arquivo.

V - **Codificação dos dados: ASCII ou binário?**

Pode-se dizer que, desde o início da editoração eletrônica, estabeleceu-se o padrão que arquivos digitais gerados a partir de aplicativos para plataforma Windows deveriam ser codificados com ASCII (*American Standard Code for Information Interchange*) por causa de sua compatibilidade com a maioria dos sistemas de RIPs de impressoras. Já os arquivos digitais gerados a partir de aplicativos para plataforma Macintosh deveriam ser gerados com a codificação Binary (binária) pela própria compatibilidade nativa do Mac OS. O fato de o RIP estar instalado numa plataforma Windows ou Macintosh também era relevante.

Atualmente, com a evolução dos RIPs das impressoras o padrão está se voltando para o binário em ambas as plataformas. A principal vantagem é que os arquivos que usam essa codificação chegam a ser em média 20% menores que os codificados em ASCII. Pergunte ao seu prestador de serviços gráficos antes de escolher essa opção.

VI - **Deve-se enviar o arquivo PostScript com as cores compostas ou com as chapas de cores separadas?**

Os prestadores de serviços gráficos que possuem imagesetters e platesetters que estão conectadas a RIPs, cujo nível de PostScript é o 1, são obrigados a solicitar que os arquivos PostScript sejam enviados fechados com as chapas de cores pré-separadas.

Já os prestadores de serviços gráficos que possuem equipamentos conectados a RIPs PostScript nível 2 ou 3 podem solicitar aos seus clientes que enviem arquivos coloridos compostos, já que é uma capacidade nativa, a partir do PostScript 2, separar as cores.

A vantagem é que os arquivos gerados são menores do que os arquivos com separação de cores.

Em alguns aplicativos e drivers de impressoras (PostScript níveis 2 e 3) está disponível a opção *Separation in-RIP*. Se marcada, ela gera um arquivo PostScript composto, mas predisposto a ser separado dentro do RIP com a possibilidade de alteração de alguns itens, como, por exemplo, a inclusão de perfis de cores para conversão de cores de imagens RGB em CMYK de acordo com as características do papel e da impressora comercial a ser utilizada.

Já as opções *Composite Leave Unchanged* ou *As Is* instruem o aplicativo a manter os diferentes espaços de cor (RGB, Lab etc.) e padrões de tintas especiais intactos para serem convertidos posteriormente em CMYK ou mantidos.

Se precisar gerar arquivos PDF em conformidade com a norma PDF/X, os arquivos devem ser enviados com as cores compostas.

Recomenda-se que, mesmo que o prestador de serviços gráficos solicite o arquivo composto, você gere um arquivo com separação para poder verificar erros ou inconsistências na separação em elementos das páginas. Depois é só descartá-los e gerar outro arquivo composto.

VII - Elementos sangrados

No caso de haver elementos sangrados nas páginas (elementos que ultrapassam os limites da página), convém marcar a opção chamada *Bleed* ou *Sangria* nos aplicativos com um valor entre 3 e 5 milímetros normalmente.

O valor exato deve ser obtido com o prestador de serviços gráficos, pois isso determina a possibilidade ou facilidade da imposição eletrônica das páginas antes da sensibilização do fotolito ou das chapas.

VIII - Posição da página

A posição de sensibilização da página no filme em muitos casos é centralizada em relação aos lados esquerdo e direito.

Se precisar gerar arquivos PDF em conformidade com a norma PDF/X, as páginas devem estar obrigatoriamente centralizadas em relação ao seu formato de impressão.

IX - Conversão de cores RGB e Pantone em CMYK na impressão

Evite converter cores RGB ou Pantone em cores CMYK na hora de imprimir ou gerar arquivos PostScript, pois o resultado na impressão comercial é quase sempre indesejado. Cancele a impressão e siga as instruções do item "Conversão de cores" do capítulo 9 (Dicas & Cuidados: Arte-Finalização do Arquivo).

X - Impressão de páginas vazias

Alguns aplicativos de paginação/finalização possuem recursos de impressão de páginas vazias. Isso é irrelevante e não deve ser habilitado se estivermos imprimindo em fotolitos sem imposição eletrônica de páginas.

No caso de livros e outras publicações longas, esse recurso é fundamental para a geração dos cadernos e um item obrigatório para imposição eletrônica e para a conformidade com a norma do PDF/X.

12

Geração do Arquivo PostScript em Outros Aplicativos e Plataformas

Este capítulo mostra como realizar o fechamento de um arquivo com as mesmas características dos documentos usados no capítulo anterior, só que em outros aplicativos e plataformas, como QuarkXPress 7 e 8 (Windows), InDesign CS3 e CS4 (Mac OS), PageMaker 7 (Windows), Illustrator CS3 e CS4 (Windows e Mac OS) e CorelDRAW X3 e X4 (Windows).

ATENÇÃO

Lembre-se de que os passos descritos a seguir são sugestões desenvolvidas a partir de uma pesquisa feita pelo autor deste livro com vários prestadores de serviços gráficos brasileiros e que se propõem a servir a maior quantidade possível dos equipamentos de pré-impressão disponíveis no Brasil.

ATENÇÃO

As opções marcadas e não comentadas geralmente são as mais utilizadas pela maioria dos prestadores de serviços gráficos no Brasil.

Já outras opções, que podem ter nomes diferentes em vários aplicativos e funções importantes que são decisivas em diferentes sistemas de pré-impressão e impressão digital, merecem ser consultadas com seu prestador de serviços gráficos; serão identificadas por meio de numerais romanos e terão explicações unificadas e detalhadas no final deste capítulo.

Os procedimentos de geração de arquivos PostScript para outras impressoras de finalidade ou tecnologia semelhantes, tais como imposisetters (imagesetters de grande formato) ou impressoras digitais (que imprimem diretamente sobre o papel), têm poucas diferenças com relação aos demonstrados a seguir passo a passo.

ATENÇÃO

Convém confirmar com seu prestador de serviços gráficos eventuais configurações diferentes nos quadros de diálogo.

ATENÇÃO

Os aplicativos usados na geração desses arquivos PostScript estavam rodando sobre o Windows XP e Mac OS 10.5.

QuarkXPress 7.0 e 8.0 - Windows

1. Escolha o comando ***Print*** do menu *File*.
2. No campo **Printer**, selecione a impressora que seu prestador de serviços gráficos lhe forneceu ou recomendou.
3. Na aba **Device**, selecione as páginas que devem ser impressas no campo **Pages**[I].

   No campo **Printer Description**, selecione o PPD que seu prestador de serviços gráficos lhe forneceu ou recomendou.

   Marque a opção **Spreads**[II] se desejar imprimir páginas duplas, triplas etc. como se fossem uma só.

   No campo **Paper Size**[IV], escolha um formato que comporte a sua página acrescido de um espaço para as marcas de corte e registro. Caso se trate de um formato personalizado, como é o caso deste anúncio, digite nos campos **Width** e **Height** valores para largura e altura com aproximadamente *5 cm* ou *2 polegadas* acima do formato final do arquivo.

   Nos campos **Paper Offset**[VIII] (deslocamento da página) e **Page Gap** (distância entre as lâminas de cores), coloque o valor *0*.

   Selecione *Center* no campo **Position**[VIII].

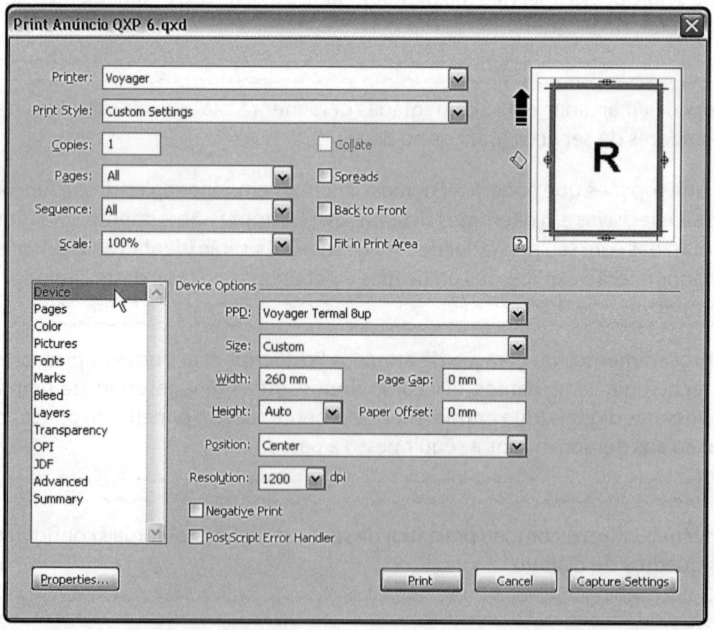

4. Clique na aba Pages. Marque a opção **Include Blank Pages**[X] se desejar ou precisar incluir as páginas vazias no arquivo PostScript.

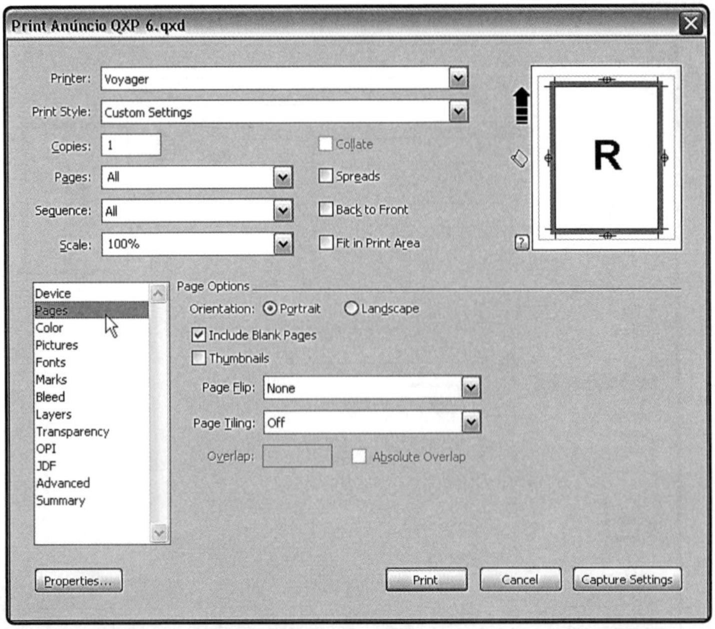

5. Clique na aba **Color**. Selecione no campo **Mode**[IX] a opção *Composite* e no campo **Setup** a opção *As Is*, caso você deseje imprimir quaisquer cores especiais que porventura existam no seu documento.

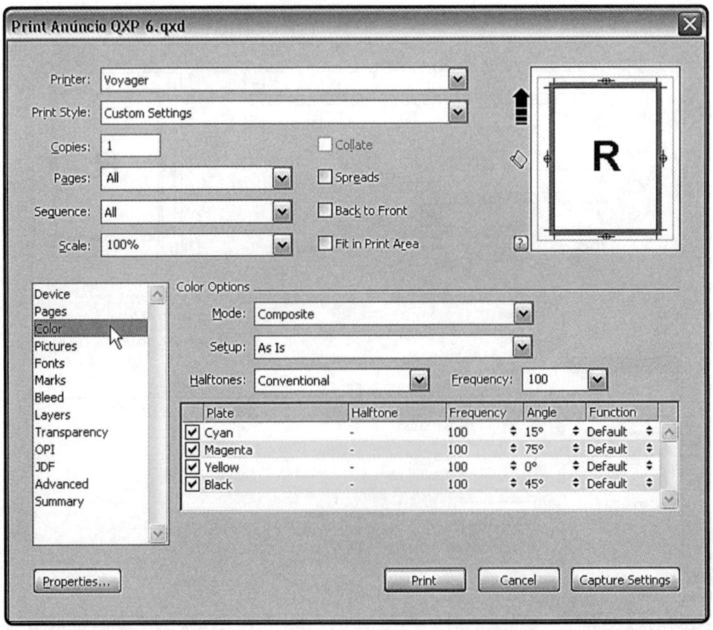

6. Clique na aba **Pictures**. Escolha para os respectivos campos: **Output** - *Normal* e **Data**[V] - *Binary*. Marque as opções **Overprint EPS/PDF Black** e **Full Resolution TIFF Output**.

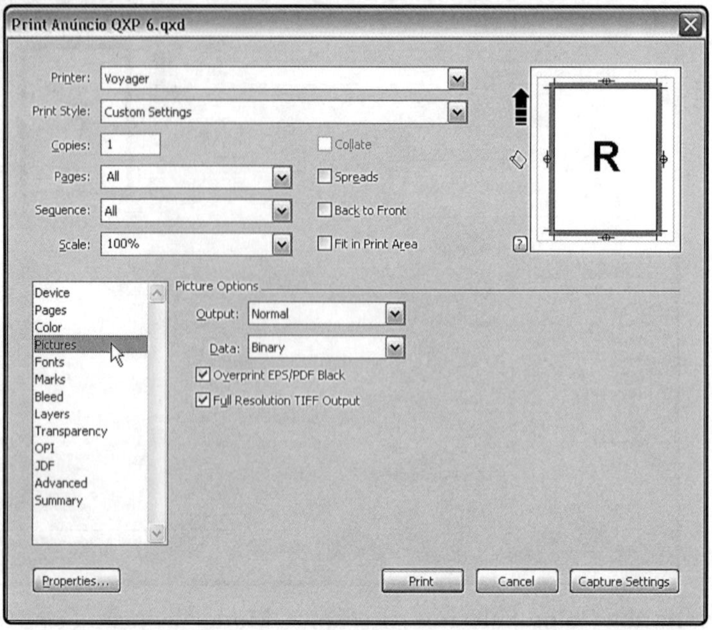

7. Clique na aba **Fonts**. Marque as opções **Use PPD Font Settings**, **Download Layout Fonts** e **Download Imported PDF/EPS Fonts**.

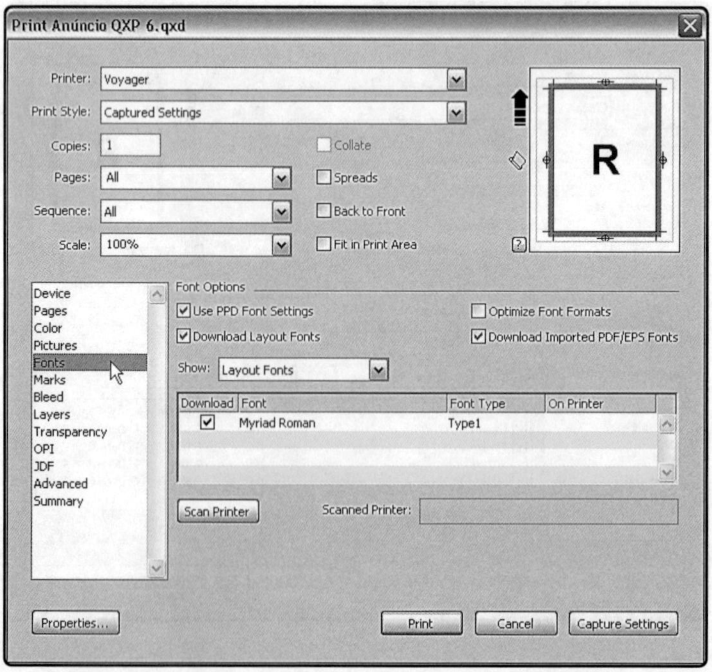

8. Clique na aba **Marks**. Selecione no campo **Mode**[III] a opção *Centered* a fim de que as informações e marcas sejam impressas centralizadas na área de impressão. No campo **Offset**, digite um valor de aproximadamente *3,5 mm* para a distância das marcas de corte e registro em relação aos limites da página.

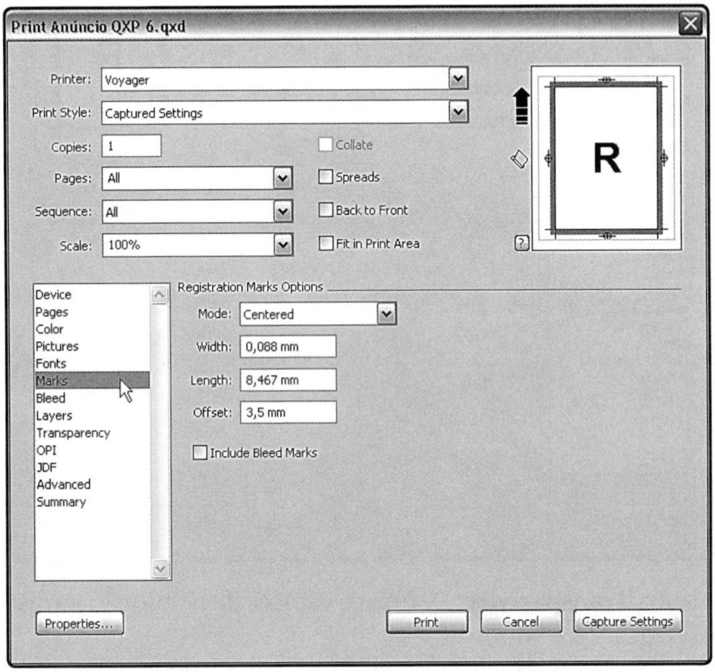

9. Clique na aba **Bleed**[VII]. Na opção **Bleed Type**, escolha a opção *Symmetric* e digite um valor no campo **Amount**, entre 3 e 5 mm para a área de sangria.

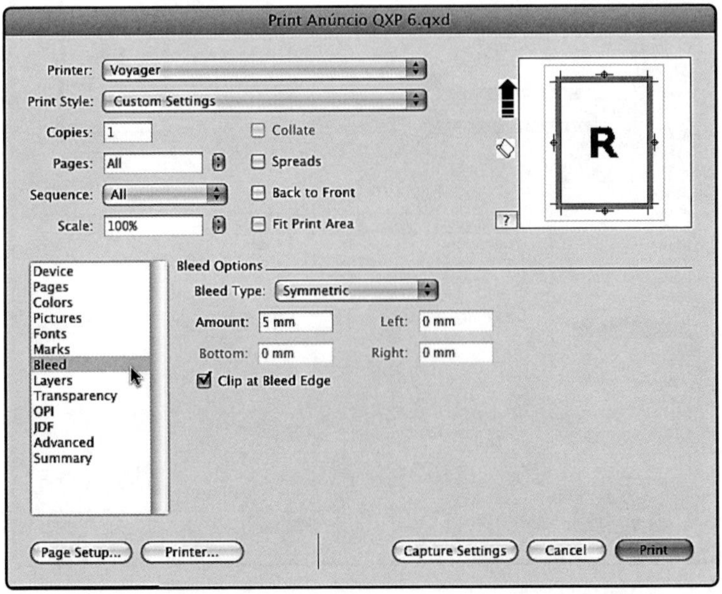

10. Clique na aba **Layers**. Escolha as camadas que devem ter seu conteúdo impresso.

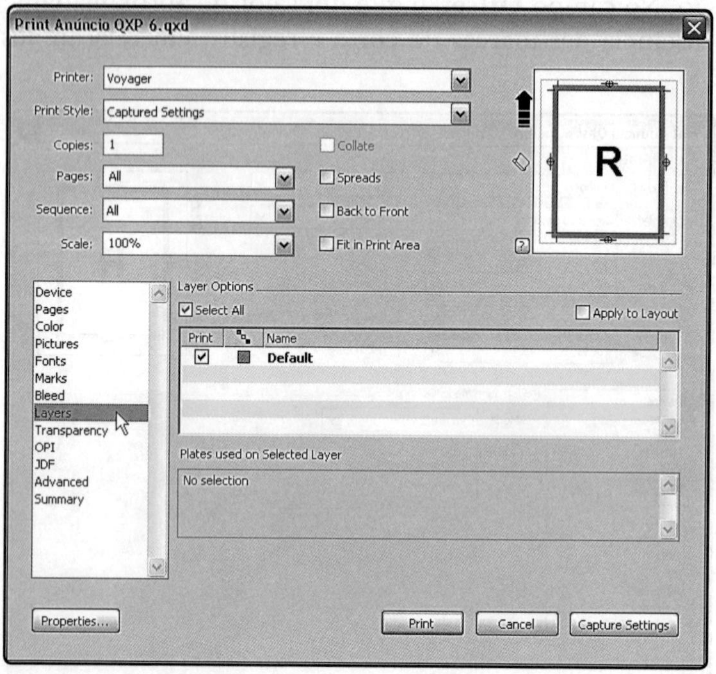

11. Clique na aba **Transparency**. Defina os valores de resolução para os elementos vetoriais, degradês e sombras.

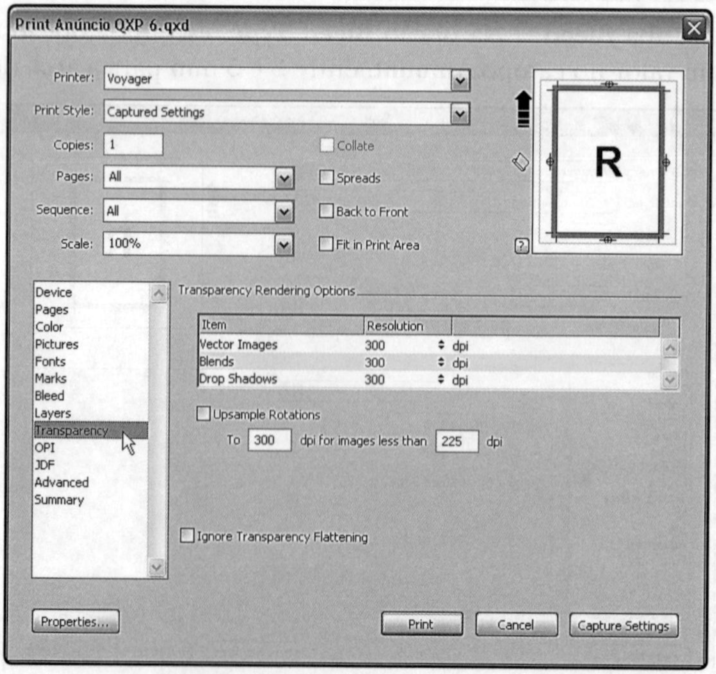

12. Clique na aba **OPI**. Desmarque as opções caso não trabalhe em regime OPI.

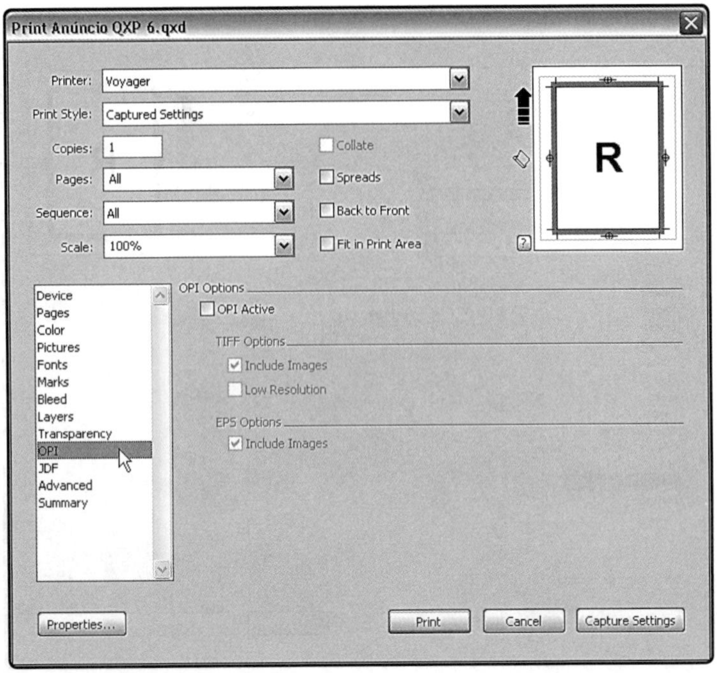

13. Clique na aba **JDF**. Desmarque a opção caso não trabalhe com um fluxo baseado na tecnologia JDF.

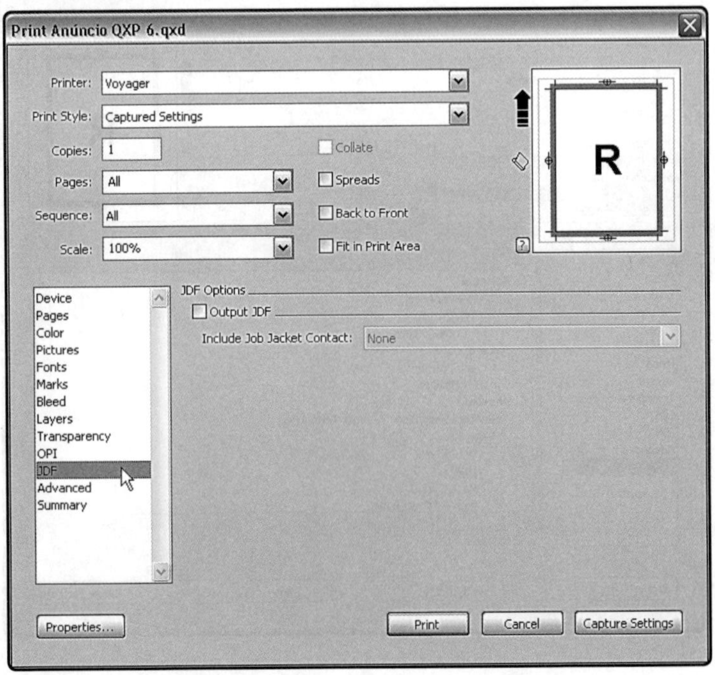

14. Clique na aba **Advanced**. Escolha a opção *PostScript Level 3* no campo **PostScript Level**.

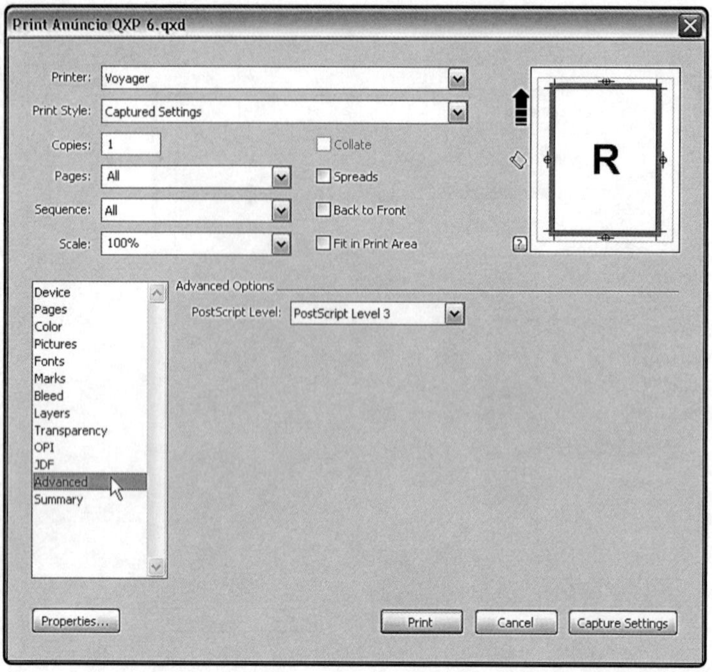

15. Clique na aba **Summary**. Confira as informações e pressione o botão **Print**.

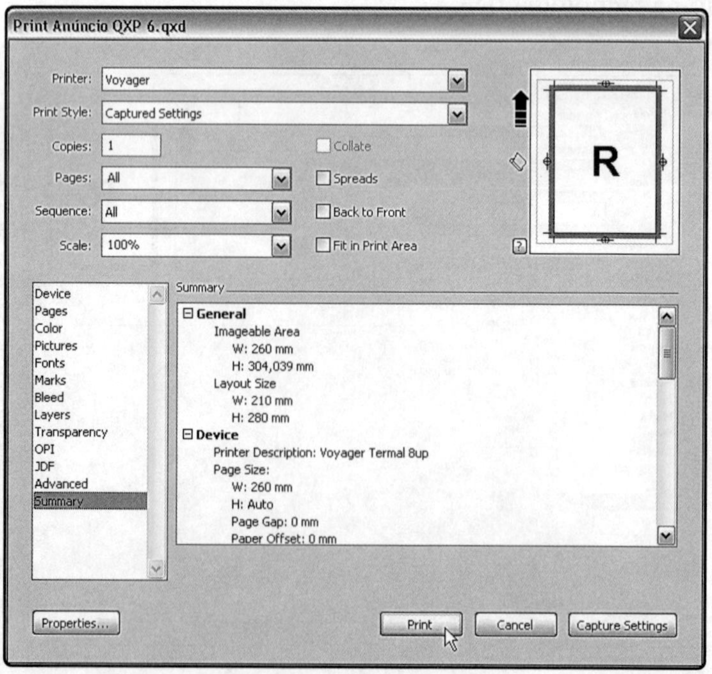

16. No quadro de diálogo que se abrirá, vá para um diretório/folder de sua preferência e digite o nome para seu arquivo PostScript. Se o InDesign não o fizer, adicione a extensão ".ps" e pressione o botão **Salvar**.

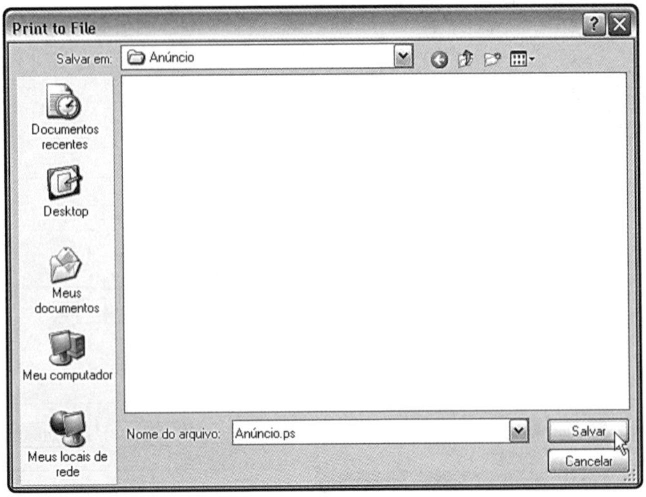

InDesign CS3 e CS4 - Mac OS

1. Escolha o comando ***Print*** do menu *File*. Pressione o botão **Printer**.

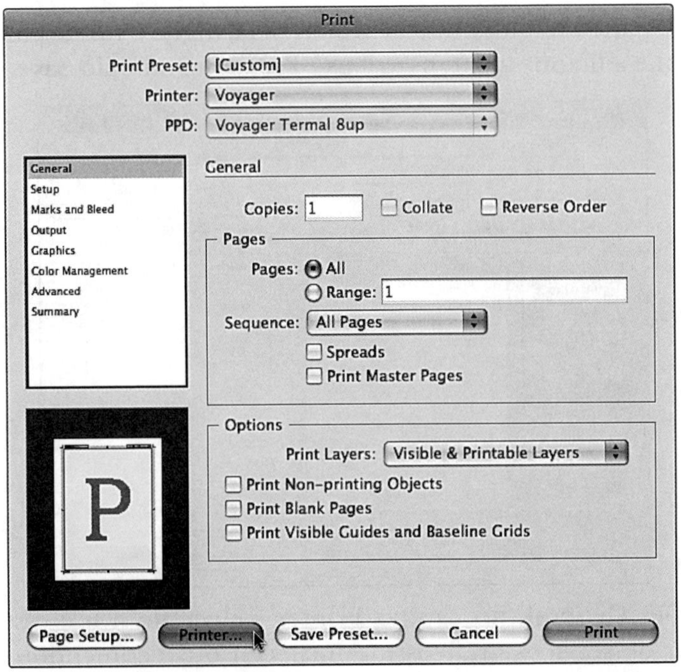

2. Pressione o botão **PDF** e escolha a opção *Save PDF as PostScript.*

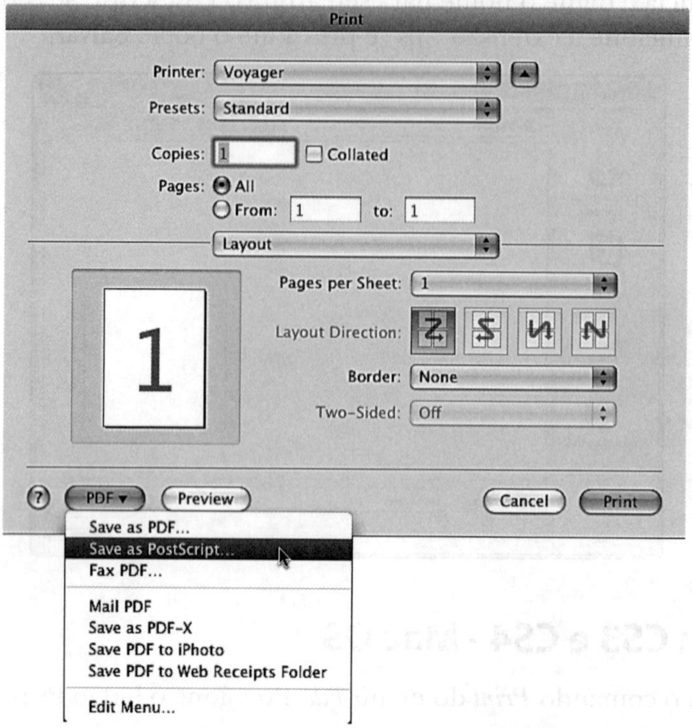

3. Direcione para um folder de sua preferência, digite o nome para seu arquivo PostScript e adicione a extensão ".ps". Pressione o botão **Save**.

4. Nas opções **General**, no campo **Printer**, selecione a impressora que seu prestador de serviços gráficos lhe forneceu ou recomendou e no campo **Pages**[1] selecione as páginas que devem ser incluídas no arquivo PostScript.

Marque a opção **Spreads**[II] se desejar imprimir páginas duplas, triplas etc. como se fossem uma só.

Caso você tenha atribuído a alguns elementos das páginas a opção **Nonprinting** (por meio da paleta Attributes) durante a construção do arquivo e depois não tenha certeza de ter retirado esse atributo, marque a opção **Print Non-printing Objects** e a opção **Print Blank Pages**[X] se desejar ou precisar incluir as páginas vazias no arquivo PostScript.

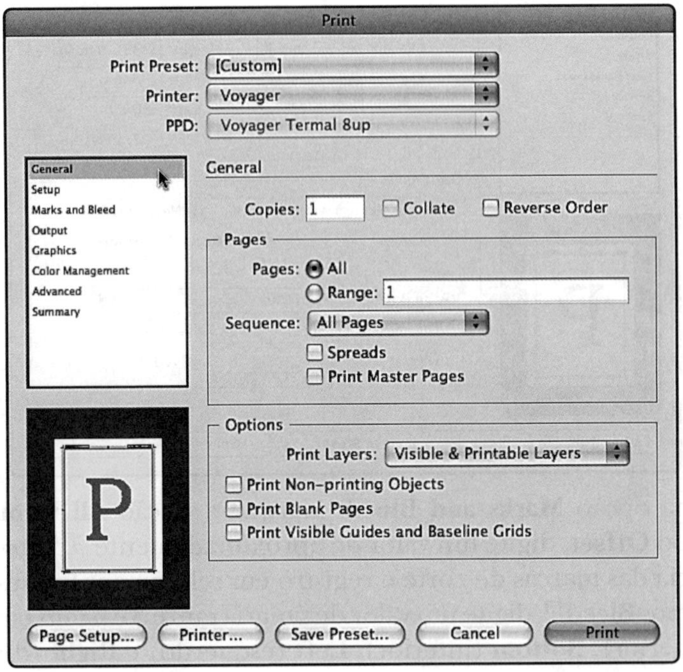

5. Clique na opção **Setup**.

No campo **Paper Size**[IV] escolha um formato que comporte o documento acrescido de um espaço para as marcas de corte e registro. Note que, se o formato do seu documento for padrão (A4, Letter etc.), a maioria dos drivers de impressão disponibiliza formatos prontos (*A4 Extra, Letter Extra* etc.).

Caso se trate de um formato personalizado, como é o caso deste anúncio, digite nos campos **Width** e **Height** valores para largura e altura com aproximadamente *5 cm* (valor usado neste exemplo) acima do formato final do arquivo.

Em se tratando de fotolitos não imposicionados, por uma questão de economia na metragem, confirme com seu prestador de serviços gráficos a possibilidade do uso da opção **Transverse**, a fim de que documentos portrait sejam impressos em landscape e vice-versa. Às vezes, o próprio prestador de serviços gráficos prefere fazer os ajustes, ou até o RIP da imagesetter se encarrega disso.

Confirme se o valor 100% está selecionado nos campos **Width** e **Height** e selecione *Centered* no campo **Page Position**[VIII].

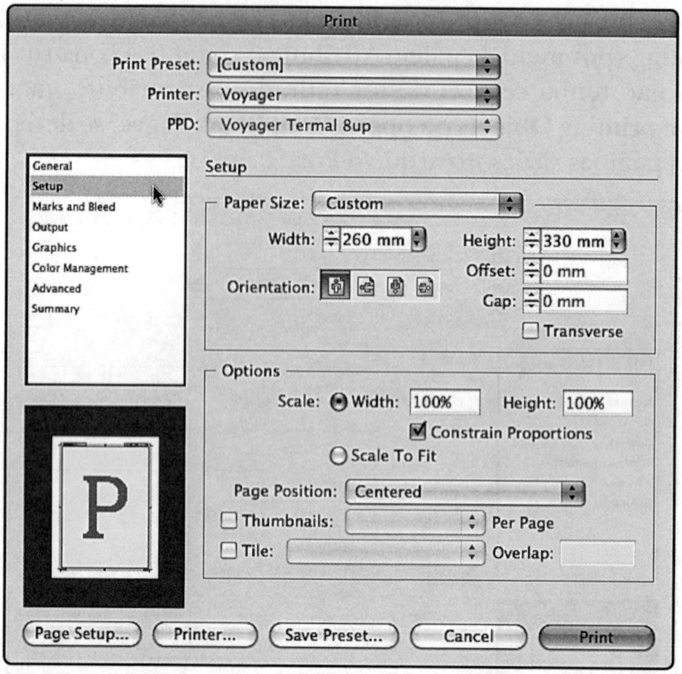

6. Clique na opção **Marks and Bleed**. Marque a opção **All Printer´s Marks**[III]. No campo **Offset**, digite um valor de aproximadamente *3,5 mm* (*10 pt*) para a distância das marcas de corte e registro em relação aos limites da página. Nos campos **Bleed**[VII], digite um valor de sangria entre 3 e 5 mm para os campos **Top** (superior), **Bottom** (inferior), **Left** (esquerdo) e **Right** (direito).

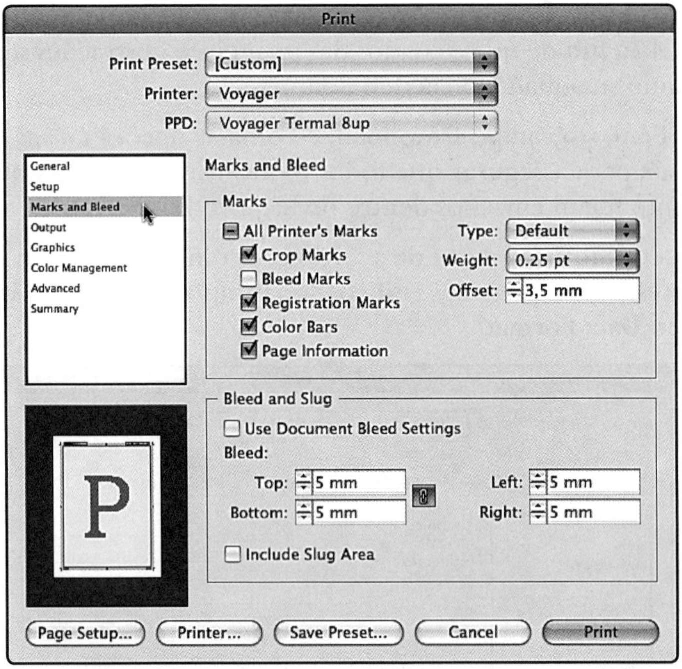

7. Clique na opção **Output**. No campo **Colour**, selecione a opção *Composite Leave Unchanged*[VI], *Composite CMYK*[VI] ou *Separations*[VI] de acordo com a preferência do prestador de serviços gráficos.

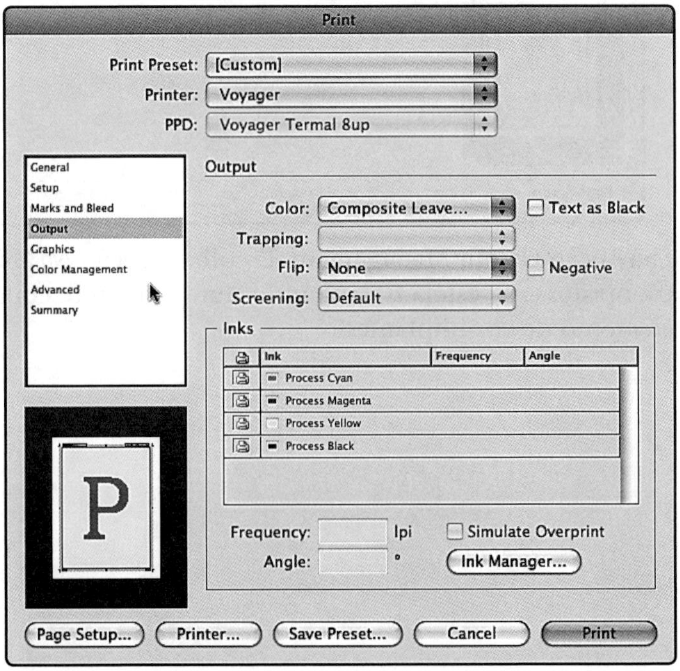

8. Clique na opção **Graphics**. Na área **Images**, no campo **Send Data**, escolha a opção *All* a fim de que os dados das imagens e ilustrações sejam enviados, priorizando sua qualidade já definida.

   Na área **Font**, no campo **Download**, escolha as opções *Complete* e **Download PPD Fonts** para assegurar que todos os arquivos das fontes utilizadas nesse documento sejam enviados dentro do arquivo PostScript.

   Escolha a opção *Level 3* (ou de acordo com o nível de PostScript disponível no seu prestador de serviços gráficos) no campo **PostScript** e *ASCII* ou *Binary* no campo **Data Format**[V].

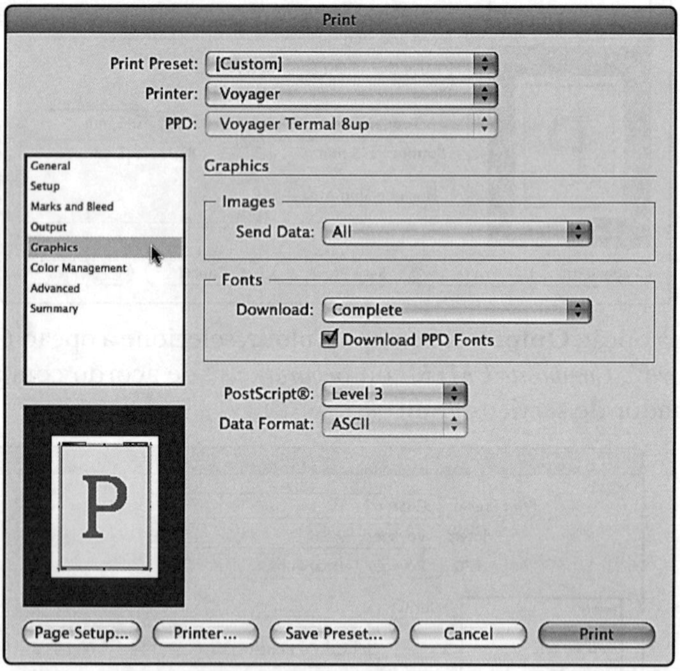

9. Clique na opção **Colour Management**. Escolha a opção *No Colour Management* ou outra opção, caso esteja trabalhando num ambiente com um sistema de gerenciamento de cor implantado.

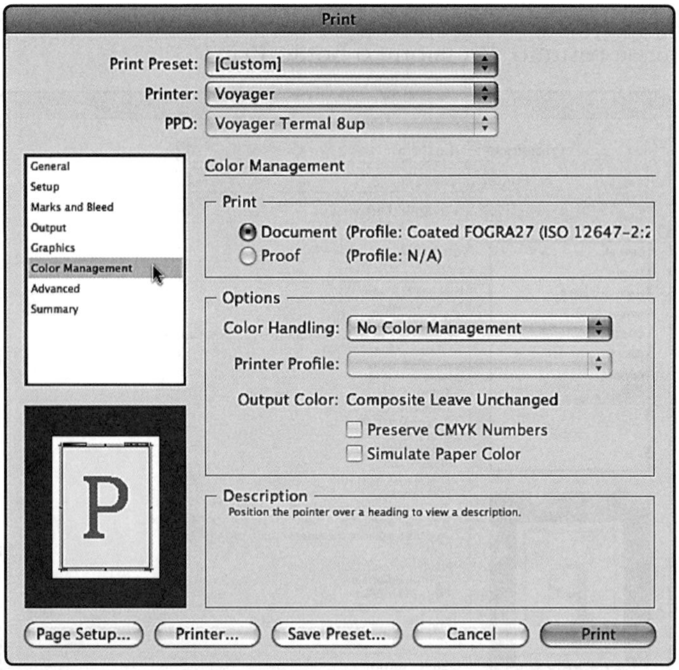

10. Clique na opção **Advanced**. Escolha a opção *[High Resolution]* no campo **Preset** para que as áreas transparentes sejam rasterizadas na melhor qualidade disponível.

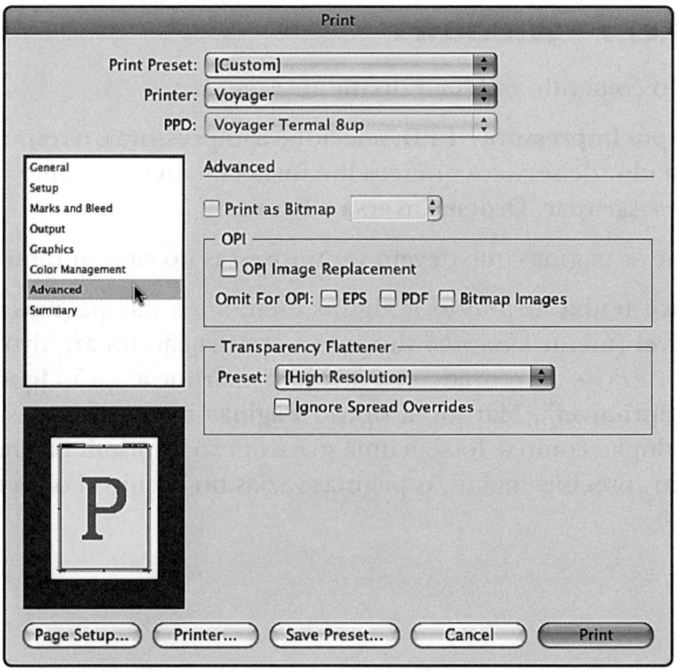

11. Clique na opção **Summary**. Revise de forma criteriosa as opções marcadas ou não nesse resumo. Pressione o botão **Print**.

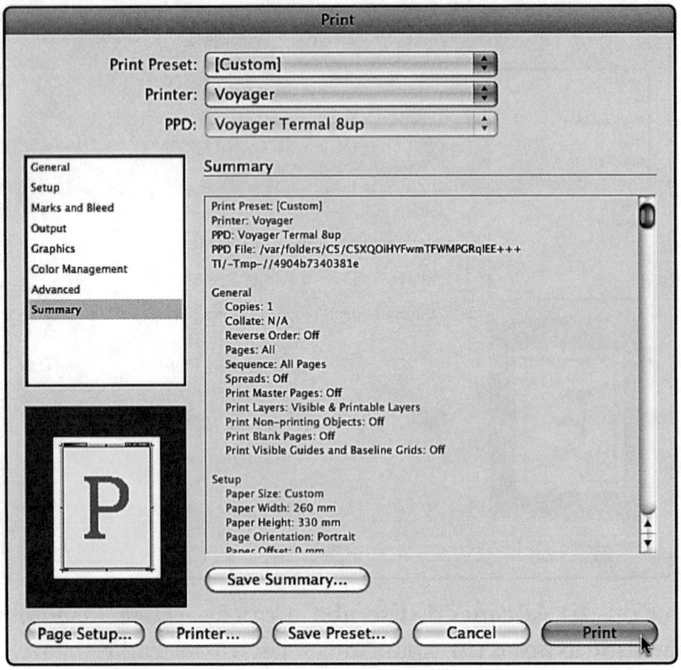

PageMaker 7 - Windows

1. Escolha o comando ***Imprimir*** do menu *Arquivo.*

2. Nos campos **Impressora** e **PPD**, selecione a impressora e o respectivo PPD que seu prestador de serviços gráficos lhe forneceu ou recomendou. Desmarque as opções **Agrupar**, **Ordem Inversa** e **Prova**.

   Selecione as páginas que devem ser impressas no campo **Intervalos**[I].

   Caso você tenha atribuído a alguns elementos das páginas a opção **Não imprimível** (menu *Elemento*) durante a construção do arquivo e depois não tenha certeza de ter retirado esse atributo, marque a opção **Ignorar definição "Não Imprimível"**. Marque a opção **Páginas opostas**[II] se desejar imprimir páginas duplas como se fossem uma só e a opção **Imprimir páginas em branco**[X] se desejar/precisar incluir as páginas vazias no arquivo PostScript.

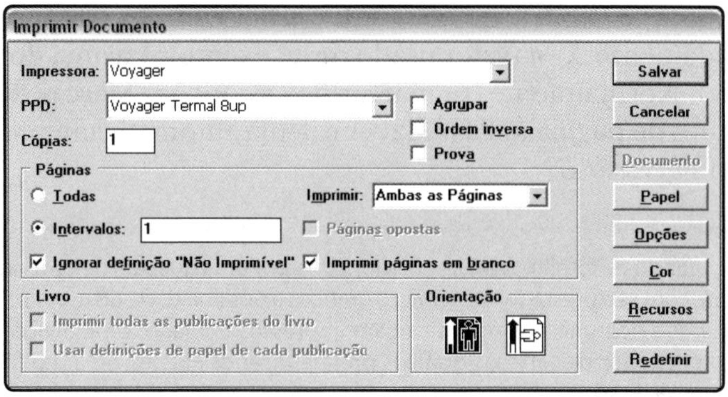

3. Pressione o botão **Papel**. Marque as opções **Marcas de impressão**[III] e **Informações de página**[III], a fim de que sejam impressas também as marcas de corte e de registro, além de informações de chapas de cores, aplicativo e documento que gerou o arquivo PostScript e respectivo horário. A opção **Centralizar na área de impressão**[VIII] é interessante para alguns casos específicos.

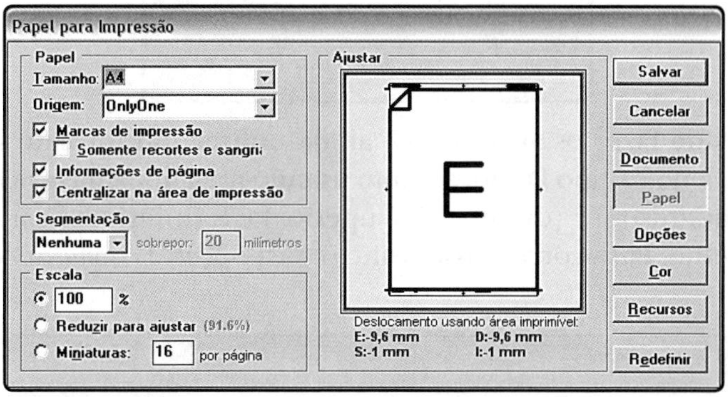

No campo **Tamanho**[IV] escolha um formato que comporte o documento acrescido de um espaço para as marcas de corte e registro. Note que, se o formato do seu documento for padrão (A4, Letter etc.), a maioria dos drivers de impressão disponibiliza formatos prontos (*A4 Extra*, *Letter Extra* etc.). Caso se trate de um formato personalizado, como é o caso deste anúncio, escolha a opção *Personalizar*.

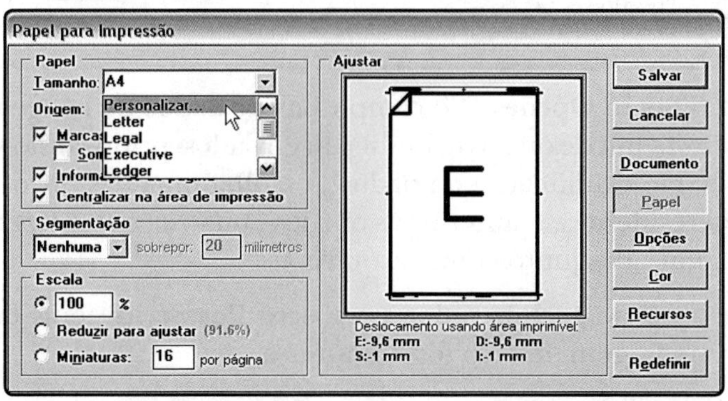

4. No quadro que se abrirá, coloque valores nos campos **Largura** e **Altura** com aproximadamente *5 cm* (valor usado neste exemplo) acima do formato final do arquivo. Normalmente, se marcarmos as opções **Marcas de impressão** e **Informações de página**, o PageMaker calcula automaticamente o formato de impressão necessário.

Em se tratando de fotolitos não imposicionados, por uma questão de economia na metragem, confirme com seu prestador de serviços gráficos a possibilidade do uso da opção **Transverse**, a fim de que documentos portrait sejam impressos em landscape e vice-versa. Às vezes, o próprio prestador de serviços gráficos prefere fazer os ajustes, ou até o RIP da imagesetter se encarrega disso.

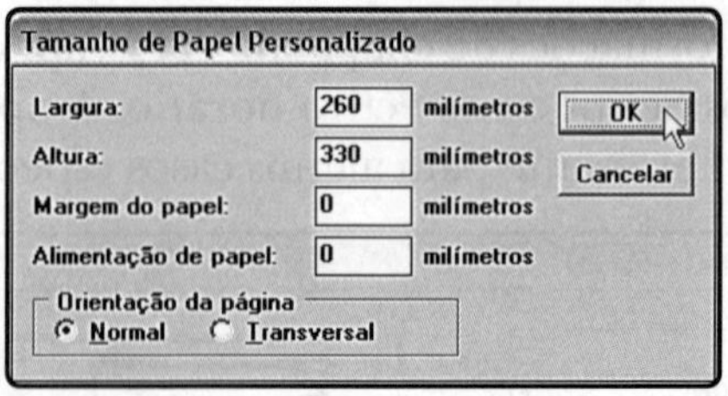

5. Se depois de fazer os ajustes você ainda utilizar um formato menor que o necessário, no campo **Deslocamento usando área imprimível** as informações de E: (esquerdo), D: (direito), S: (superior) e I: (inferior) ficarão destacadas em vermelho. Para corrigir isso, volte para a opção *Personalizar* e aumente os valores.

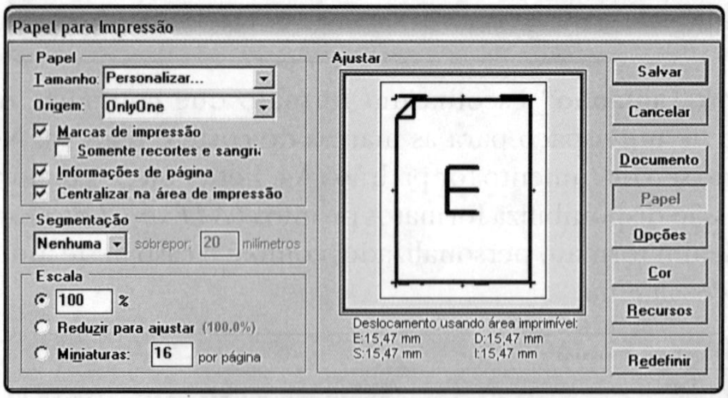

6. Pressione o botão **Opções**. No campo **Enviar dados de imagem** selecione a opção *Normal* a fim de que os dados sejam enviados, priorizando sua qualidade já definida; em **Codificação de dados**[V], escolha uma das opções; em **Incluir fontes não residentes**, mantenha as opções *PostScript e TrueType* de forma que elas sejam enviadas junto com o arquivo.

Não ative a opção **Incluir rotina para erro PostScript**, pois faria com que qualquer mensagem de erro fosse impressa.

Marque a opção **Gravar o PostScript em arquivo** e pressione o botão **Salvar como**. Conforme a preferência do prestador de serviços gráficos, selecione ou não a opção **Páginas independentes**[XI].

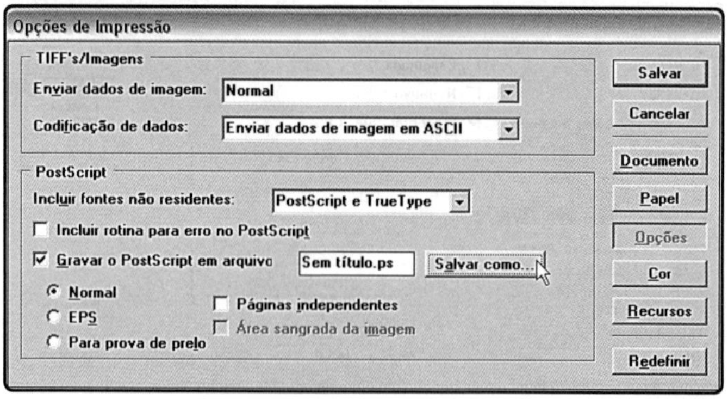

7. No quadro de diálogo que se abrirá, vá para um diretório de sua preferência, digite o nome para seu arquivo PostScript e mantenha a opção *PostScript Normal* no campo **Salvar como tipo**. Se o PageMaker não o fizer, adicione a extensão ".ps".

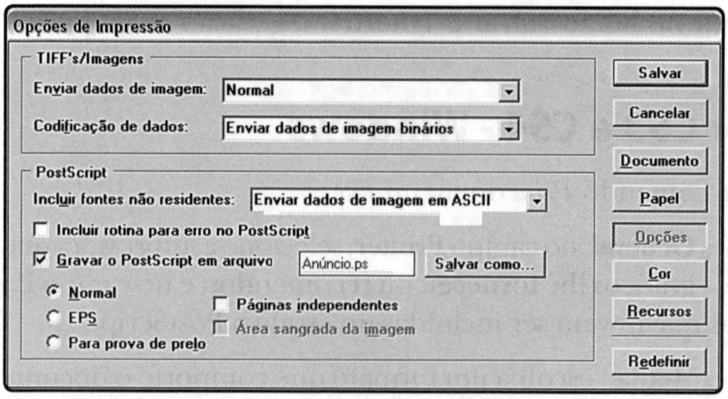

8. Pressione o botão **Cor**. Selecione a opção **Boneca**[VI] ou **Separações**[VI] de acordo com a preferência do prestador de serviços gráficos.

Escolha no campo **Tela otimizada** *150 lpi / 2540 dpi* ou outra relação entre lineatura e resolução que mais se adapte ao seu material e sistema de impressão.

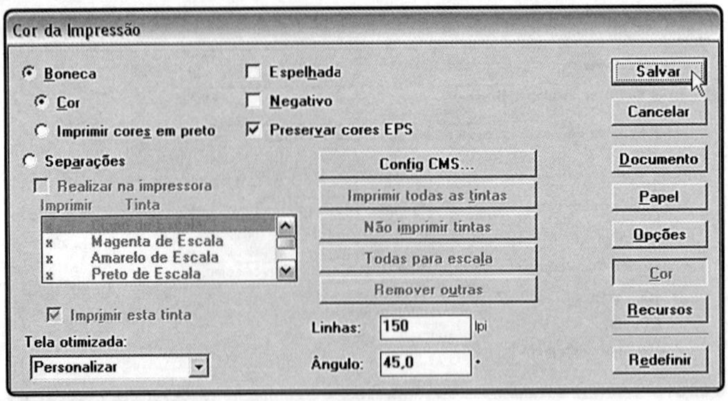

Não altere, a não ser que seja solicitado pelo seu cliente ou gráfica, as angulações das cores no campo **Ângulo**.

ATENÇÃO

Os valores desse último campo não têm muita relevância, pois a lineatura e a resolução serão definidas no RIP pelo operador a partir da ordem de serviço.

Desmarque as opções **Espelhada** e **Negativo**. Quando forem necessárias, devem ser marcadas ou não, dependendo do prestador de serviços gráficos. Na maioria dos casos, os prestadores de serviços gráficos preferem que você anote esses itens na ordem de serviço para que eles mesmos façam as alterações.

Evite converter cores RGB ou Pantone em CMYK, pressionando o botão **Todas para escala**[IX], pois o resultado na impressão é quase sempre indesejado.

9. Basta clicar no botão **Salvar** e aguardar a geração do arquivo PostScript.

Illustrator CS3 e CS4 - Windows

1. Escolha o comando ***Print*** do menu *File*.

2. Nas opções **General**, no campo **Printer**, selecione a impressora que seu prestador de serviços gráficos lhe forneceu ou recomendou e no campo **Pages**[I] selecione as páginas que devem ser incluídas no arquivo PostScript.

   No campo **Media**[IV] escolha um formato que comporte o documento acrescido de um espaço para as marcas de corte e registro. Note que, se o formato do seu documento for padrão (A4, Letter etc.), a maioria dos drivers de impressão disponibiliza formatos prontos (*A4 Extra, Letter Extra* etc.).

Caso se trate de um formato personalizado, como é o caso deste anúncio, digite nos campos **Width** e **Height** valores para largura e altura com aproximadamente *5 cm* (valor usado neste exemplo) acima do formato final do arquivo.

Em se tratando de fotolitos não imposicionados, por uma questão de economia na metragem, confirme com seu prestador de serviços gráficos a possibilidade do uso da opção **Transverse**, a fim de que documentos portrait sejam impressos em landscape e vice-versa. Às vezes, o próprio prestador de serviços gráficos prefere fazer os ajustes, ou até o RIP da imagesetter se encarrega disso.

Confirme se a opção **Do Not Scale** está selecionada.

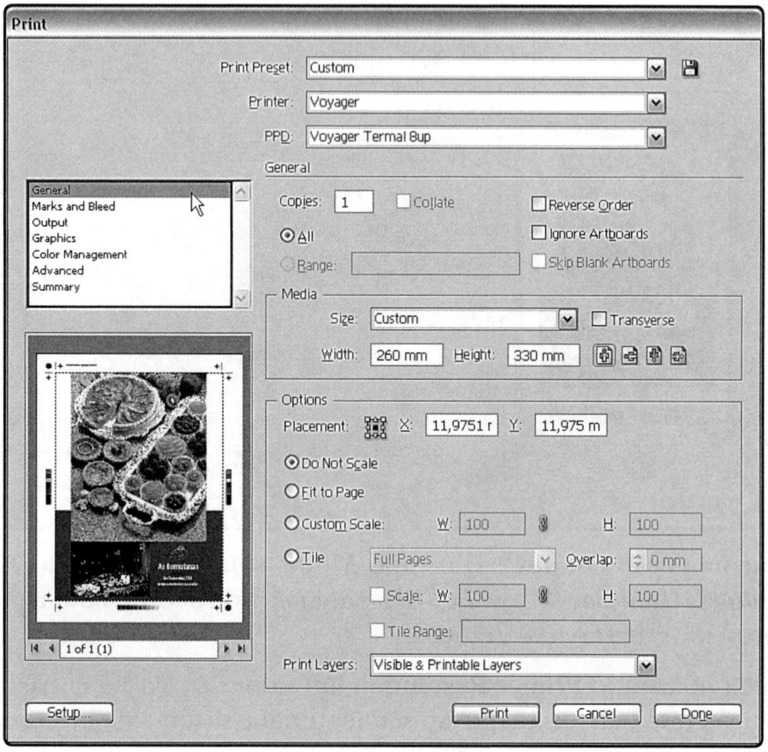

A única diferença dos quadros de diálogo das versões CS3 e CS4 é que a aba Setup foi eliminada e suas opções inseridas na aba General.

3. Clique na opção **Marks and Bleed**. Marque a opção **All Printer´s Marks**[III]. No campo **Offset**, digite um valor de aproximadamente *3,5 mm* (*10 pt*) para a distância das marcas de corte e registro em relação aos limites da página.

   Nos campos **Bleeds**[VII], digite um valor de sangria entre 3 e 5 mm para os campos **Top** (superior), **Bottom** (inferior), **Left** (esquerdo) e **Right** (direito).

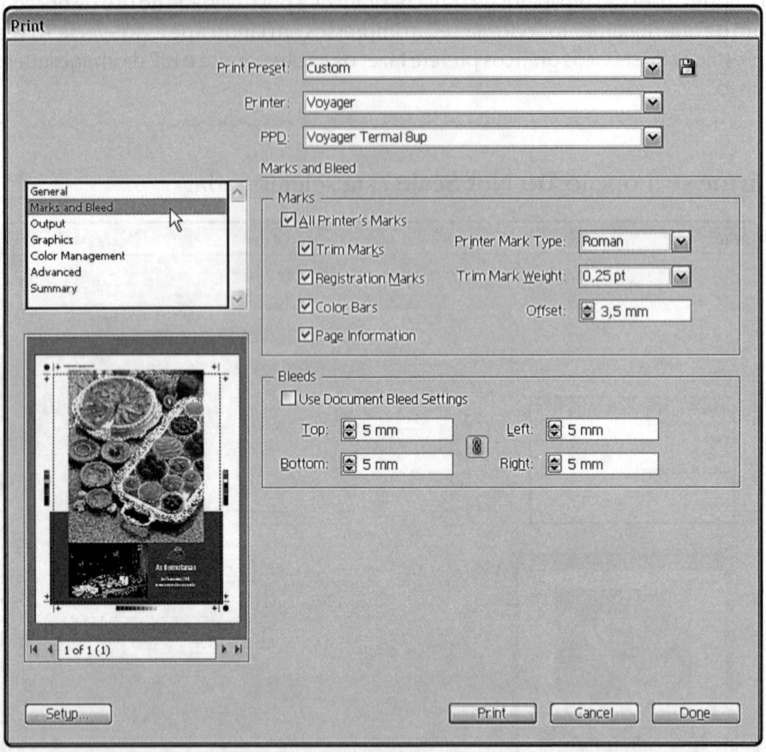

4. Clique na opção **Output**. No campo **Mode**, selecione a opção *Composite*[VI], *Separations (Host-Based)*[VI] ou *In-RIP Separations*[VI] de acordo com a preferência do prestador de serviços gráficos.

   Escolha no campo **Printer Resolution** um valor de relação entre lineatura e resolução que mais se adapte ao seu material e sistema de impressão.

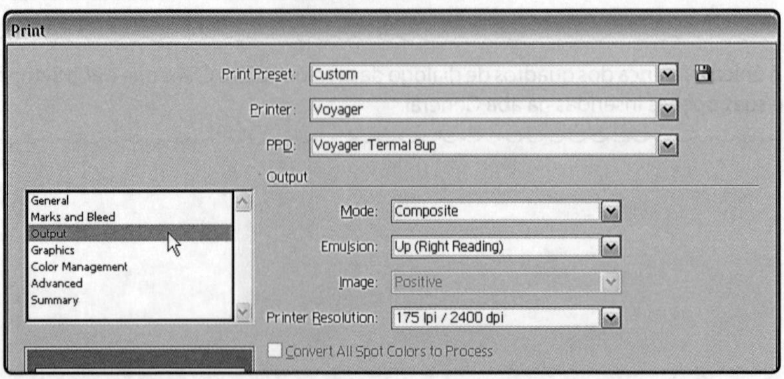

ATENÇÃO

Os valores da razão entre a lineatura e a resolução não têm muita relevância, pois serão definidos no RIP pelo operador a partir da ordem de serviço.

5. Clique na opção **Graphics**. Na área **Fonts**, no campo **Download**, escolha a opção *Complete* para assegurar que todos os arquivos das fontes utilizadas nesse documento sejam enviados dentro do arquivo PostScript.

   Escolha a opção *LanguageLevel 3* (ou de acordo com o nível de PostScript disponível no seu prestador de serviços gráficos) no campo **PostScript** e *ASCII* ou *Binary* no campo **Data Format**[V].

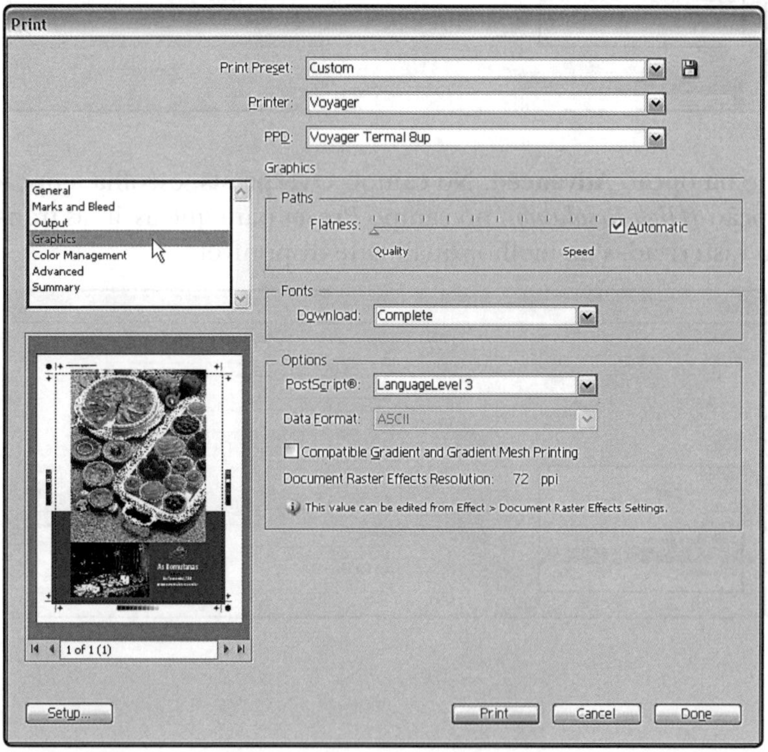

6. Clique na opção **Color Management**. Escolha a opção *No Color Management* ou outra opção, caso esteja trabalhando num ambiente com um sistema de gerenciamento de cor implantado.

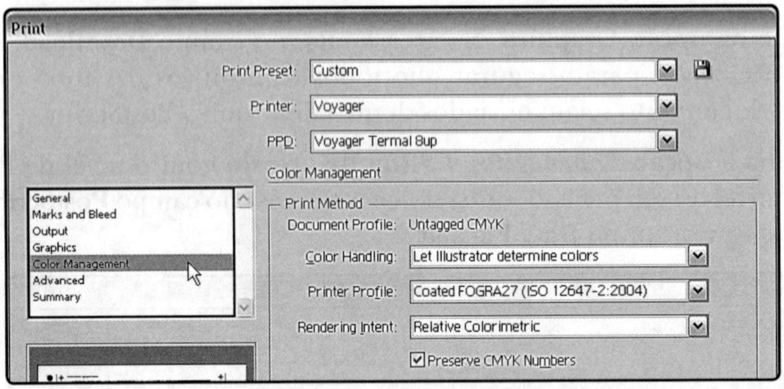

7. Clique na opção **Advanced**. No campo **Overprints**, escolha a opção *Preserve* e a opção *[High Resolution]* no campo **Preset** para que as áreas transparentes sejam rasterizadas na melhor qualidade disponível.

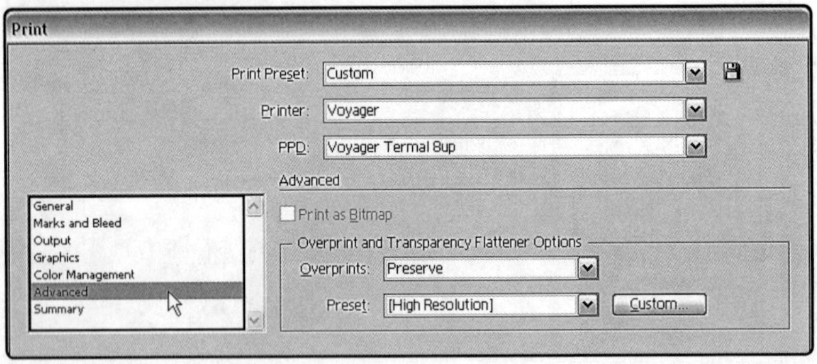

8. Clique na opção **Summary**. Revise de forma criteriosa as opções marcadas ou não nesse resumo. Pressione o botão **Print**.

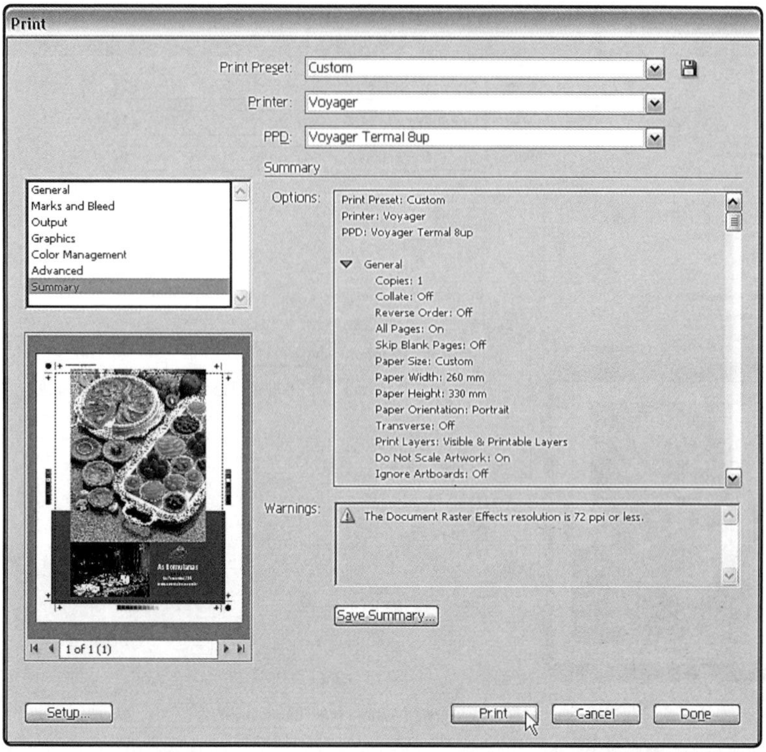

9. No quadro de diálogo que se abrirá, vá para um diretório/folder de sua preferência e digite o nome para seu arquivo PostScript. Se o Illustrator não o fizer, adicione a extensão ".ps" e pressione o botão **Salvar**.

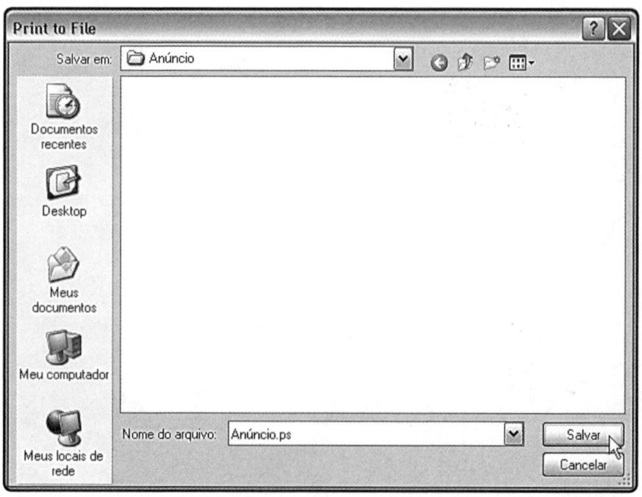

Illustrator CS3 e CS4 - Mac OS

1. Escolha o comando ***Print*** do menu *File*. Pressione o botão **Printer**.

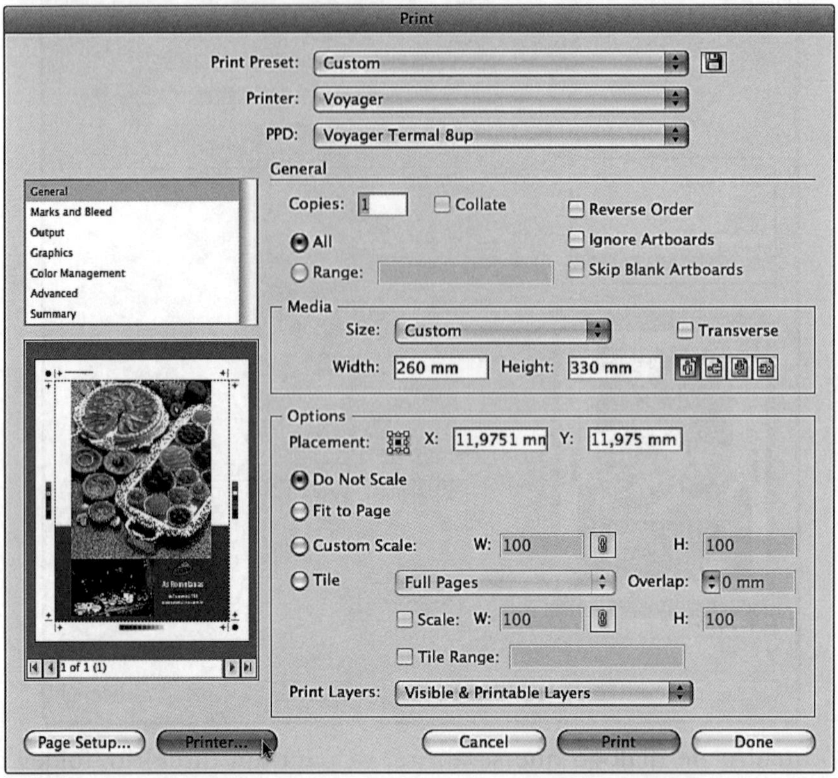

2. Pressione o botão **PDF** e escolha a opção *Save PDF as PostScript.*

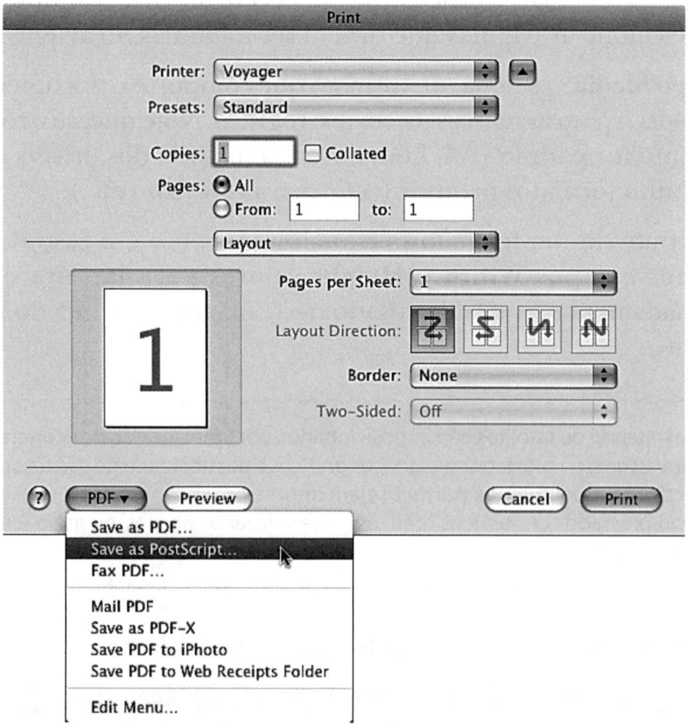

3. Direcione para um folder de sua preferência, digite o nome para seu arquivo PostScript e adicione a extensão ".ps". Pressione o botão **Save**.

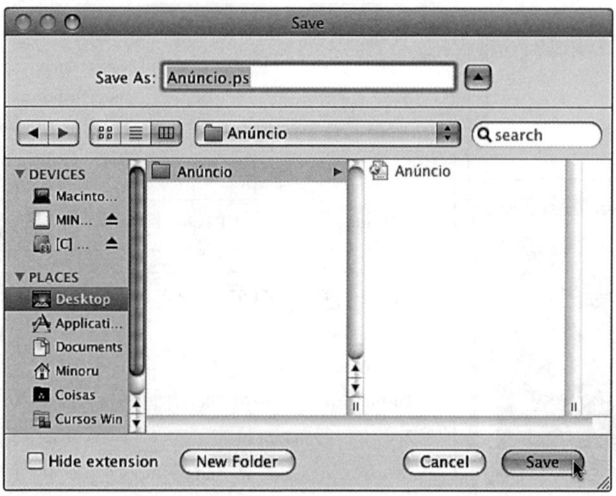

4. Nas opções **General**, no campo **Printer**, selecione a impressora que seu prestador de serviços gráficos lhe forneceu ou recomendou e no campo **Pages**[I] selecione as páginas que devem ser incluídas no arquivo PostScript.

No campo **Media**[IV] escolha um formato que comporte o documento acrescido de um espaço para as marcas de corte e registro. Note que, se o formato do seu documento for padrão (A4, Letter etc.), a maioria dos drivers de impressão disponibiliza formatos prontos (*A4 Extra, Letter Extra* etc.).

Caso se trate de um formato personalizado, como é o caso deste anúncio, digite nos campos **Width** e **Height** valores para largura e altura com aproximadamente *5 cm* (valor usado neste exemplo) acima do formato final do arquivo.

Em se tratando de fotolitos não imposicionados, por uma questão de economia na metragem, confirme com seu prestador de serviços gráficos a possibilidade do uso da opção **Transverse**, a fim de que documentos portrait sejam impressos em landscape e vice-versa. Às vezes, o próprio prestador de serviços gráficos prefere fazer os ajustes, ou até o RIP da imagesetter se encarrega disso.

Confirme se a opção **Do Not Scale** está selecionada.

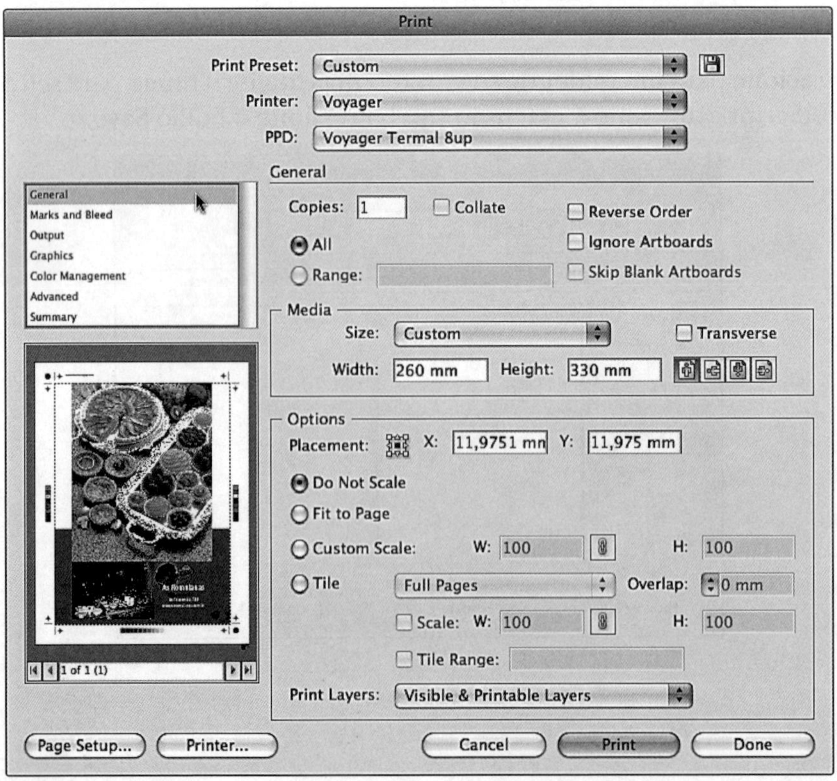

A única diferença dos quadros de diálogo das versões CS3 e CS4 é que a aba Setup foi eliminada e suas opções inseridas na aba General.

5. Clique na opção **Marks and Bleed**. Marque a opção **All Printer´s Marks**[III]. No campo **Offset**, digite um valor de aproximadamente *3,5 mm* (*10 pt*) para a distância das marcas de corte e registro em relação aos limites da página.

   Nos campos **Bleeds**[VII], digite um valor de sangria entre 3 e 5 mm para os campos **Top** (superior), **Bottom** (inferior), **Left** (esquerdo) e **Right** (direito).

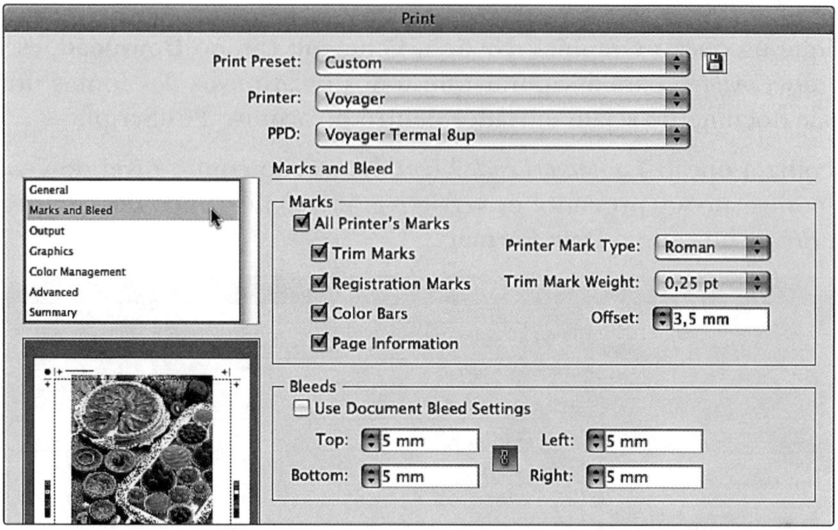

6. Clique na opção **Output**. No campo **Mode**, selecione a opção *Composite*[VI], *Separations (Host-Based)*[VI] ou *In-RIP Separations*[VI] de acordo com a preferência do prestador de serviços gráficos.

   Escolha no campo **Printer Resolution** um valor de relação entre lineatura e resolução que mais se adapte ao seu material e sistema de impressão.

ATENÇÃO

Os valores da razão entre a lineatura e a resolução não têm muita relevância, pois serão definidos no RIP pelo operador a partir da ordem de serviço.

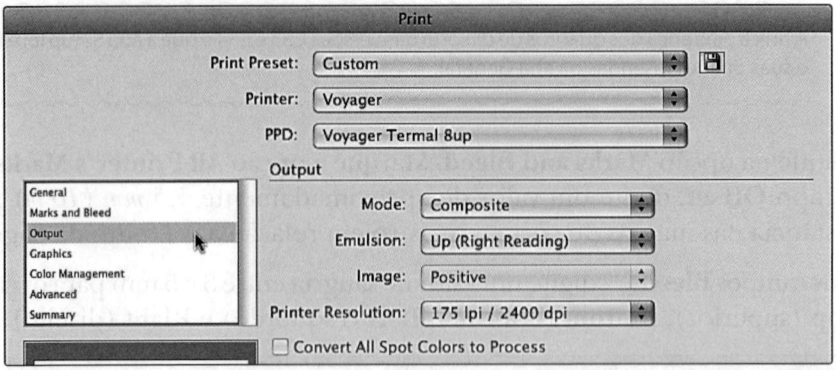

7. Clique na opção **Graphics**. Na área **Fonts**, no campo **Download**, escolha a opção *Complete* para assegurar que todos os arquivos das fontes utilizadas nesse documento sejam enviados dentro do arquivo PostScript.

   Escolha a opção *LanguageLevel 3* (ou de acordo com o nível de PostScript disponível no seu prestador de serviços gráficos) no campo **PostScript** e *ASCII* ou *Binary* no campo **Data Format**[V].

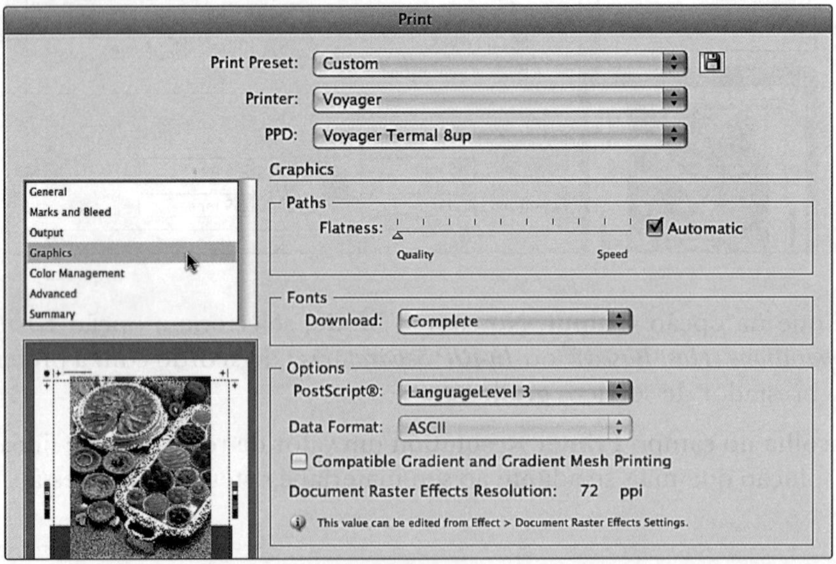

8. Clique na opção **Color Management**. Escolha a opção *No Color Management* ou outra opção, caso esteja trabalhando num ambiente com um sistema de gerenciamento de cor implantado.

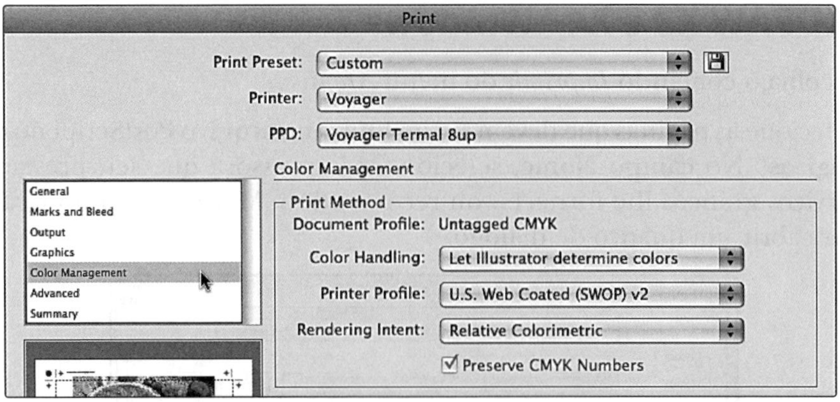

9. Clique na opção **Advanced**. No campo **Overprints**, escolha a opção *Preserve* e a opção *[High Resolution]* no campo **Preset** para que as áreas transparentes sejam rasterizadas na melhor qualidade disponível.

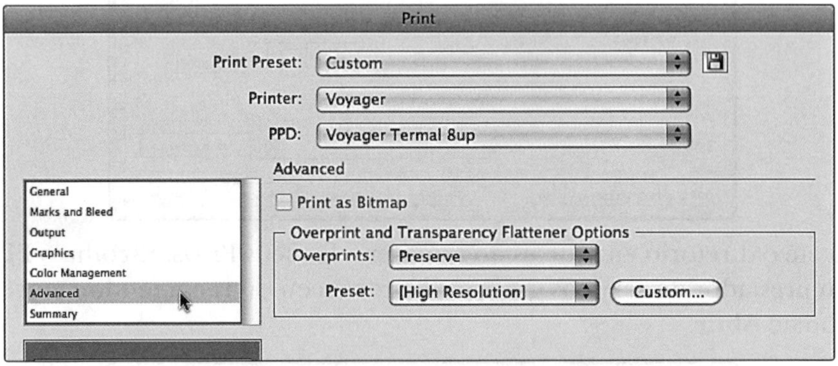

10. Clique na opção **Summary**. Revise de forma criteriosa as opções marcadas ou não nesse resumo. Pressione o botão **Print**.

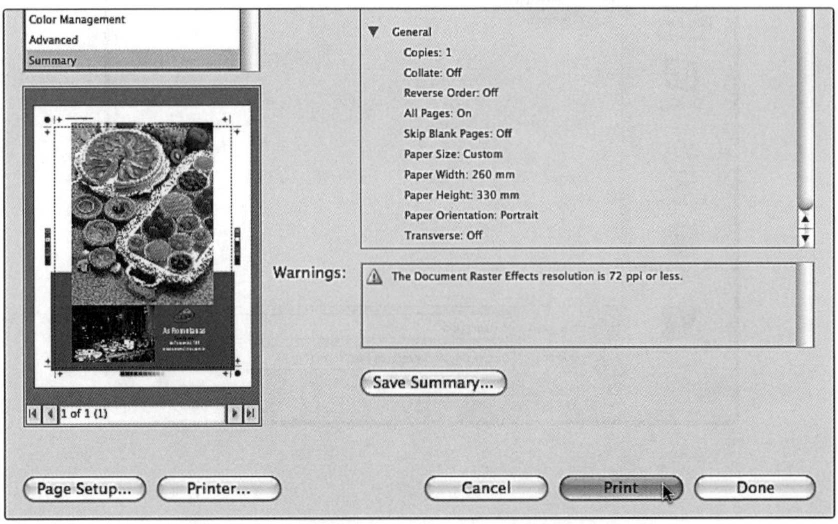

CorelDRAW X3 e X4 - Windows

1. Escolha o comando ***Imprimir*** do menu *Arquivo.*

2. Selecione as páginas que devem ser incluídas no arquivo PostScript no campo **Páginas**[1]. No campo **Nome**, selecione a impressora que seu prestador de serviços gráficos lhe forneceu ou recomendou. Marque a opção **Usar PPD** para abrir um quadro de diálogo.

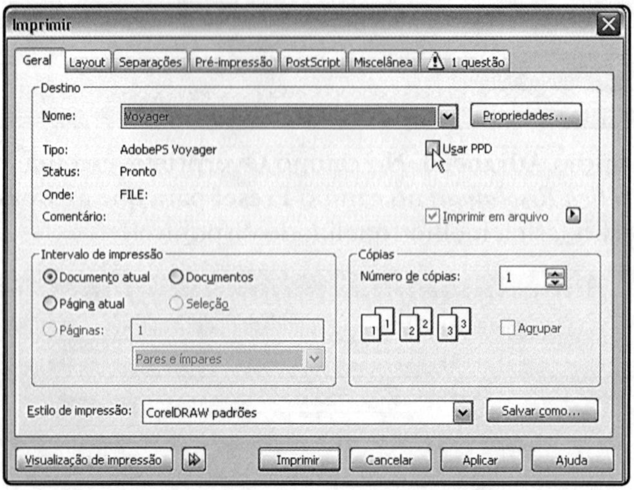

3. Vá até o diretório em que estão armazenados seus PPDs. Escolha o PPD que seu prestador de serviços gráficos lhe forneceu ou recomendou e pressione o botão **Abrir**.

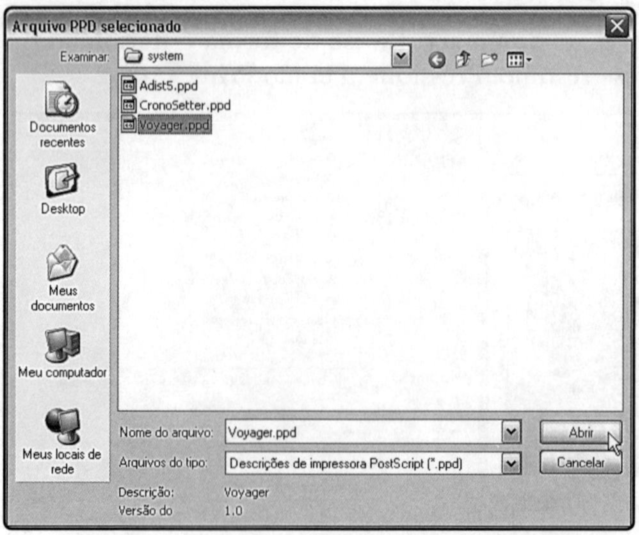

4. Clique no botão **Propriedades** para abrir o quadro de diálogo das configurações da impressora.

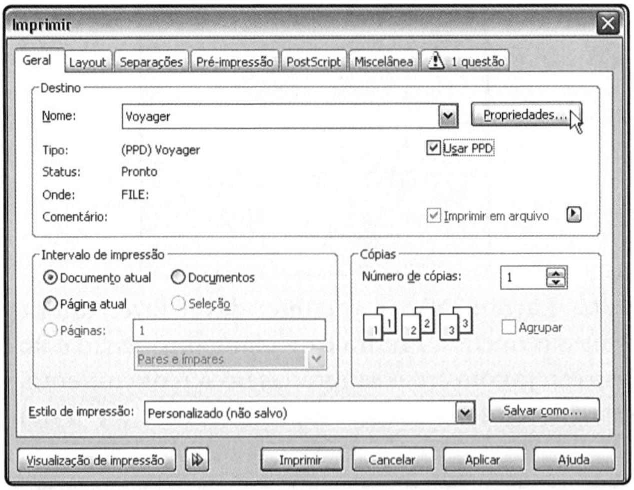

5. No campo **Tamanho do papel**[V], escolha um formato que comporte a sua página acrescido de um espaço para as marcas de corte e registro.

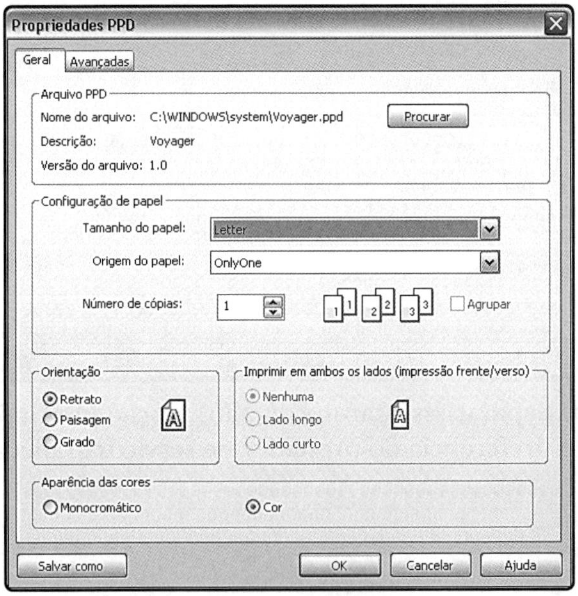

6. Caso se trate de um formato personalizado, como é o caso deste anúncio, escolha a opção *Tamanho de página personalizada PostScript* e digite nos campos **Largura** e **Altura** valores com aproximadamente *5 cm* (valor usado neste exemplo) acima do formato final do arquivo. Pressione o botão **OK** e **OK** novamente.

7. Clique na aba **Layout**. Não é recomendável fazer alterações ou mesmo ampliações nessas opções. Prefira cancelar a impressão e fazê-las no próprio arquivo. Caso esteja com áreas sangradas no seu documento, habilite a opção **Limite de sangramento**[VII] e digite um valor entre 3 e 5 mm para a área de sangria.

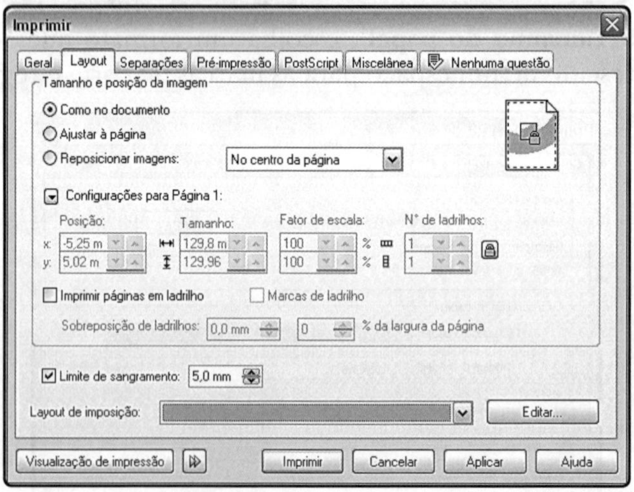

8. Clique na aba **Separações**. Marque ou não a opção **Imprimir separações**[VI] de acordo com a preferência do prestador de serviços gráficos.

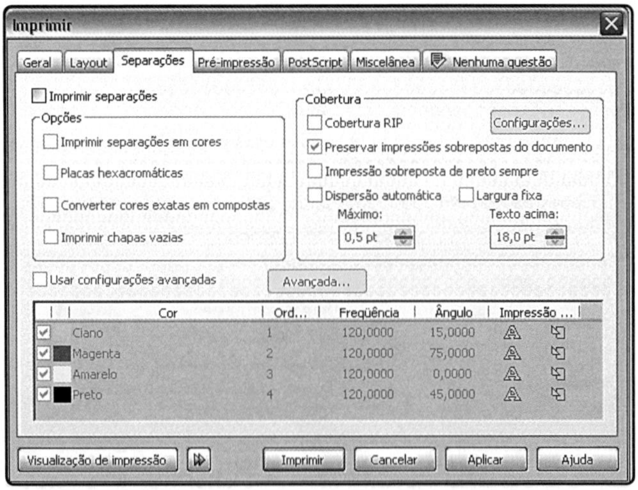

9. Clique na aba **Pré-impressão**. Marque as opções **Imprimir informações do arquivo**[III], **Imprimir marcas de corte**[III], **Imprimir marcas de registro**[III], **Barra de calibragem colorida**[III] e **Escalas de densitômetro**[III].

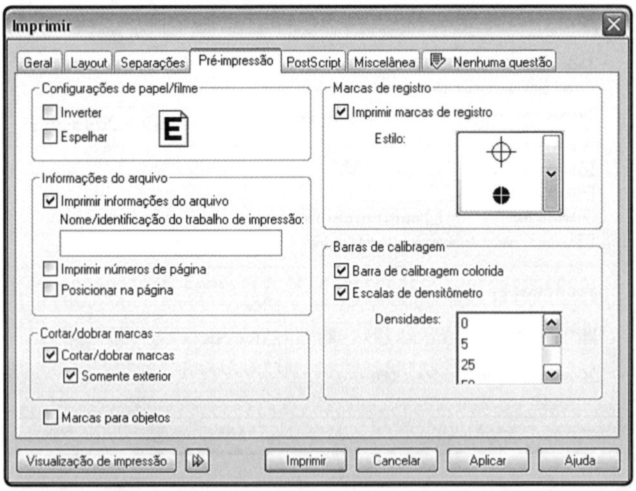

10. Clique na aba **PostScript**. Na opção **Compatibilidade**, escolha o nível de PostScript recomendado por seu prestador de serviços gráficos. Marque as opções **Carregar fontes Type 1**, **Converter True Type em Type 1** e no campo **Freqüência de tela** escolha a opção *150.*

ATENÇÃO

O valor de lineatura não têm muita relevância, pois será definido no RIP pelo operador a partir da ordem de serviço.

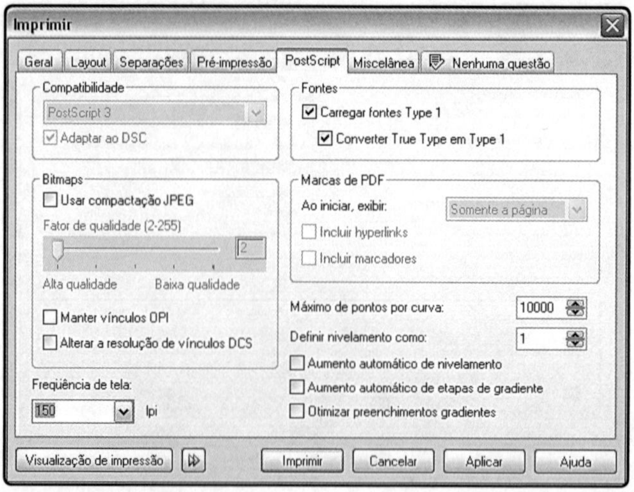

11. Clique na aba **Miscelânea**. Desmarque a opção **Utilizar perfil de cor**. Marque as opções **Imprimir vetores, Imprimir bitmaps** e **Imprimir texto**.

12. Clique na aba **Nenhuma questão** ou **Verificação Prévia**. A função dessa aba é realizar testes de compatibilidade e fornecer avisos sobre eventuais problemas futuros de impressão. Pressione o botão **Imprimir**.

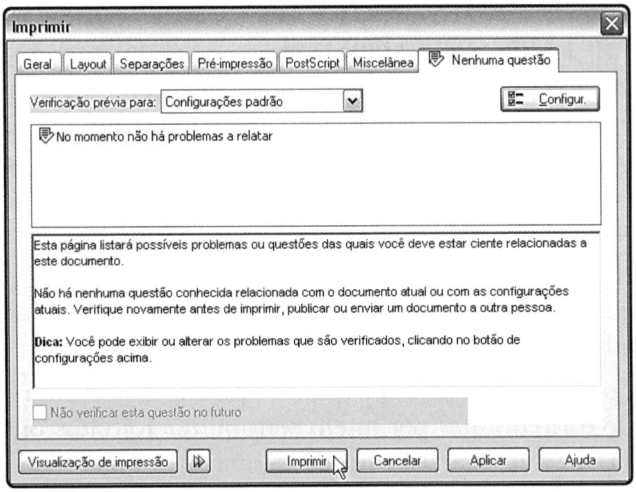

13. No quadro de diálogo que se abrirá, vá para um diretório de sua preferência, digite o nome para seu arquivo PostScript, escolha a opção *Arquivo PostScript (*.ps)* no campo **Salvar como tipo** e pressione o botão **Salvar**.

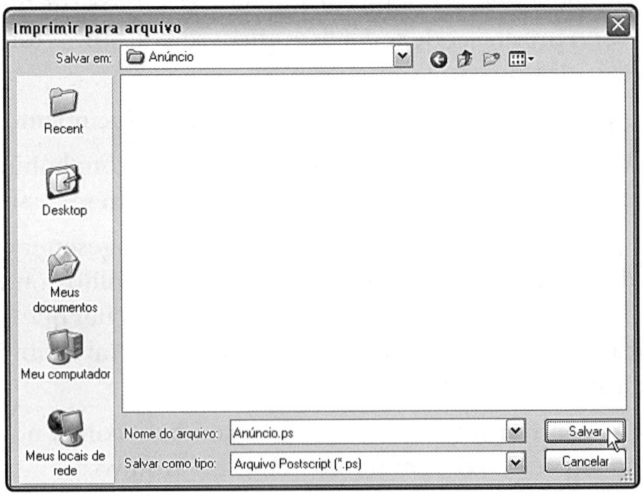

Dicas e cuidados importantes

Antes de selecionar, marcar ou desmarcar as opções descritas em seguida, consulte seu prestador de serviços gráficos.

I - **Intervalo de páginas para a impressão**

No caso de livros ou outros documentos com muitas páginas, uma sugestão é realizar o fechamento por lotes de páginas. Por exemplo, num livro de 200 páginas, gerar um arquivo PostScript da página 1 até a 50, outro da 51 a 100 e assim por diante. Desta forma manipulamos vários arquivos menores em vez de apenas um enorme e, além disso, será mais fácil identificar páginas que contenham elementos problemáticos.

Se as páginas forem muito complexas, recomenda-se diminuir ainda mais a quantidade de páginas por lote de fechamento.

Se o seu prestador de serviços gráficos possui imagesetters ou platesetters de grande formato que permitem sensibilizar fotolitos ou chapas com as páginas já imposicionadas, consulte-o quanto à quantidade de páginas de cada arquivo PostScript.

II - **Impressão de páginas anexadas de forma unificada**

Trata-se de um item interessante para imprimir documentos que possuem páginas anexadas pela economia de fotolitos. Lembre-se de que isso não pode ser feito se no prestador de serviços gráficos seus arquivos forem submetidos à imposição eletrônica.

III - **Marcas de corte, registro e informações sobre o documento**

No caso de impressão em imagesetters equipadas com bobinas de fotolitos, esses itens referentes às marcas de impressão devem ser assinalados.

Se o seu prestador de serviços gráficos possuir imagesetters ou platesetters de grande formato que permitem sensibilizar fotolitos ou chapas com as páginas já imposicionadas, normalmente ele vai solicitar que esses itens sejam desmarcados, pois o software de imposição é que vai atribuir essas marcas automaticamente à chapa inteira.

Se precisar gerar arquivos PDF em conformidade com a norma PDF/X, as marcas de impressão devem ser incluídas no arquivo.

IV - **Conceito de tamanho da página do documento e tamanho da página de impressão. Marcas de corte, registro e informações sobre o documento**

No caso de impressão em imagesetters equipadas com bobinas de fotolitos, é necessário que o tamanho da página de impressão seja maior que o tamanho da página do documento, para que as marcas de impressão possam ser impressas.

Se o seu prestador de serviços gráficos possuir imagesetters ou platesetters de grande formato que permitem sensibilizar fotolitos ou chapas com as páginas já imposicionadas, normalmente ele vai solicitar que o tamanho da página de impressão seja exatamente igual ao tamanho de página do documento.

Se precisar gerar arquivos PDF em conformidade com a norma PDF/X, o formato de impressão deve ser maior para poder comportar as marcas de impressão que obrigatoriamente devem estar presentes no arquivo.

V - **Codificação dos dados: ASCII ou binário?**

Pode-se dizer que, desde o início da editoração eletrônica, estabeleceu-se o padrão que arquivos digitais gerados a partir de aplicativos para plataforma Windows deveriam ser codificados com ASCII (*American Standard Code for Information Interchange*) por causa de sua compatibilidade com a maioria dos sistemas de RIPs de impressoras. Já os arquivos digitais gerados a partir de aplicativos para plataforma Macintosh deveriam ser gerados com a codificação Binary (binária) pela própria compatibilidade nativa do Mac OS. O fato de o RIP estar instalado numa plataforma Windows ou Macintosh também era relevante.

Atualmente, com a evolução dos RIPs das impressoras o padrão está se voltando para o binário em ambas as plataformas. A principal vantagem é que os arquivos que usam essa codificação chegam a ser em média 20% menores que os codificados em ASCII. Pergunte ao seu prestador de serviços gráficos antes de escolher essa opção.

VI - **Deve-se enviar o arquivo PostScript com as cores compostas ou com as chapas de cores separadas?**

Os prestadores de serviços gráficos que possuem imagesetters e platesetters que estão conectadas a RIPs, cujo nível de PostScript é o 1, são obrigados a solicitar que os arquivos PostScript sejam enviados fechados com as chapas de cores pré-separadas.

Já os prestadores de serviços gráficos que possuem equipamentos conectados a RIPs PostScript nível 2 ou 3 podem solicitar aos seus clientes que enviem arquivos coloridos compostos, já que é uma capacidade nativa, a partir do PostScript 2, separar as cores.

A vantagem é que os arquivos gerados são menores do que os arquivos com separação de cores.

Em alguns aplicativos e drivers de impressoras (PostScript níveis 2 e 3) está disponível a opção *Separation in-RIP*. Se marcada, ela gera um arquivo PostScript composto, mas predisposto a ser separado dentro do RIP com a possibilidade de alteração de alguns itens, como, por exemplo, a inclusão de perfis de cores para conversão de cores de imagens RGB em CMYK de acordo com as características do papel e da impressora comercial a ser utilizada.

Já as opções *Composite Leave Unchanged* ou *As Is* instruem o aplicativo a manter os diferentes espaços de cor (RGB, Lab etc.) e padrões de tintas especiais intactos para serem convertidos posteriormente em CMYK ou mantidos.

Se precisar gerar arquivos PDF em conformidade com a norma PDF/X, os arquivos devem ser enviados com as cores compostas.

Recomenda-se que, mesmo que o prestador de serviços gráficos solicite o arquivo composto, você gere um arquivo com separação para poder verificar erros ou inconsistências na separação em elementos das páginas. Depois é só descartá-los e gerar outro arquivo composto.

VII - Elementos sangrados

No caso de haver elementos sangrados nas páginas (elementos que ultrapassam os limites da página), convém marcar a opção chamada *Bleed* ou *Sangria* nos aplicativos com um valor entre 3 e 5 milímetros normalmente.

O valor exato deve ser obtido com o prestador de serviços gráficos, pois isso determina a possibilidade ou facilidade da imposição eletrônica das páginas antes da sensibilização do fotolito ou das chapas.

VIII - Posição da página

A posição de sensibilização da página no filme em muitos casos é centralizada em relação aos lados esquerdo e direito. Se precisar gerar arquivos PDF em conformidade com a norma PDF/X, as páginas devem estar obrigatoriamente centralizadas em relação ao seu formato de impressão.

IX - Conversão de cores RGB e Pantone em CMYK na impressão

Evite converter cores RGB ou Pantone em cores CMYK na hora de imprimir ou gerar arquivos PostScript, pois o resultado na impressão comercial é quase sempre indesejado. Cancele a impressão e siga as instruções do item "Conversão de cores" do capítulo 9 (Dicas & Cuidados: Arte-Finalização do Arquivo).

X - Impressão de páginas vazias

Alguns aplicativos de paginação/finalização possuem recursos de impressão de páginas vazias. Isso é irrelevante e não deve ser habilitado se estivermos imprimindo em fotolitos sem imposição eletrônica de páginas.

No caso de livros e outras publicações longas, esse recurso é fundamental para a geração dos cadernos e um item obrigatório para imposição eletrônica e para a conformidade com a norma do PDF/X.

XI - Páginas independentes

A opção Páginas independentes do PageMaker faz com que a informação de cada página seja inserida de forma completa. Isso resulta em um arquivo PostScript muito maior por causa da redundância das informações. Alguns prestadores de serviços gráficos solicitam essa opção.

13

Geração de Arquivos PDF para Pré-Impressão e Impressão Digital

Este capítulo demonstra as quatro principais formas de gerar arquivos PDF para serem impressos em prestadores de serviços gráficos de pré-impressão e impressão digital, usando como exemplo o anúncio gerado no InDesign CS4.

Existem dezenas de outras possibilidades de gerar arquivos PDF, mas pela experiência do autor, os procedimentos mais complexos de obtenção de um PDF são os mais confiáveis, e as maneiras mais fáceis e diretas que normalmente utilizam recursos internos de exportação nem sempre produzem bons resultados. Deste modo começaremos a descrever os passos das formas mais confiáveis e depois as menos indicadas.

- Geração de um PDF a partir de um arquivo PostScript criado para a realidade específica de uma gráfica.
- Geração de um PDF a partir de um arquivo PostScript criado em conformidade com normas internacionais PDF/X.
- Uso da impressora virtual Adobe PDF.
- Uso dos recursos internos de exportação dos aplicativos.

ATENÇÃO

Consulte antes o seu prestador de serviços gráficos para verificar se ele aceita arquivos PDF, a forma como ele prefere que sejam gerados, assim como as configurações dos aplicativos envolvidos nesse processo, pois eles variam de acordo com a empresa.

ATENÇÃO

As opções marcadas e não comentadas geralmente são as mais utilizadas pela maioria dos prestadores de serviços gráficos.

ATENÇÃO

Neste capítulo e em todas as explicações passo a passo utilizaremos recursos, ferramentas e opções da suíte Acrobat Professional/Pro 8 e 9.

ATENÇÃO

Usaremos o Acrobat Distiller por causa de sua maior popularidade, mas existem outros substitutos confiáveis, tais como Jaws PDF Creator (www.globalgraphics.com), PDF2Go (www.creo.com) e PDF/X-1 Creator (www.apago.com).

As versões para Windows e Mac OS são idênticas.

Geração de um PDF a partir de um arquivo PostScript criado para a realidade específica de uma gráfica

Trata-se, por enquanto, da maneira mais confiável de gerar arquivos PDF que atendam plenamente às necessidades específicas de um prestador de serviços gráficos e das impressoras high-end que possui.

A confiabilidade é maior, pois o arquivo PostScript é gerado especificamente para o dispositivo de impressão da gráfica e o PDF é gerado usando configurações também específicas para essa gráfica.

O lado negativo é que esse PDF pode não ter condições de ser reutilizado ou reaproveitado por outras gráficas.

Esse procedimento é dividido em três etapas:

- Geração do arquivo PostScript;
- Configuração do Distiller de acordo com as preferências do prestador de serviços gráficos;
- Conversão do arquivo PostScript num arquivo PDF.

1ª Etapa - Geração do arquivo PostScript

ATENÇÃO

Este passo-a-passo é baseado no InDesign CS4 rodando sobre o Windows XP. Se você usa outros aplicativos, versões ou sistemas operacionais diferentes, basta recorrer aos capítulos de geração de arquivos PostScript.

1. Escolha o comando ***Print*** do menu *File*.

2. Nas opções **General**, no campo **Printer**, selecione a impressora que seu prestador de serviços gráficos lhe forneceu ou recomendou e no campo **Pages** selecione as páginas que devem ser incluídas no arquivo PostScript.

   Marque a opção **Spreads** se desejar imprimir páginas duplas, triplas etc. como se fossem uma só.

   Caso você tenha atribuído a alguns elementos das páginas a opção **Nonprinting** (por meio da paleta Attributes) durante a construção do arquivo e depois não tenha certeza de ter retirado esse atributo, marque a opção **Print Non-printing Objects** e a opção **Print Blank Pages** se desejar ou precisar incluir as páginas vazias no arquivo PostScript.

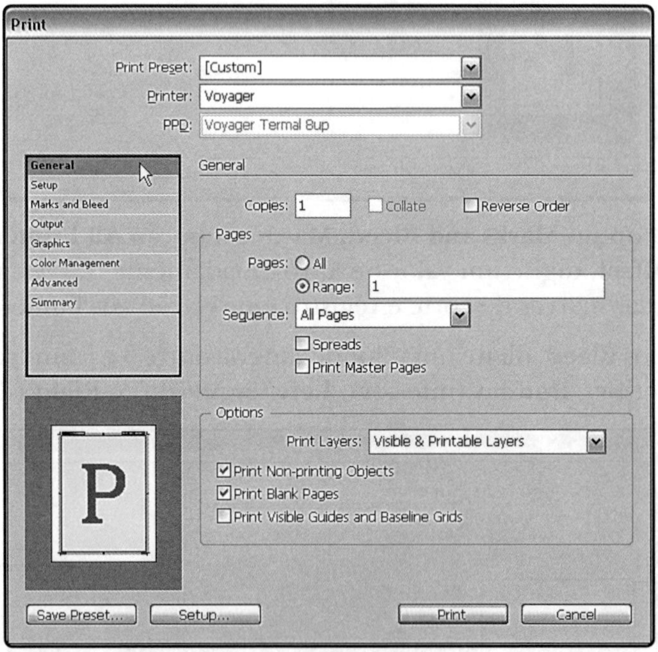

3. Clique na opção **Setup**. No campo **Paper Size** escolha um formato que comporte o documento acrescido de um espaço para as marcas de corte e registro. Note que, se o formato do seu documento for padrão (A4, Letter etc.), a maioria dos drivers de impressão disponibiliza formatos prontos (*A4 Extra, Letter Extra* etc.).

   Caso se trate de um formato personalizado, como é o caso deste anúncio, digite nos campos **Width** e **Height** valores para largura e altura com aproximadamente *5 cm* (valor usado neste exemplo) acima do formato final do arquivo.

   Confirme se o valor 100% está selecionado nos campos **Width** e **Height** e selecione *Centered* no campo **Page Position**.

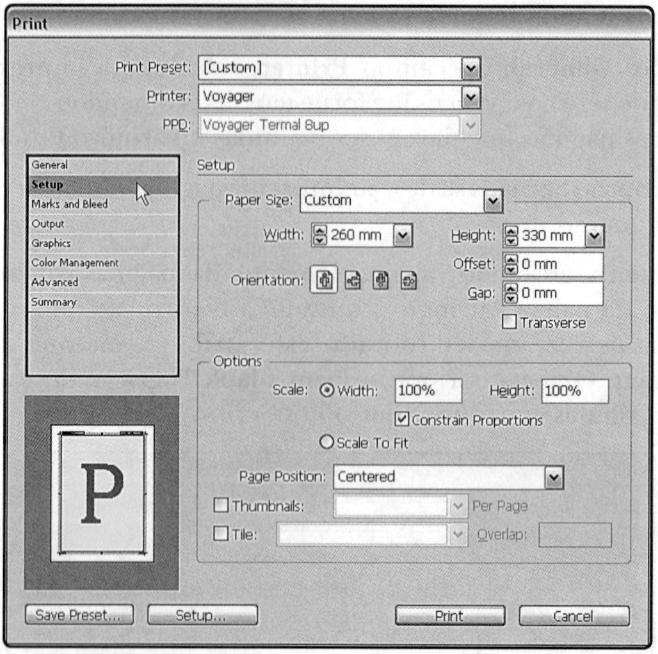

4. Clique na opção **Marks and Bleed**. Marque a opção **All Printer´s Marks**. No campo **Offset**, digite um valor de aproximadamente *3,5 mm* (*10 pt*) para a distância das marcas de corte e registro em relação aos limites da página.

   Nos campos **Bleed**, digite um valor de sangria entre 3 e 5 mm para os campos **Top** (superior), **Bottom** (inferior), **Left** (esquerdo) e **Right** (direito).

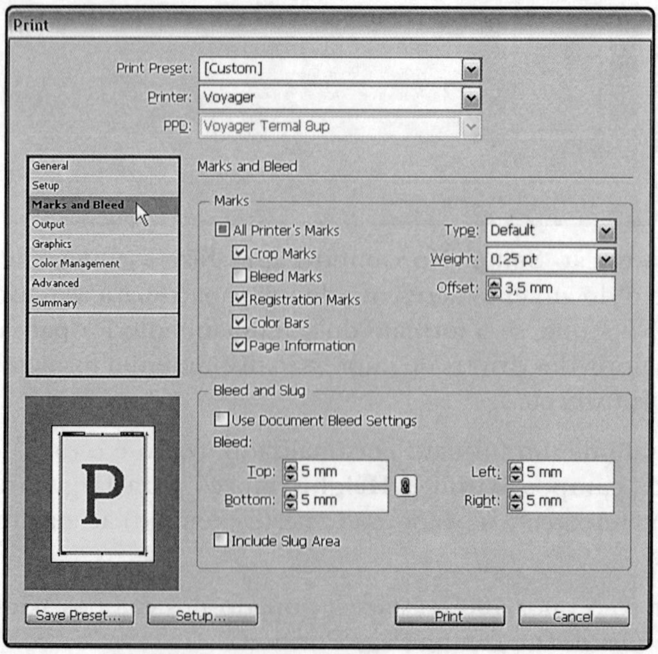

5. Clique na opção **Output**. No campo **Colour**, selecione a opção *Composite Leave Unchanged*, *Composite CMYK* ou *Separations* de acordo com a preferência do prestador de serviços gráficos.

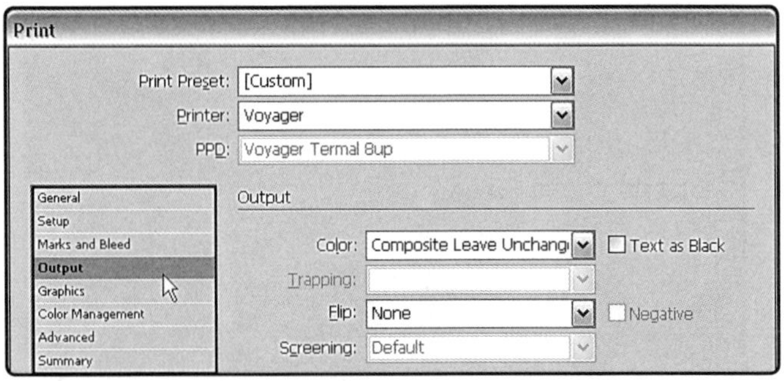

6. Clique na opção **Graphics**. Na área **Images**, no campo **Send Data**, escolha a opção *All* a fim de que os dados das imagens e ilustrações sejam enviados, priorizando sua qualidade já definida.

   Na área Font, no campo **Download**, escolha as opções *Complete* e **Download PPD Fonts** para assegurar que todos os arquivos das fontes utilizadas nesse documento sejam enviados dentro do arquivo PostScript.

   Escolha a opção *Level 3* (ou de acordo com o nível de PostScript disponível no seu prestador de serviços gráficos) no campo **PostScript** e *ASCII* ou *Binary* no campo **Data Format**.

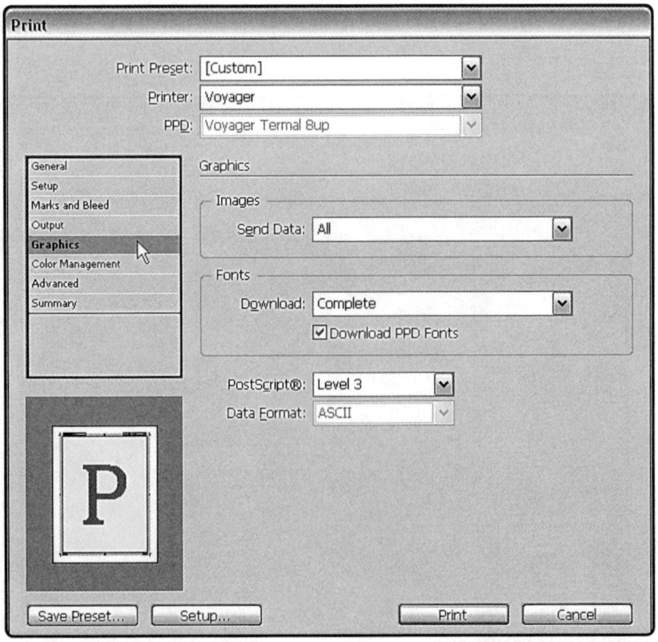

7. Clique na opção **Colour Management**. Escolha a opção *No Colour Management* ou outra opção, caso esteja trabalhando num ambiente com um sistema de gerenciamento de cor implantado.

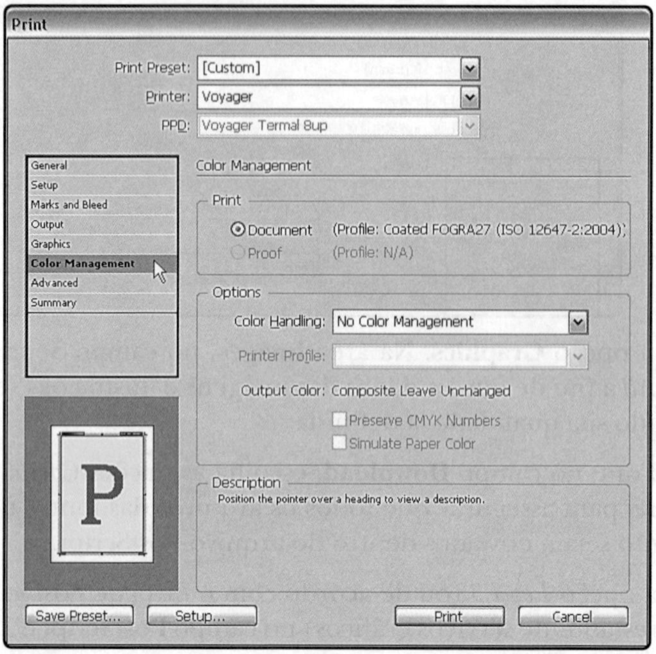

8. Clique na opção **Advanced**. Escolha a opção *[High Resolution]* no campo **Preset** para que as áreas transparentes sejam rasterizadas na melhor qualidade disponível.

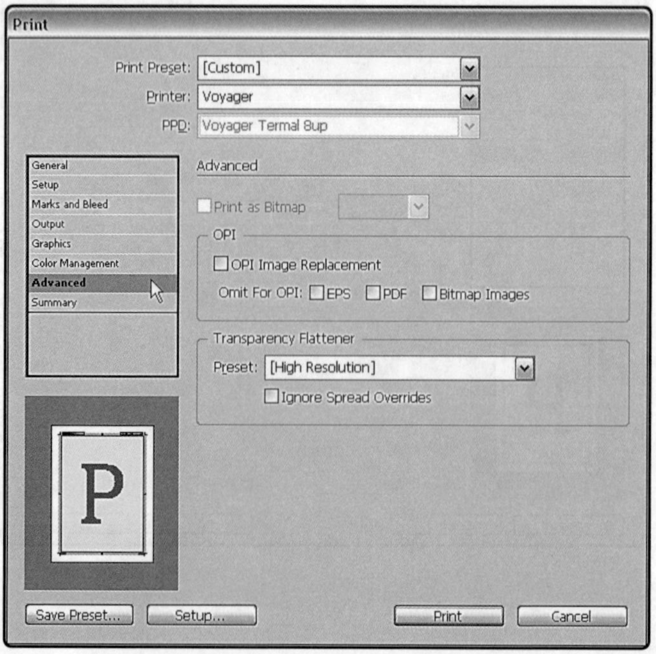

9. Clique na opção **Summary**. Revise de forma criteriosa as opções marcadas ou não nesse resumo. Pressione o botão **Print**.

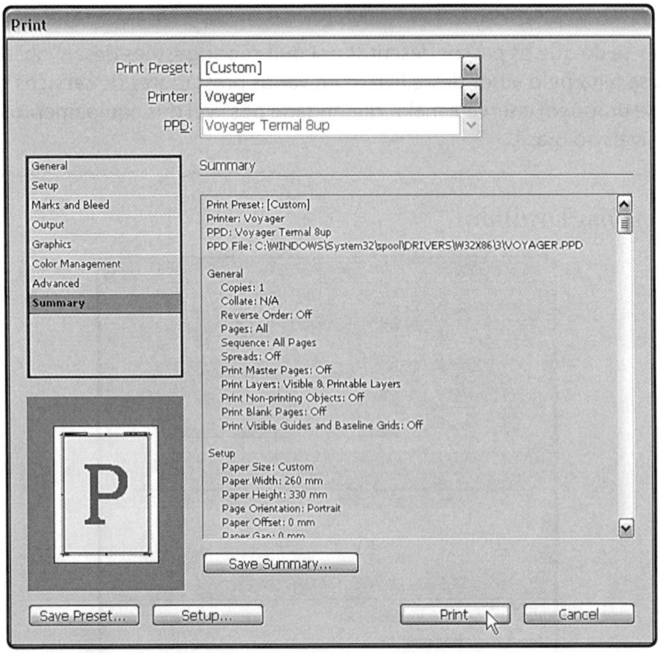

10. No quadro de diálogo que se abrirá, vá para um diretório/folder de sua preferência e digite o nome para seu arquivo PostScript. Se o InDesign não o fizer, adicione a extensão ".ps" e pressione o botão **Salvar**.

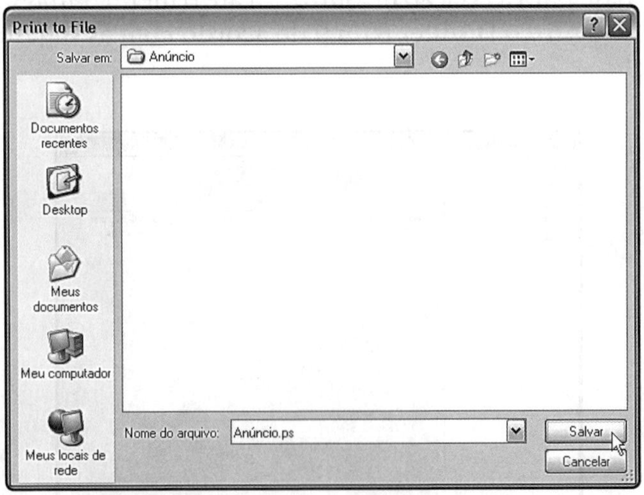

2ª Etapa - Configuração do Distiller de acordo com as preferências do prestador de serviços gráficos

ATENÇÃO

Lembre-se de que os passos descritos a seguir são sugestões desenvolvidas a partir de uma pesquisa feita pelo autor deste livro com vários prestadores de serviços gráficos brasileiros e que se propõem a servir a maior quantidade possível dos equipamentos de pré-impressão disponíveis no Brasil.

1. Abra o Acrobat Distiller.

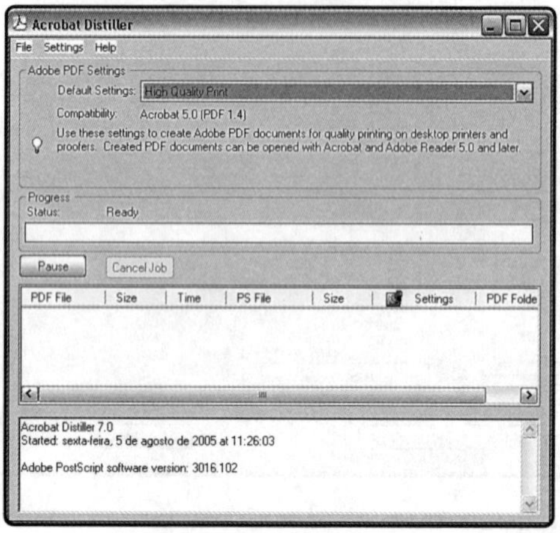

Distiller 8 e 9

2. Escolha um PDF Settings entre as opções que acompanham o aplicativo, que servirá de base para a criação de outro. Vá até o menu *Settings/**Edit Adobe PDF Settings***. Configure o Distiller 8 ou 9 de acordo com as sugestões do autor.

Aba General

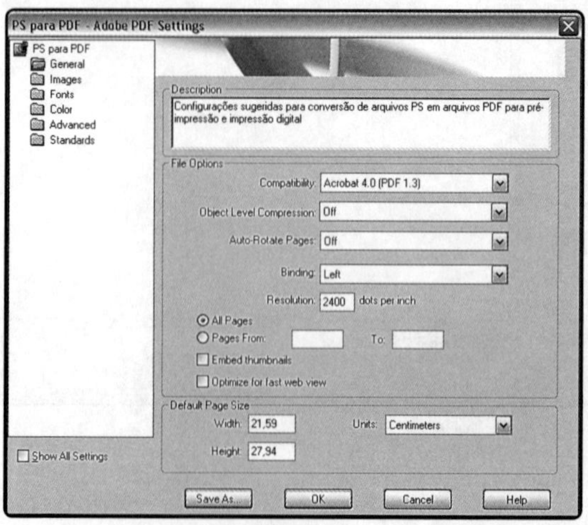

Distiller 8 e 9

Aba Images

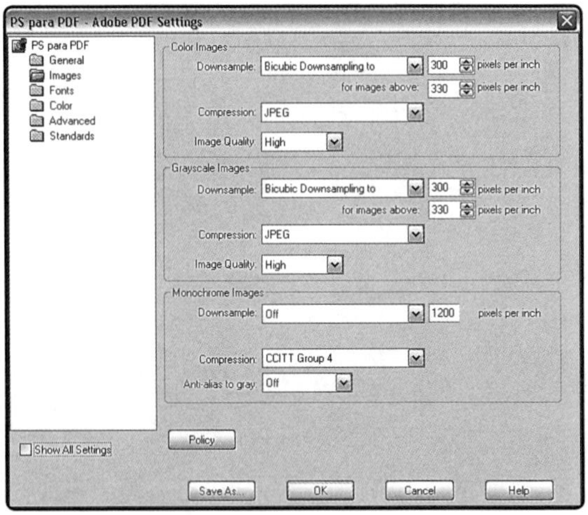

Distiller 8 e 9

Aba Fonts

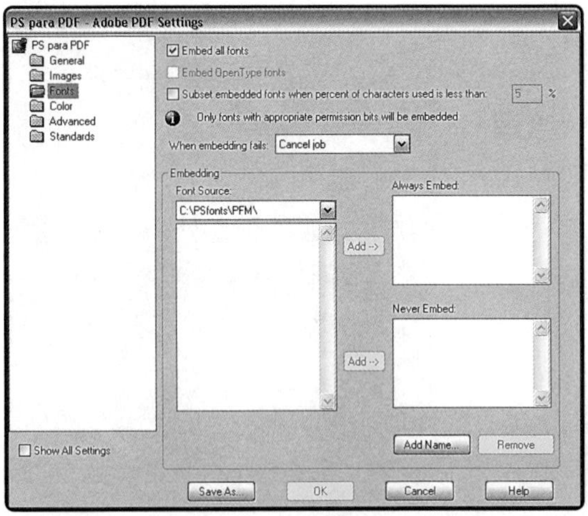

Distiller 8 e 9

Aba Color

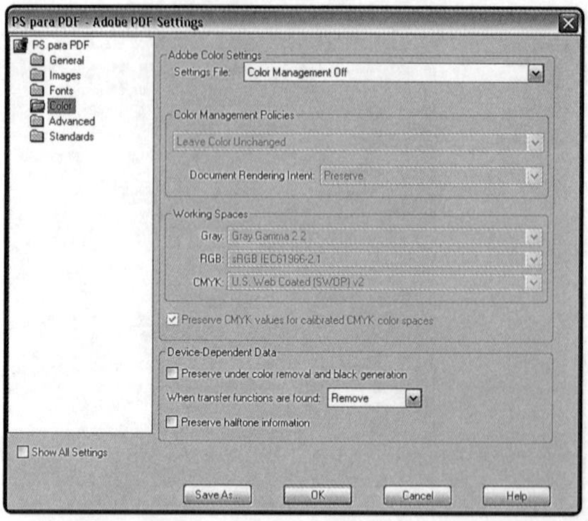

Distiller 8 e 9

Aba Advanced

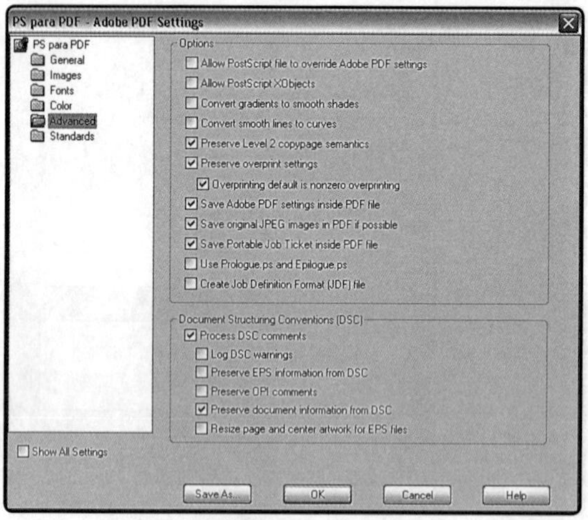

Distiller 8 e 9

Aba PDF/X ou Standards

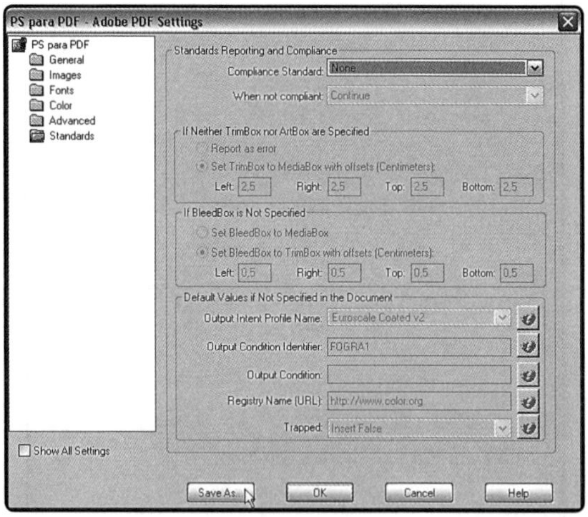

Distiller 8 e 9

3. Pressione o botão **Save As** para gravar esse PDF Settings.

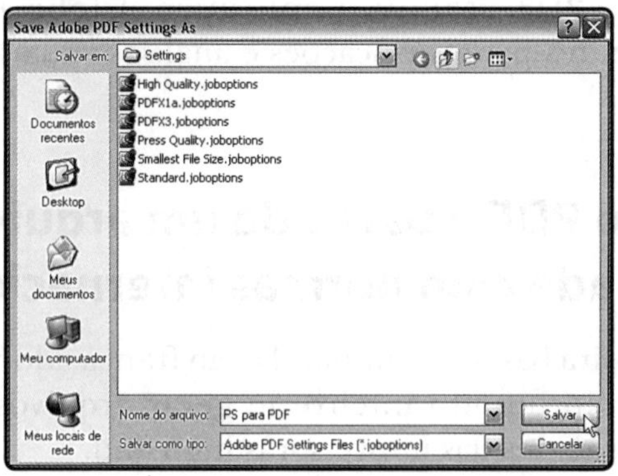

Se o seu prestador de serviços gráficos lhe fornecer o arquivo do PDF Settings já configurado, basta arrastar o arquivo para cima da interface do Distiller para que ele seja instalado.

3ª Etapa - Conversão do arquivo PostScript em um PDF

O Acrobat Distiller, depois de configurado e com o PDF Settings definido, vai converter o arquivo PostScript num PDF.

1. Abra o Acrobat Distiller.
2. Arraste o arquivo PostScript para cima da interface do Distiller.
3. Aguarde até que o processo de conversão tenha sido finalizado.

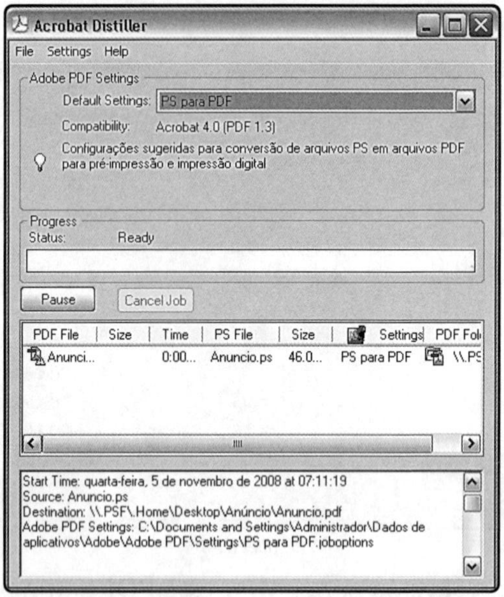

4. Abra o arquivo PDF usando o aplicativo Adobe Reader ou Acrobat (preferencialmente) para verificações e análises visuais e/ou eletrônicas de preflight.

Geração de um PDF a partir de um arquivo PostScript em conformidade com normas internacionais PDF/X

Trata-se de uma maneira bastante confiável e em franca adoção pelos prestadores de serviços gráficos no mundo inteiro de gerar arquivos PDF que atendam plenamente às necessidades das impressoras high-end.

Basicamente, com algumas poucas diferenças, trata-se dos mesmos procedimentos usados para gerar um PDF específico para uma gráfica com a vantagem de que é possível deixar a decisão para mais tarde, já que esse arquivo PDF é "genérico" e pode ser enviado e aproveitado por mais gráficas do que aquele criado especificamente para uma gráfica.

Evidentemente estamos falando de empresas que aceitam e estão aptas (equipadas) a receber arquivos PDF "genéricos" (PDF/X) para pré-impressão e impressão digital.

Problemas para a área gráfica

Dada a sua versatilidade de uso, o PDF tem capacidade de incorporar elementos multimídia (sons, filmes, animações etc.), funções de formulários (menus automáticos, campos para preenchimento etc.), recursos de Internet e bancos de dados (hiperlinks e catalogação automática), sem contar anotações e comentários de revisão.

Todos esses recursos são desnecessários em um PDF destinado à impressão e podem causar erros no processamento dos arquivos.

PDF ou PDF/X? Por que e qual a diferença entre eles?

Existem poucas formas de gerar PDFs confiáveis para a área gráfica. A mais usada em todo mundo é gerar um arquivo fechado (arquivo PostScript) e convertê-lo num PDF usando o Acrobat Distiller ou um utilitário similar.

Mesmo nesse caso, as variações de equipamentos (drivers e PPDs de impressoras) e as combinações de opções usadas são inúmeras. Um PDF que funciona perfeitamente numa gráfica raramente obtém pleno êxito em outra.

Com o objetivo de definir alguns padrões de construção e geração de arquivos PDF para a indústria gráfica, associações internacionais gráficas e organismos de normalização desenvolveram normas restritivas, específicas para uso gráfico: as normas PDF/X.

Graças à diversidade dos requisitos dos vários segmentos gráficos e à evolução contínua dos sistemas, foram desenvolvidos alguns conjuntos de normas (subsets) que são constantemente revistos e atualizados.

O objetivo é criar arquivos mais genéricos, seguros, confiáveis e de interpretação mais previsível pelos RIPs, independente do prestador de serviços gráficos, suas preferências e até mesmo da sua localização geográfica no globo terrestre.

O "X" vem da palavra "exchange" que em inglês significa troca. Basta que o sistema de fluxo de trabalho gráfico tenha a capacidade de reconhecer um PDF como formato válido de impressão (geralmente somente RIPs de PostScript nível 3 fabricados a partir de 1999/2000) para que ele possa processar um PDF/X.

A seguir definiremos os principais "sabores" do PDF/X e suas características.

PDF/X-1a

O subset PDF/X-1a é um padrão internacional, normalizado pela ISO (Organização Internacional de Normalização) e vem sendo o mais adotado no Brasil pelos segmentos gráficos editorial e promocional a exemplo de grandes grupos editoriais e gráficos nos EUA e outros centros gráficos na América Latina, Central e Europa.

Ele nasceu da norma ISO 15930 e teve, até a data de publicação deste livro, duas atualizações: 15930-1:2001 (PDF/X-1a:2001) e 15930-4:2003 (PDF/X-1a:2003).

As normas PDF/X-1a são as mais restritivas em relação ao conteúdo e à criação. Elas garantem um intercâmbio de arquivos conhecido como "duplo-cego" em que o designer não precisa obter nenhuma informação sobre o sistema de trabalho do fornecedor destinatário (birô de serviços, gráfica, editora), e este também não necessita de informações adicionais sobre o processo de geração do arquivo PDF/X-1a feito pelo designer.

As principais regras e características dos arquivos PDF compatíveis com a norma PDF/X-1a são:

- Somente cores nos espaços de cor CMYK e especiais (desde que claramente definidas) são permitidas.

ATENÇÃO

Cores especiais claramente definidas são aquelas escolhidas nas bibliotecas de cores Spot dos aplicativos. Por exemplo, Pantone 222 C. É possível criar uma cor especial a partir de uma combinação qualquer de CMYK ou RGB e defini-la como especial (cor que não será separada) e isso não é permitido no PDF/X.

Essas cores especiais devem ter o Alternate Color (espaço de cor alternativo) definido em CMYK.

- Os arquivos devem estar com as cores compostas (*Composite*).
- A versão ou engine do PDF deve ser 1.3 (compatível com o Acrobat 4) no caso de PDF/X-1a:2001 e 1.4 (compatível com o Acrobat 5) no caso de PDF/X-1a:2003.
- Os arquivos devem ser completos, portanto não é permitido o uso de imagens em regime OPI e as fontes devem ser embutidas.
- Não é permitido o uso de recursos de gerenciamento de cores, mas o perfil de saída deve ser definido (apesar de ser opcionalmente utilizado pela gráfica ou birô).
- Os ajustes de trapping têm de estar presentes (*True*) ou ausentes (*False*), mas nunca indefinidos (*Undefined*).

PDF/X-3

Já o subset PDF/X-3 tem a mesma finalidade de confiabilidade, mas é mais permissivo, principalmente em relação aos espaços de cor.

É o padrão mais utilizado na Europa, sobretudo no mercado de embalagens, mas vem conquistando espaço nos segmentos editoriais e promocionais graças à possibilidade de trabalhar com gerenciamento de cores.

As principais regras e características dos arquivos PDF compatíveis com a norma PDF/X-3 são:

- Praticamente todos os espaços de cor são permitidos: CMYK, RGB, especiais e Lab.
- Os arquivos devem estar com as cores compostas (*Composite*).
- A versão ou engine do PDF deve ser 1.3 (compatível com o Acrobat 4) no caso de PDF/X-3:2002 e 1.4 (compatível com o Acrobat 5) no caso de PDF/X-3:2003.
- Os arquivos devem ser completos, portanto não é permitido o uso de imagens em regime OPI e as fontes devem ser integralmente embutidas.
- É permitido o uso de gerenciamento de cores.
- Os ajustes de trapping têm de estar presentes (*True*) ou ausentes (*False*), mas nunca indefinidos (*Undefined*).

PDF/X-4

O subset PDF/X-4 pode ser considerado uma evolução do PDF/X-4 e foi aprovado em 2008.

A principal característica da norma PDF/X-4 é que a versão ou engine do PDF deve ser 1.6 (compatível com o Acrobat 7).

ATENÇÃO

Esse PDF suporta (e a norma permite) a inclusão de elementos dispostos em camadas diferentes e as áreas de transparência não precisam mais ser rasterizadas durante a geração do arquivo PostScript ou exportação direta em PDF.

CUIDADO

Todo arquivo PDF/X-1a é um PDF/X-3 e PDF/X-4, mas o contrário não é verdadeiro.

Todo arquivo PDF/X-3 é um PDF/X-4, mas o contrário não é verdadeiro.

Utilizaremos a norma PDF/X-1a para exemplificar a criação de arquivos de acordo com as normas PDF/X, por ela ser a mais restritiva.

Caso queira produzir arquivos de acordo com as normas PDF/X-3 e PDF/X-4, basta seguir/permitir as características que os diferem entre si.

O procedimento é dividido em três etapas:

- Geração do arquivo PostScript de acordo com as normas PDF/X-1a;
- Configuração do Distiller de acordo com as normas PDF/X-1a;
- Conversão do arquivo PostScript num arquivo PDF.

ATENÇÃO

Partimos do pressuposto de que você já instalou uma impressora virtual genérica no seu sistema. Caso ainda não o tenha feito, siga os passos do capítulo "Impressoras" e use um PPD genérico como o do Distiller 5 (pode ser obtido no web site da Adobe - www.adobe.com).

1ª Etapa - Geração do arquivo PostScript

Para que possam ser adequadamente convertidos em PDF/X-1a, os arquivos PostScript necessariamente devem possuir algumas características particulares e atender a algumas especificações.

ATENÇÃO

As informações a seguir são sugestões dos membros da comissão de estudos de pré-impressão da ABTG (Associação Brasileira de Tecnologia Gráfica) da qual o autor do livro faz parte.

Eventualmente, alguns valores podem ser modificados conforme instruções específicas do prestador de serviços gráficos, editora etc.

Características que os arquivos PostScript devem ter

- Cores compostas.
- Devem ser criados usando a descrição de impressora (PPD) do "Acrobat Distiller 5", ou outro PPD genérico (não vinculado a nenhum dispositivo específico).
- Documentos com mais de uma página podem ser salvos em arquivos separados para cada página ou em um único arquivo PostScript, com as múltiplas páginas incluídas na seqüência direta da numeração. No segundo caso, as páginas em branco (*blank pages*) devem ser colocadas no documento de paginação da obra e incluídas no arquivo PostScript.
- Todos os elementos das páginas (inclusive imagens e ilustrações) devem utilizar somente cores CMYK, grayscale ou cores Spot (cores especiais) desde que claramente definidas e com espaço de cor alternativo CMYK.
- As marcas de corte (*Crop marks* ou *Trim marks*) devem necessariamente ser incorporadas ao PostScript. Em aplicativos que oferecem opção de personalização das marcas, elas devem estar posicionadas a, no mínimo, *10 pontos tipográficos* (*3,5 mm*) da borda do documento.

- O formato do papel (*Paper size* ou *Media size*) definido na saída do PostScript deve ser, no mínimo, 1 polegada (2,54 cm) maior que o tamanho de corte do documento nas duas dimensões, a fim de abrir espaço para as marcas de corte e informações de página. Por exemplo, documentos 21 X 28 cm podem ser fechados num formato 23,54 X 30,54 cm ou maiores. O documento e as marcas de corte devem estar centralizados no papel (horizontal e verticalmente).
- Elementos gráficos posicionados nas bordas do documento devem possuir sangria (*bleed*) de, no mínimo, 3 mm além da linha de corte. Nos aplicativos em que a extensão da sangria precisa ser definida no fechamento do arquivo, ela deve ser acertada para 3 mm ou maior.
- Os documentos devem ser fechados com marcas de corte completas nos quatro cantos (sem o uso de páginas faceadas (*Spreads*)).
- Todas as fontes tipográficas utilizadas no documento - preferencialmente do padrão PostScript Tipo 1 - devem ser incorporadas ao arquivo PostScript.

ATENÇÃO

Os ajustes de encaixe entre as tintas (trapping) definidos nos aplicativos de paginação são desconsiderados na geração do PDF do tipo composto (composite), e sua aplicação passa a ser de responsabilidade do fornecedor. No entanto, as informações de sobreposição de cor (overprint) são preservadas e devem ser especificadas pelo criador do arquivo.

Características que os arquivos PostScript não podem ter

- Cores pré-separadas.
- Descrições de impressora (PPD) de dispositivos específicos (imagesetters, platesetters, impressoras digitais ou seus respectivos RIPs).
- Elementos com cores RGB, CIE-Lab ou cores indexadas (*indexed colors*), como as encontradas em imagens no formato GIF. Essas imagens devem ser convertidas no espaço CMYK antes do fechamento.
- Imagens pré-separadas, salvas no formato EPS DCS 1 ou DCS2.
- Imagens de baixa resolução para posterior substituição em sistemas de OPI.
- Perfis de cor (*ICC Profiles*) incorporados. Tanto as imagens CMYK incluídas no documento como o próprio arquivo PostScript não devem possuir perfis incorporados (*Embedded*).
- Divisão de páginas em múltiplas folhas de papel. A opção de uso de ladrilhos (*Tiling*) deve ser desabilitada no fechamento.
- Páginas posicionadas lado a lado (*Facing pages*) unidas numa única folha (*Spread*).

- Marcas de sangria (*Bleed marks*) junto das marcas de corte. Nos aplicativos que oferecem essa opção na geração do arquivo PostScript, as marcas de sangria não devem ser incorporadas, pois podem prejudicar a imposição eletrônica.
- Fontes tipográficas padrão PostScript do Tipo 3, mesmo que possam ser incorporadas ao PostScript.

Este passo-a-passo é baseado no InDesign CS4 rodando sobre o Windows XP. Se você usa outros aplicativos, versões ou sistemas operacionais diferentes, basta recorrer aos capítulos de geração de arquivos PostScript.

1. Escolha o comando ***Print*** do menu *File*.
2. Nas opções **General**, no campo **Printer**, selecione a impressora virtual genérica que foi instalada e no campo **Pages** selecione as páginas que devem ser incluídas no arquivo PostScript.

   Caso você tenha atribuído a alguns elementos das páginas a opção **Nonprinting** (por meio da paleta Attributes) durante a construção do arquivo e depois não tenha certeza de ter retirado esse atributo, marque a opção **Print Non-printing Objects** e a opção **Print Blank Pages** se desejar ou precisar incluir as páginas vazias no arquivo PostScript.

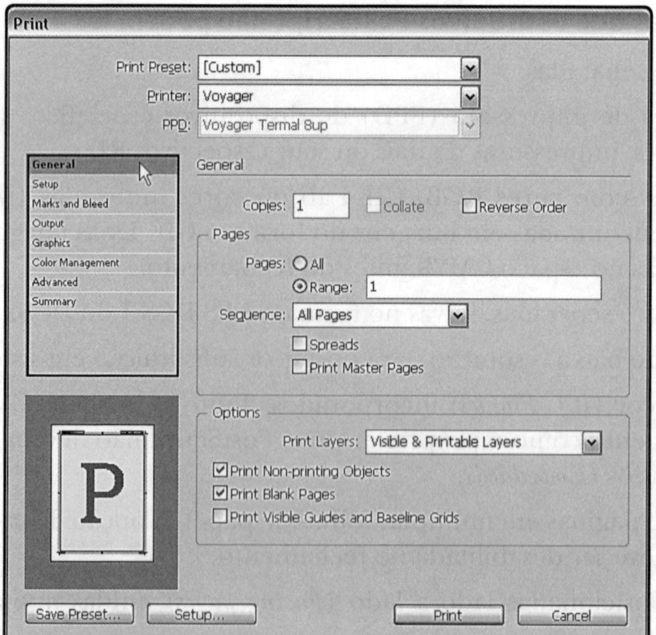

3. Clique na opção **Setup**. No campo **Paper Size** escolha um formato que comporte o documento acrescido de um espaço para as marcas de corte e registro. Note que, se o formato do seu documento for padrão (A4, Letter etc.), a maioria dos drivers de impressão disponibiliza formatos prontos (*A4 Extra, Letter Extra* etc.).

   Caso se trate de um formato personalizado, como é o caso deste anúncio, digite nos campos **Width** e **Height** valores para largura e altura com aproximadamente *5 cm* (valor usado neste exemplo) acima do formato final do arquivo.

> Em se tratando de fotolitos não imposicionados, por uma questão de economia na metragem, confirme com seu prestador de serviços gráficos a possibilidade do uso da opção **Transverse**, a fim de que documentos portrait sejam impressos em landscape e vice-versa. Às vezes, o próprio prestador de serviços gráficos prefere fazer os ajustes, ou até o RIP da imagesetter se encarrega disso.

   Confirme se o valor 100% está selecionado nos campos **Width** e **Height** e selecione *Centered* no campo **Page Position**.

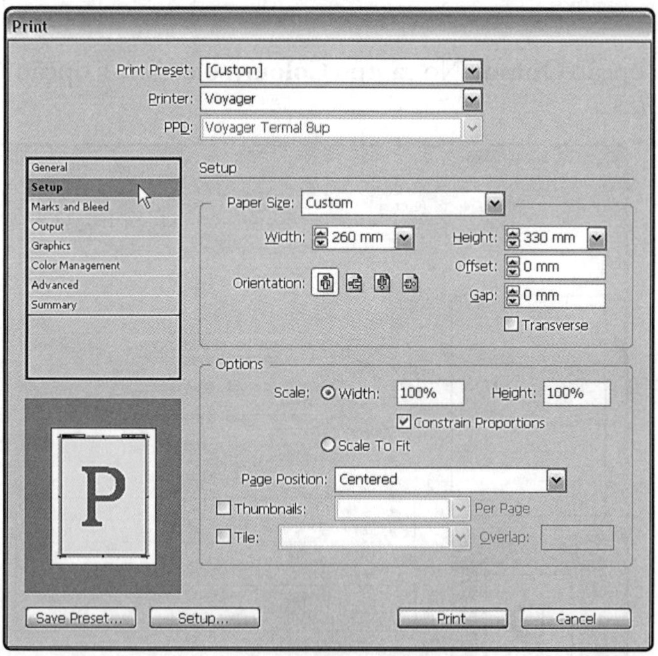

4. Clique na opção **Marks and Bleed**. Marque a opção **All Printer´s Marks**. No campo **Offset**, digite um valor de aproximadamente *3,5 mm* (*10 pt*) para a distância das marcas de corte e registro em relação aos limites da página.

Nos campos **Bleed**, digite um valor de sangria entre 3 e 5 mm para os campos **Top** (superior), **Bottom** (inferior), **Left** (esquerdo) e **Right** (direito).

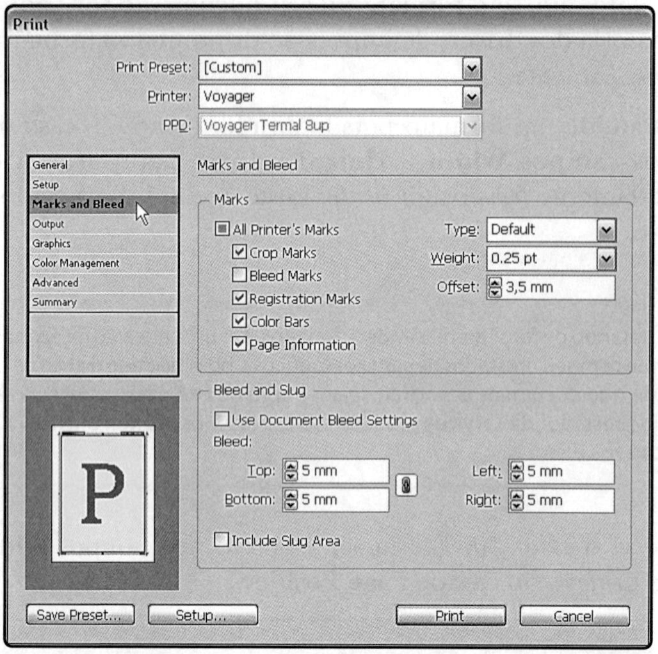

5. Clique na opção **Output**. No campo **Colour**, selecione a opção *Composite Leave Unchanged.*

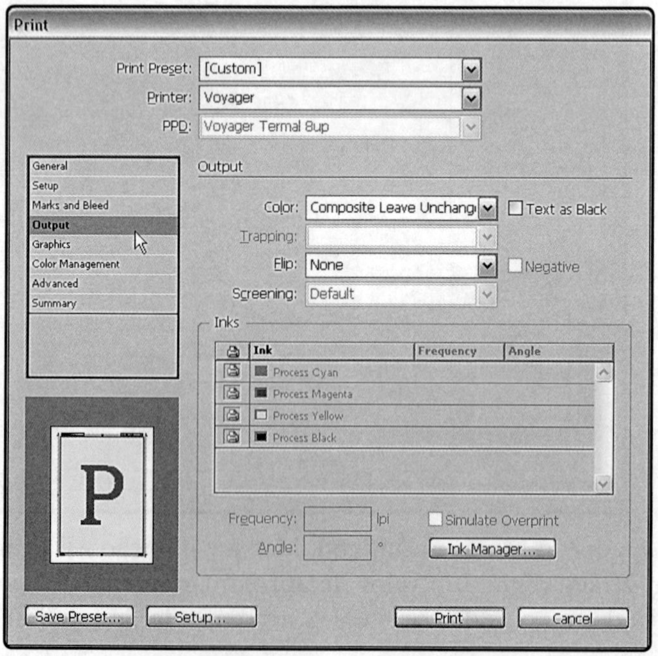

6. Clique na opção **Graphics**. Na área **Images**, no campo **Send Data**, escolha a opção *All* a fim de que os dados das imagens e ilustrações sejam enviados, priorizando sua qualidade já definida.

   Na área Font, no campo **Download**, escolha as opções *Complete* e **Download PPD Fonts** para assegurar que todos os arquivos das fontes utilizadas nesse documento sejam enviados dentro do arquivo PostScript.

   Escolha a opção *Level 3* no campo **PostScript** e *ASCII* ou *Binary* no campo **Data Format**.

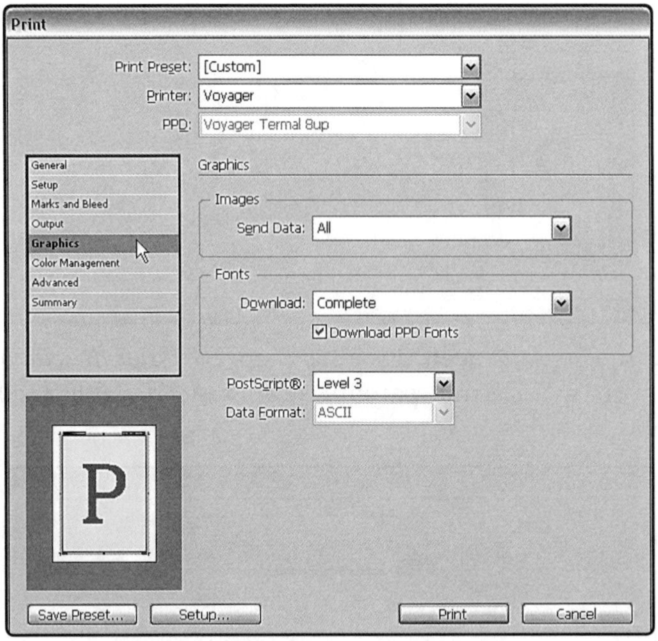

7. Clique na opção **Colour Management**. Escolha a opção *No Colour Management* ou outra opção, caso esteja trabalhando num ambiente com um sistema de gerenciamento de cor implantado.

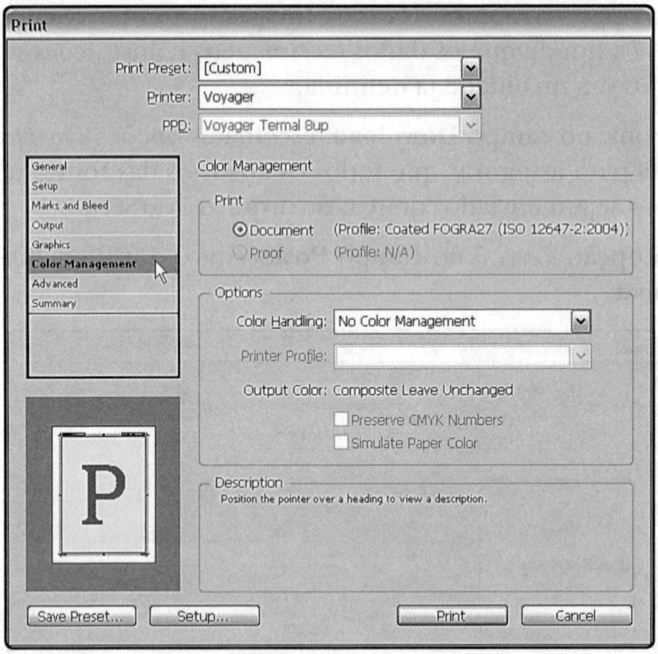

8. Clique na opção **Advanced**. Escolha a opção *[High Resolution]* no campo **Preset** para que as áreas transparentes sejam rasterizadas na melhor qualidade disponível.

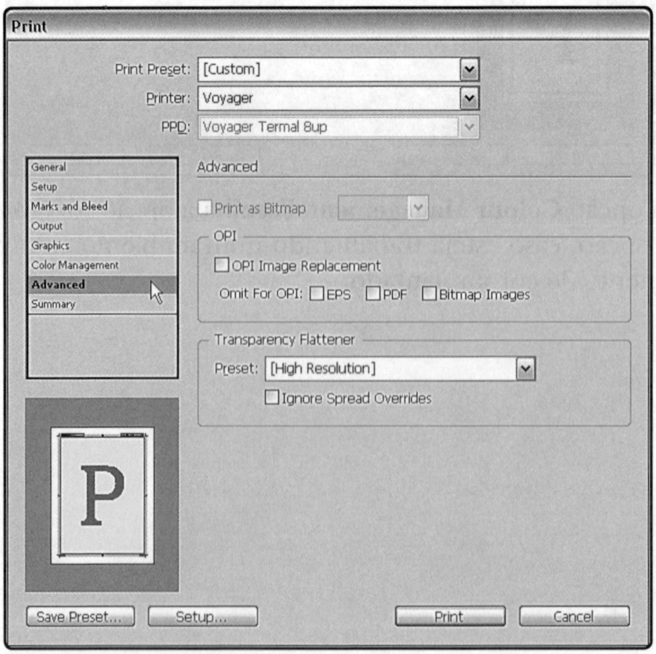

9. Clique na opção **Summary**. Revise de forma criteriosa as opções marcadas ou não nesse resumo. Pressione o botão **Print**.

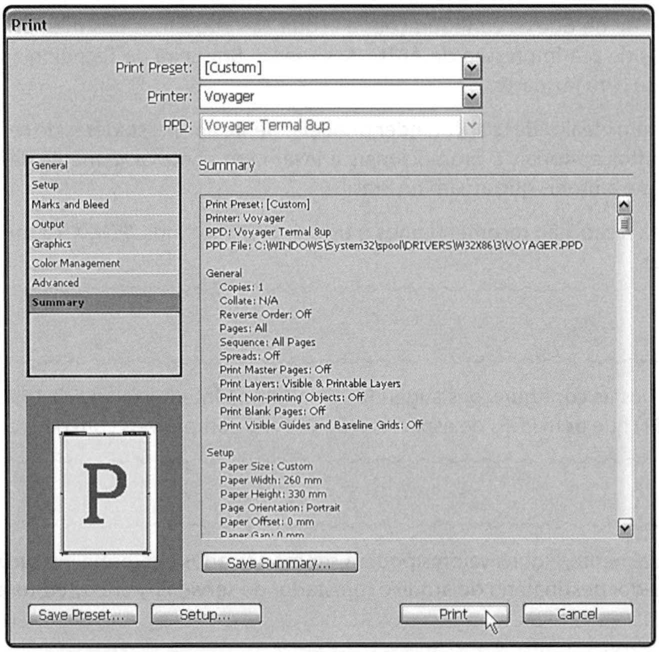

10. No quadro de diálogo que se abrirá, vá para um diretório/folder de sua preferência e digite o nome para seu arquivo PostScript. Se o InDesign não o fizer, adicione a extensão ".ps" e pressione o botão **Salvar**.

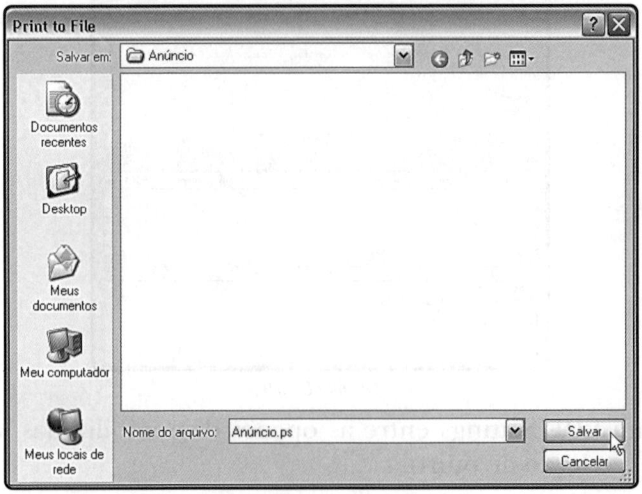

2ª Etapa - Configuração do Distiller de acordo com as normas PDF/X-1a

ATENÇÃO

Lembre-se de que as configurações a seguir são sugestões dos membros da comissão de estudos de pré-impressão da ABTG (Associação Brasileira de Tecnologia Gráfica) da qual o autor do livro faz parte.

Elas foram idealizadas para atender principalmente aos prestadores de serviços gráficos dos segmentos editoriais e promocionais e levam em conta uma média das preferências das gráficas e editoras que atuam no Brasil.

Por esta razão, não recomendamos o uso dos PDF Settings *"PDF/X-1a"* que acompanham o Distiller.

ATENÇÃO

Usaremos as configurações sugeridas pela norma internacional ISO 15930-1:2001 (PDF/X-1a:2001) que gera PDFs de especificação PDF 1.3 compatíveis com o Acrobat 4.

ATENÇÃO

Eventualmente, alguns valores podem ser modificados conforme instruções específicas do fornecedor destinatário do arquivo (prestador de serviços gráficos, editora etc.).

1. Abra o Acrobat Distiller.

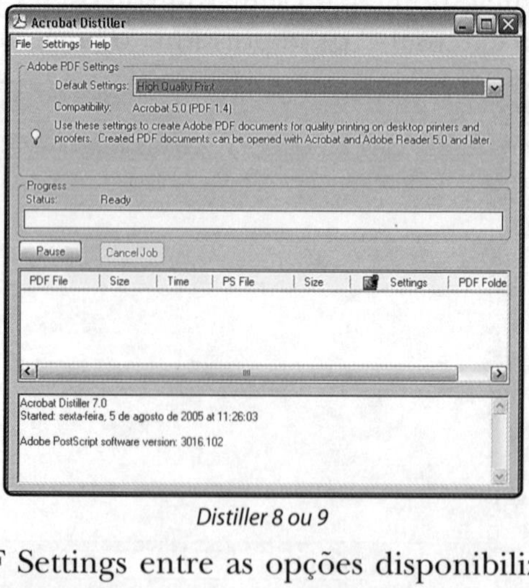

Distiller 8 ou 9

2. Escolha um PDF Settings entre as opções disponibilizadas, que servirá de base para a criação de outro.

3. Vá até o menu *Settings/**Edit Adobe PDF Settings***. Configure o Distiller 8 ou 9 de acordo com as sugestões do autor.

Aba General

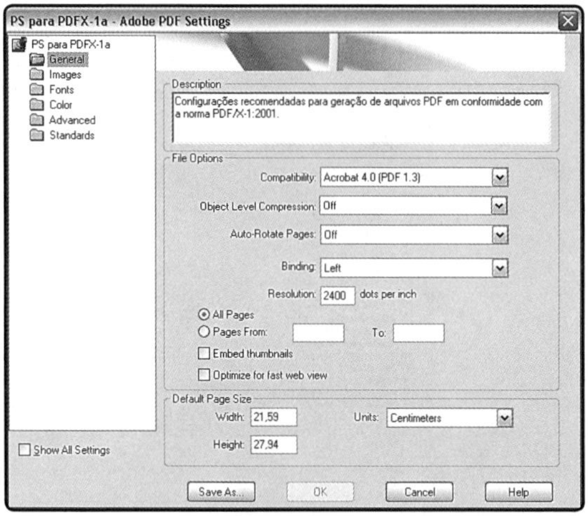

Distiller 8 ou 9

Aba Images

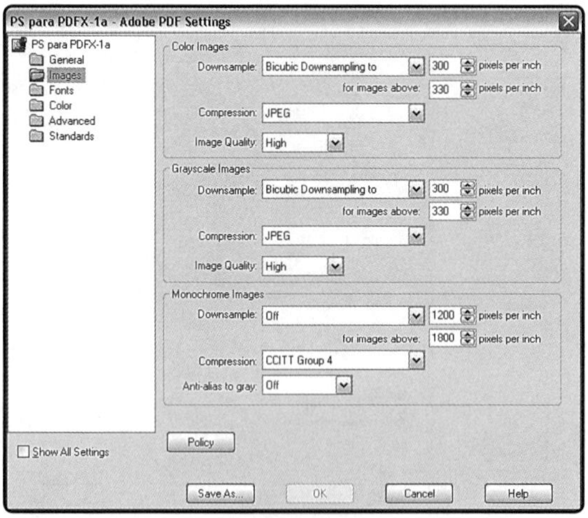

Distiller 8 ou 9

Aba Fonts

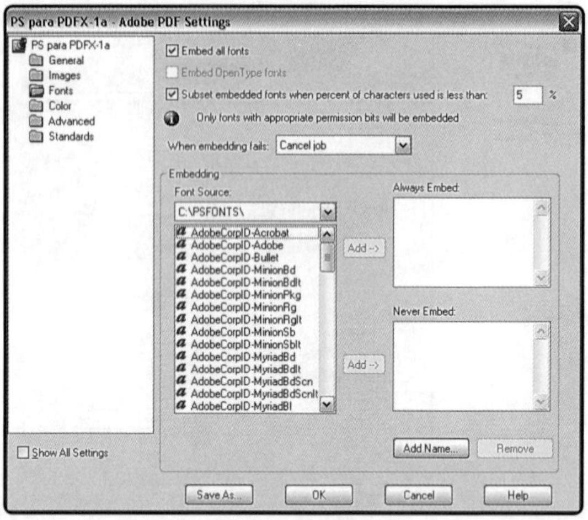

Distiller 8 ou 9

Aba Color

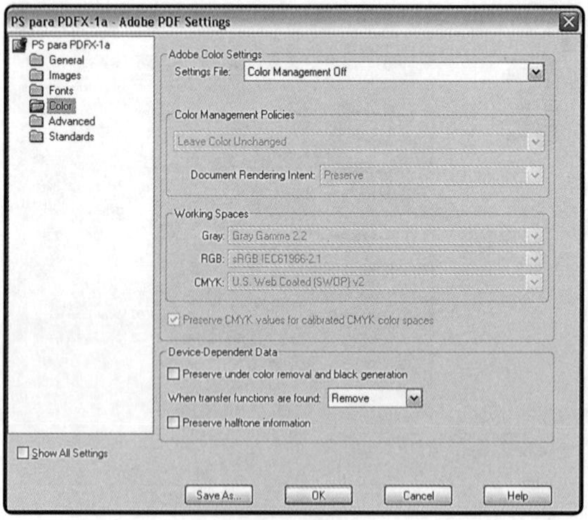

Distiller 8 ou 9

Aba Advanced

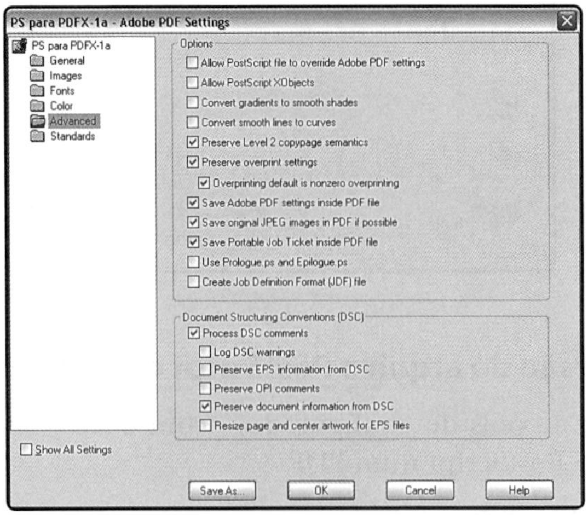

Distiller 8 ou 9

Aba PDF/X ou Standards

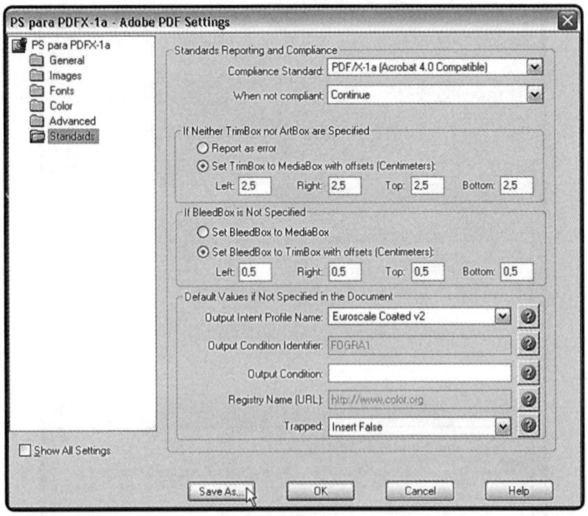

Distiller 8 ou 9

4. Pressione o botão **Save As** para guardar esse PDF Settings.

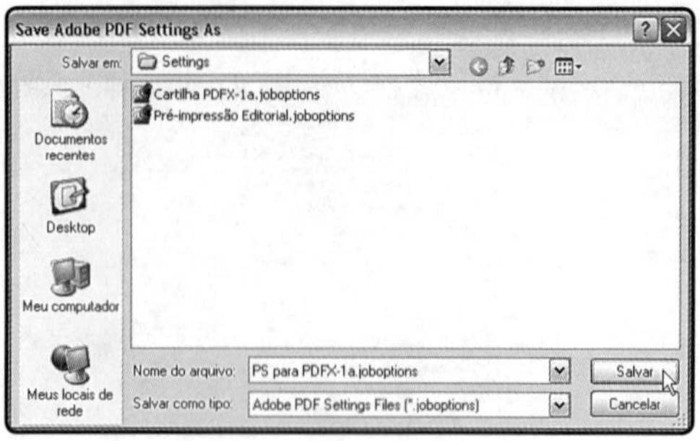

3ª Etapa - Conversão do arquivo PostScript em um PDF/X-1a

O Acrobat Distiller, depois de configurado e com o PDF Settings definido, vai converter o arquivo PostScript num PDF.

1. Abra o Acrobat Distiller.
2. Arraste o arquivo PostScript para cima da interface do Distiller.

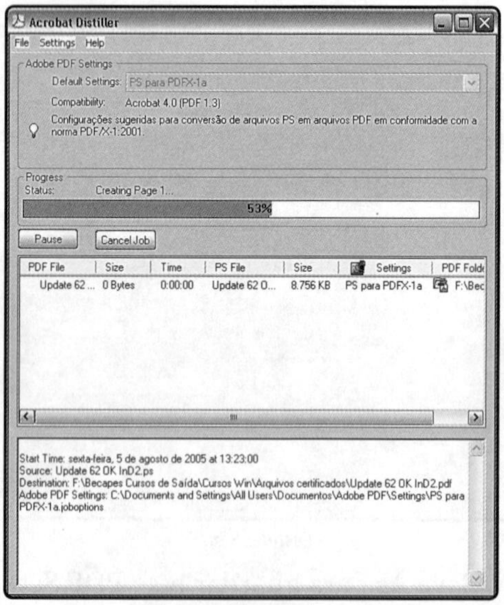

Distiller 8 ou 9

3. Aguarde até que o processo de conversão tenha sido finalizado.

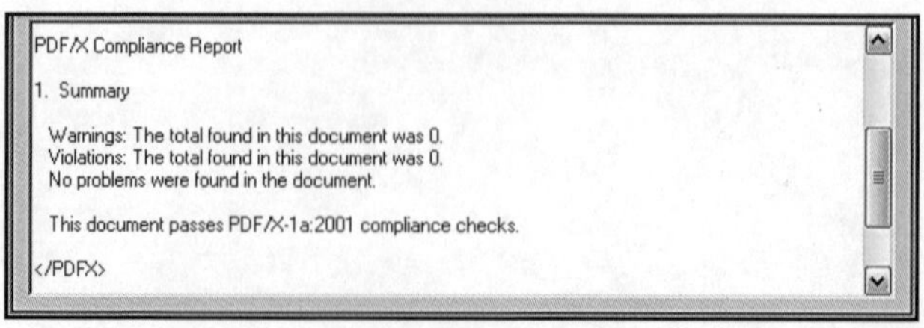

Distiller 8 ou 9

4. Analise as mensagens da parte inferior da interface do Distiller para obter informações sobre a conformidade do PDF gerado em relação à norma PDF/X-1a.

Uso da impressora virtual Adobe PDF

Trata-se de uma boa alternativa aos outros procedimentos, mas ainda é raramente recomendada pelos prestadores de serviços gráficos.

Usando essa impressora que é instalada junto com o pacote Adobe Acrobat, um arquivo PostScript será gerado (um processo transparente para o usuário) e automaticamente convertido pelo Acrobat Distiller (de acordo com o PDF Settings selecionado) num PDF.

Este passo-a-passo é baseado no InDesign CS4 rodando sobre o Windows XP. Se você usa outros aplicativos, versões ou sistemas operacionais diferentes, basta recorrer aos capítulos de geração de arquivos PostScript.

1. Escolha o comando ***Print*** do menu *File*.
2. Nas opções **General**, no campo **Printer**, selecione a impressora *"Adobe PDF"*.
3. Pressione o botão **Setup**.

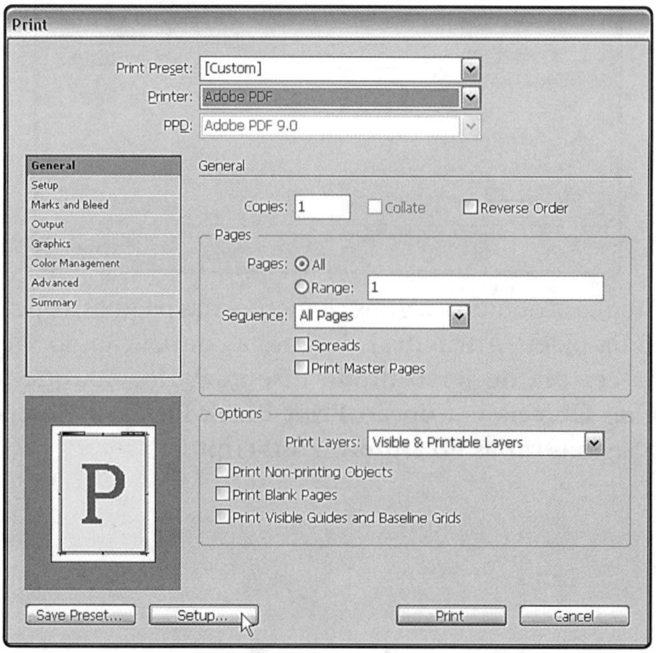

4. Pressione o botão **Preferências**.

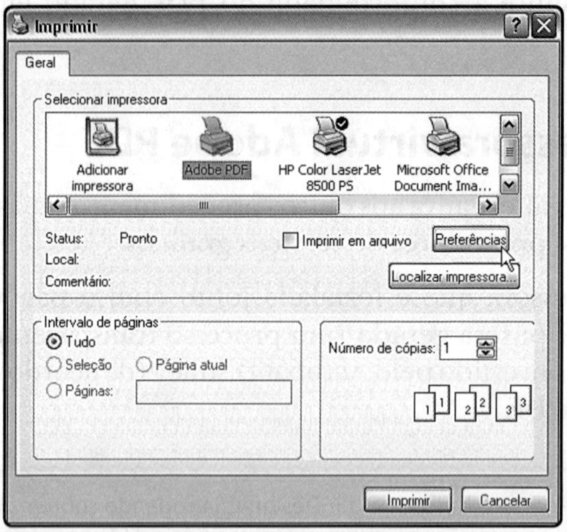

5. No campo **Setup**, escolha um dos PDF Settings que acabamos de configurar.

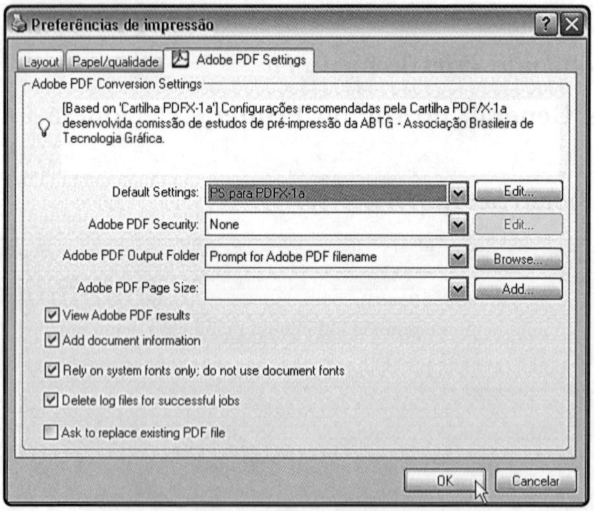

Caso você tenha atribuído a alguns elementos das páginas a opção **Nonprinting** (por meio da paleta Attributes) durante a construção do arquivo e depois não tenha certeza de ter retirado esse atributo, marque a opção **Print Non-printing Objects** e a opção **Print Blank Pages** se desejar ou precisar incluir as páginas vazias no arquivo PostScript.

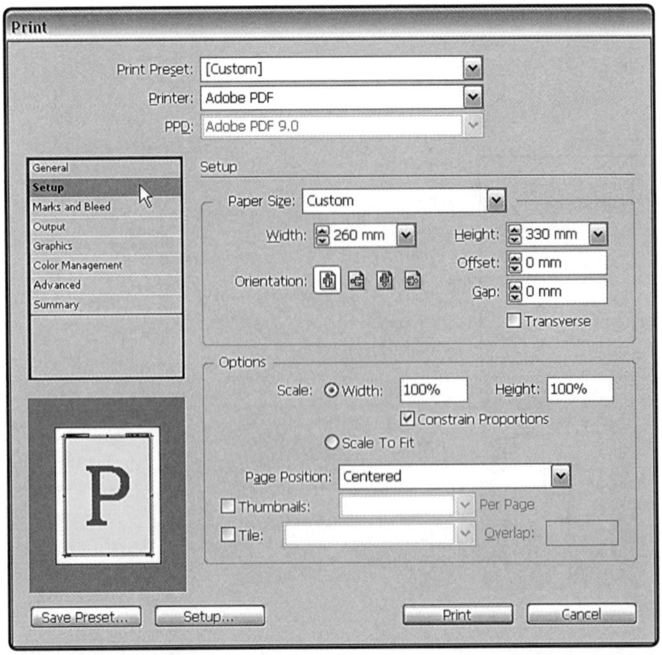

6. Clique na opção **Setup**. No campo **Paper Size** escolha um formato que comporte o documento acrescido de um espaço para as marcas de corte e registro. Note que, se o formato do seu documento for padrão (A4, Letter etc.), a maioria dos drivers de impressão disponibiliza formatos prontos (*A4 Extra, Letter Extra* etc.).

   Caso se trate de um formato personalizado, como é o caso deste anúncio, digite nos campos **Width** e **Height** valores para largura e altura com aproximadamente *5 cm* (valor usado neste exemplo) acima do formato final do arquivo.

   Confirme se o valor 100% está selecionado nos campos **Width** e **Height** e selecione *Centered* no campo **Page Position**.

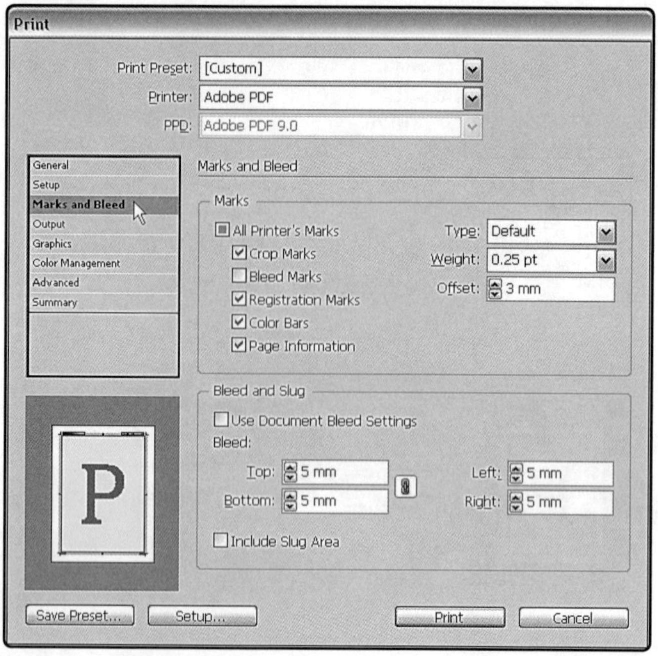

7. Clique na opção **Marks and Bleed**. Marque a opção **All Printer´s Marks**, mas desmarque a opção **Bleed Marks**. No campo **Offset**, digite um valor de aproximadamente *3,5 mm* (*10 pt*) para a distância das marcas de corte e registro em relação aos limites da página.

   Nos campos **Bleed**, digite um valor de sangria entre *3* e *5 mm* para os campos **Top** (superior), **Bottom** (inferior), **Left** (esquerdo) e **Right** (direito).

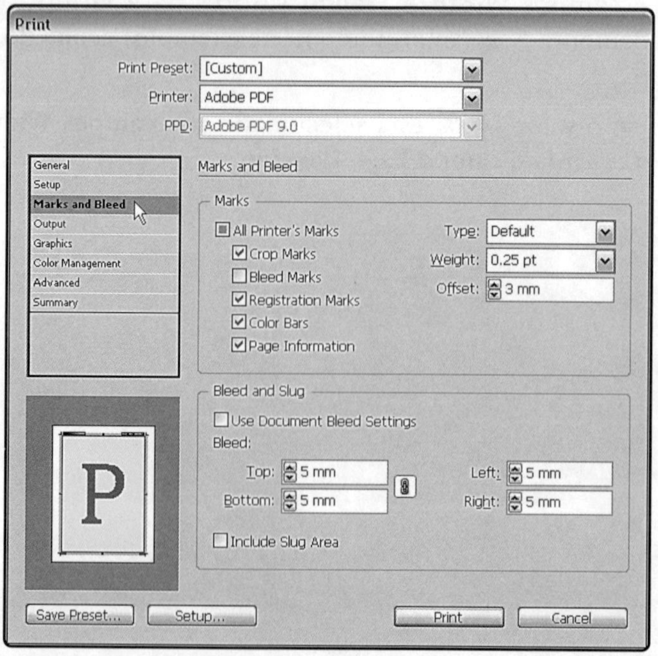

8. Clique na opção **Output**. No campo **Colour**, selecione a opção *Composite Leave Unchanged* ou *Composite CMYK* de acordo com as características do seu arquivo e cores especiais.

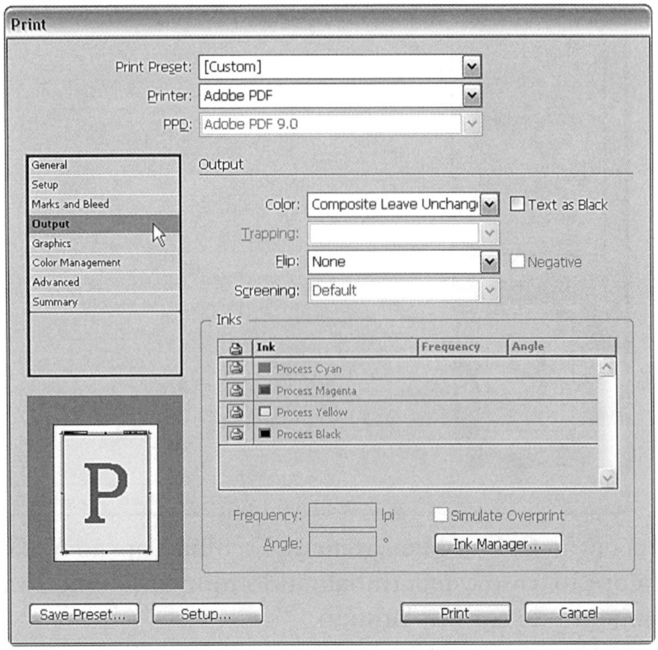

9. Clique na opção **Graphics**. Na área **Images**, no campo **Send Data**, escolha a opção *All* a fim de que os dados das imagens e ilustrações sejam enviados, priorizando sua qualidade já definida.

   Na área **Font**, no campo **Download**, escolha as opções *Complete* e **Download PPD Fonts** para assegurar que todos os arquivos das fontes utilizadas nesse documento sejam enviados dentro do arquivo PostScript.

   Escolha a opção *Level 3* (ou de acordo com o nível de PostScript disponível no seu prestador de serviços gráficos) no campo **PostScript** e *ASCII* ou *Binary* no campo **Data Format**.

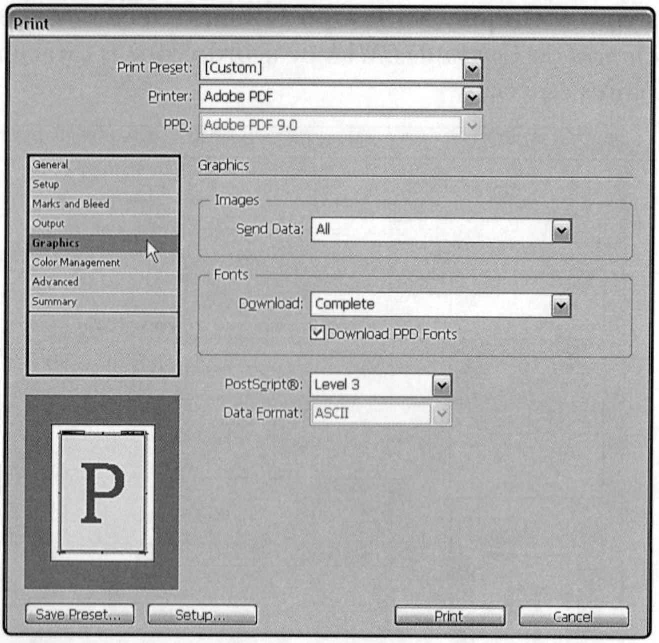

10. Clique na opção **Colour Management**. Escolha a opção *No Colour Management* ou outra opção, caso esteja trabalhando num ambiente com um sistema de gerenciamento de cor implantado.

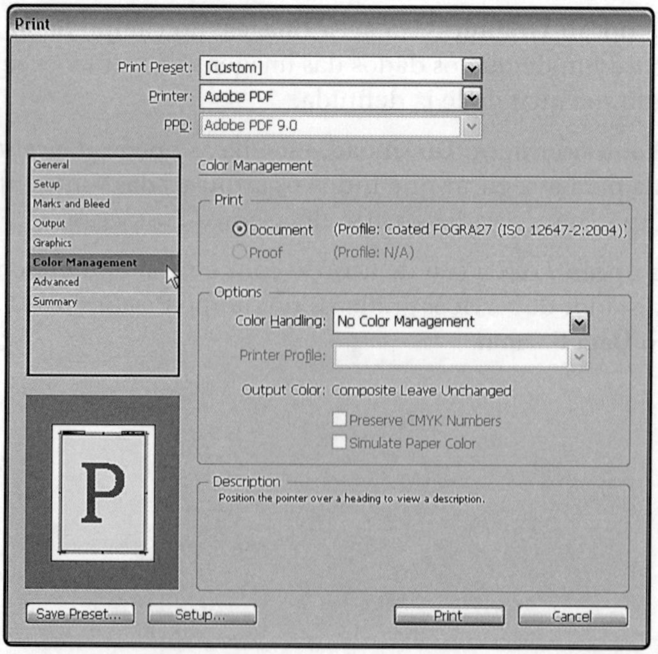

11. Clique na opção **Advanced**. Escolha a opção *[High Resolution]* no campo **Preset** para que as áreas transparentes sejam rasterizadas na melhor qualidade disponível.

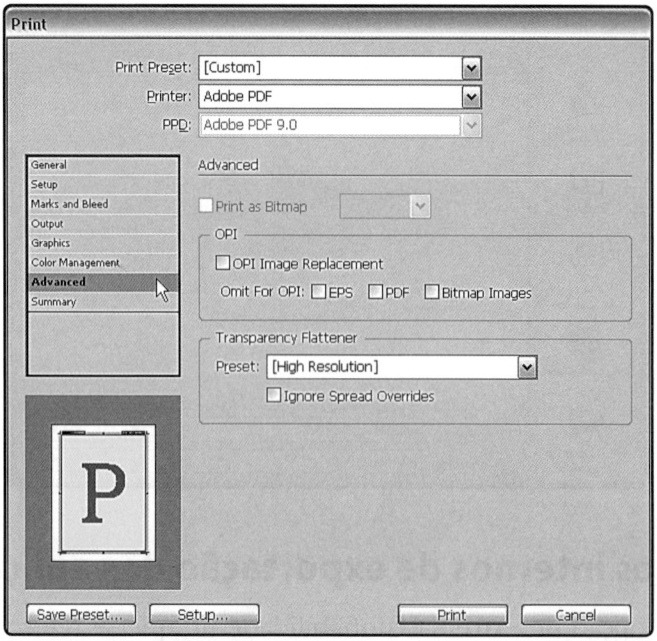

12. Clique na opção **Summary**. Revise de forma criteriosa as opções marcadas ou não nesse resumo. Pressione o botão **Print**.

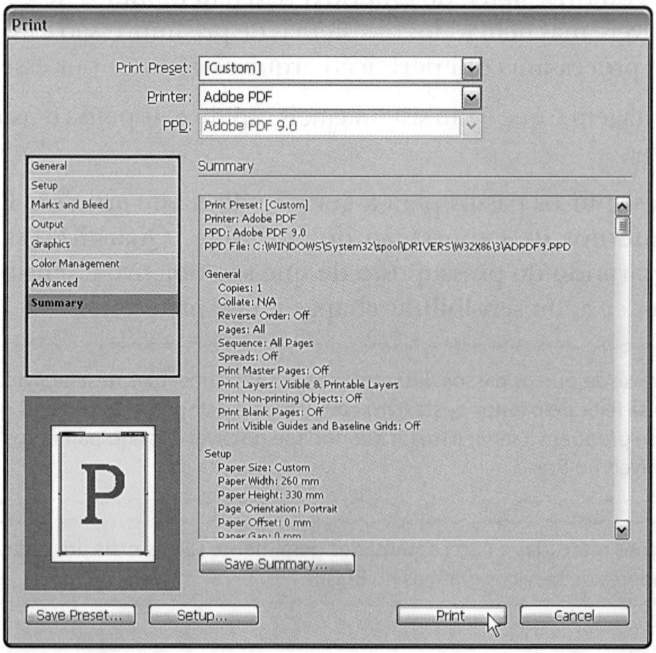

13. No quadro de diálogo que se abrirá, vá para um diretório de sua preferência, digite o nome para seu arquivo PDF e pressione o botão **Salvar**.

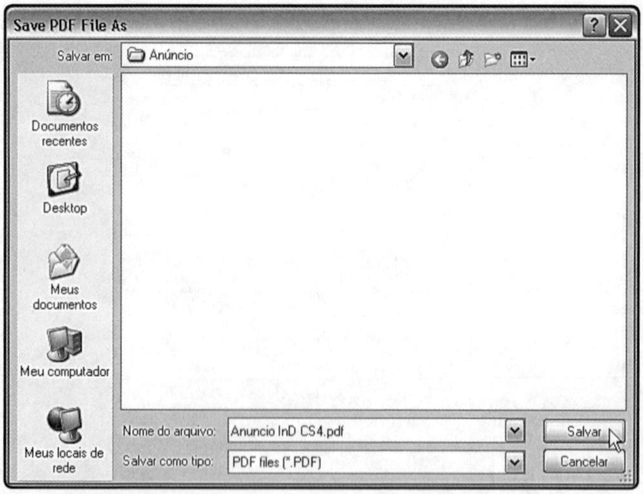

Os recursos internos de exportação dos aplicativos

Já não é uma opção de extrema confiabilidade no que se refere à garantia de processamento dentro das empresas gráficas, pois depende muito do aplicativo e respectiva versão, mas vem conquistando espaço e a preferência dos designers. As últimas versões do InDesign e do QuarkXPress têm módulos de geração de PDFs bastante confiáveis, mas nem todos os sistemas de pré-impressão e impressão digital reconhecem e processam com perfeição arquivos gerados por esse método.

A principal vantagem é que é um sistema mais rápido e dispensa o uso de aplicativos como o Distiller.

Acompanhe a seguir os passos para a geração direta de arquivos PDF utilizando os recursos internos de exportação do InDesign, QuarkXPress, Illustrator e CorelDRAW, partindo do pressuposto de que seu objetivo é sensibilizar fotolitos numa imagesetter e/ou sensibilizar chapas numa platesetter.

Lembre-se de que os passos descritos a seguir são sugestões desenvolvidas a partir de uma pesquisa feita pelo autor deste livro com vários prestadores de serviços gráficos brasileiros e que se propõem a servir a maior quantidade possível dos equipamentos de pré-impressão disponíveis no Brasil.

As opções marcadas e não comentadas geralmente são as mais utilizadas pela maioria dos prestadores de serviços gráficos no Brasil.

Os procedimentos de exportação de arquivos PDF para outras impressoras de finalidade ou tecnologia semelhantes, tais como imposisetters (imagesetters de grande formato) ou impressoras digitais (que imprimem diretamente sobre o papel), têm poucas diferenças com relação aos demonstrados a seguir passo a passo.

ATENÇÃO

Convém confirmar com seu prestador de serviços gráficos eventuais configurações diferentes nos quadros de diálogo.

ATENÇÃO

Os aplicativos usados na geração desses arquivos PostScript estavam rodando sobre o Windows XP e Mac OS 10.5 e os procedimentos são virtualmente idênticos nas duas plataformas.

InDesign CS2, CS3 ou CS4

1. Escolha a opção ***Export*** do menu *File*. No quadro de diálogo que se abrirá, escolha a opção *Adobe PDF* no campo **Salvar como tipo**, vá para um diretório de sua preferência, digite o nome para seu arquivo PDF e pressione o botão **Salvar**.

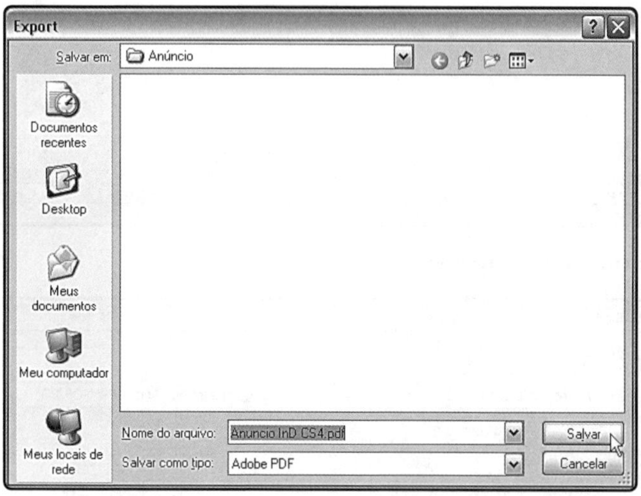

2. No campo **Adobe PDF Preset**, selecione um dos PDF Settings que acabamos de configurar. Nos campos **Standard** e **Compatibility**, respectivamente, escolha opcionalmente a norma e a versão do PDF que deseja gerar. No campo **Pages** selecione as páginas que devem ser incluídas no arquivo PDF.

   Caso você tenha atribuído a alguns elementos das páginas a opção **Nonprinting** (por meio da paleta Attributes) durante a construção do arquivo e depois não tenha certeza de ter retirado esse atributo, marque a opção **Non-Printing Objects**.

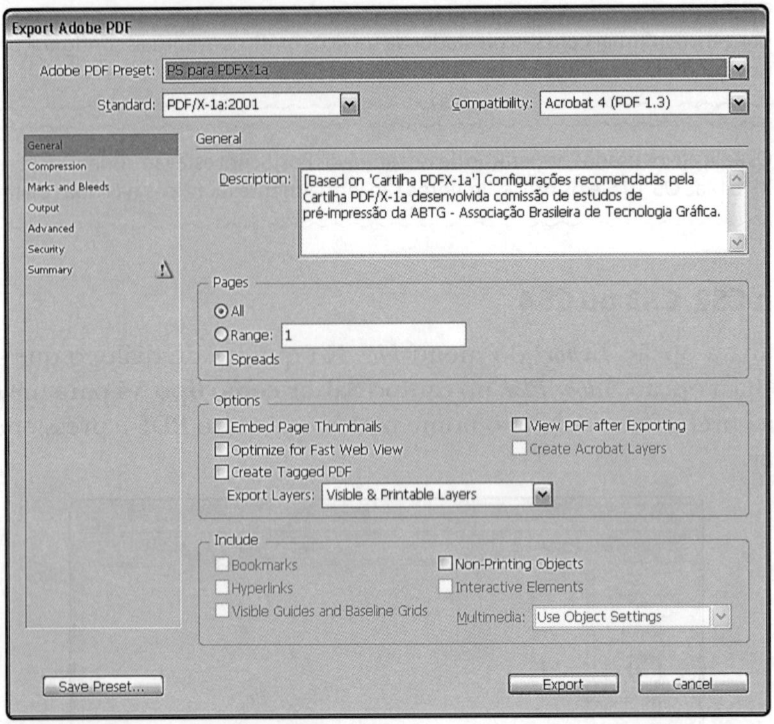

3. Clique na opção **Compression**.

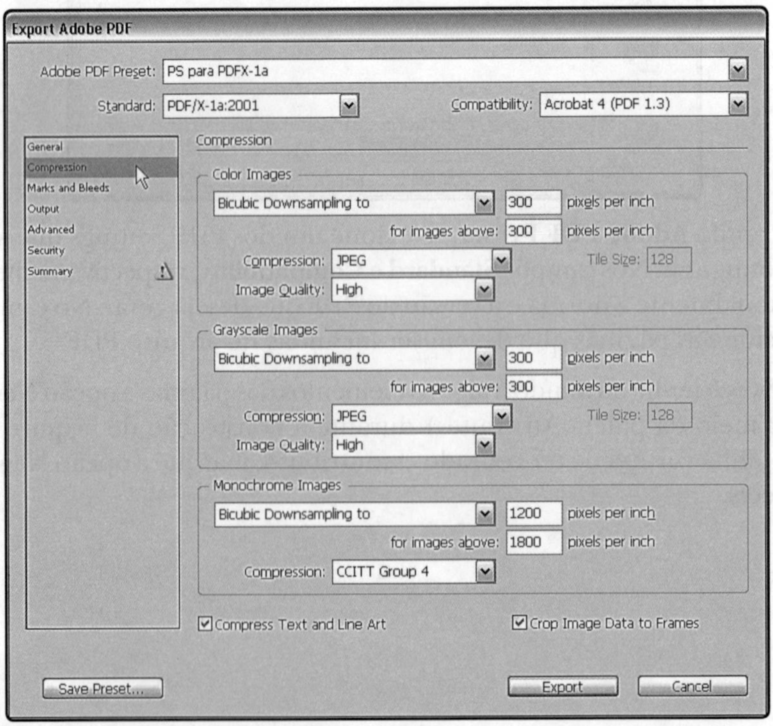

4. Clique na opção **Marks and Bleeds**. Marque a opção **All Printer´s Marks**, mas desmarque a opção **Bleed Marks**. No campo **Offset**, digite um valor de aproximadamente *3,5 mm* (*10 pt*) para a distância das marcas de corte e registro em relação aos limites da página.

   Nos campos **Bleed**, digite um valor de sangria entre *3* e *5 mm* para os campos **Top** (superior), **Bottom** (inferior), **Left** (esquerdo) e **Right** (direito).

5. Clique na opção **Output**. No campo **Colour Conversion**, caso queira que o PDF exportado esteja de acordo com uma das normas PDF/X, selecione a opção *Convert to Destination (Preserve Numbers)* e no campo **Output Intent Profile Name** selecione um dos perfis de condição de impressão. Caso contrário, escolha a opção *No Color Conversion.*

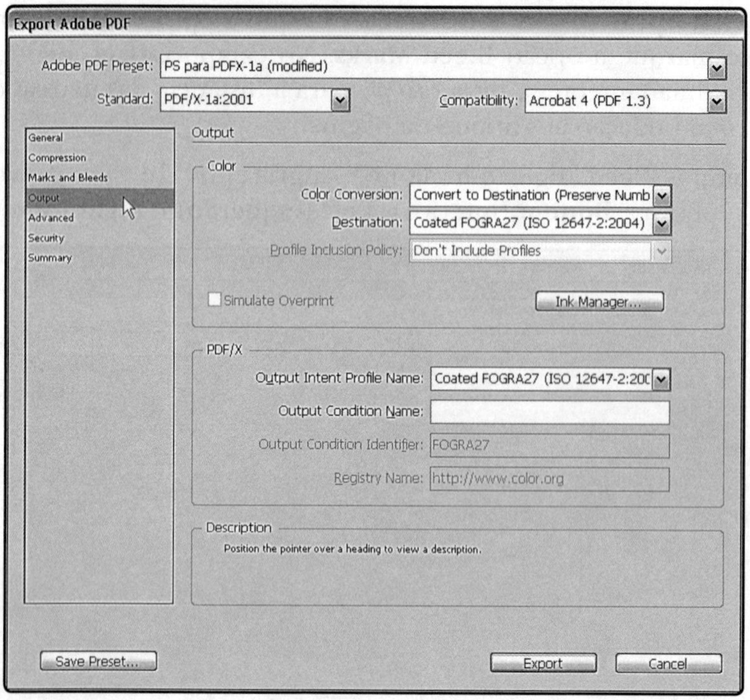

6. Clique na opção **Advanced**. Escolha a opção *[High Resolution]* no campo **Preset** para que as áreas transparentes sejam rasterizadas na melhor qualidade disponível.

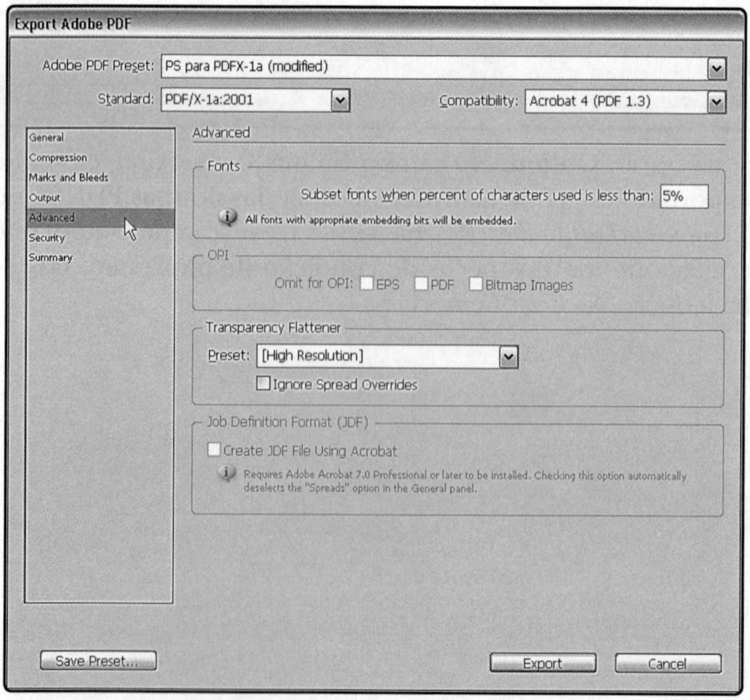

7. Clique na opção **Security**. Recomendamos que não atribua nenhuma senha a esse PDF.

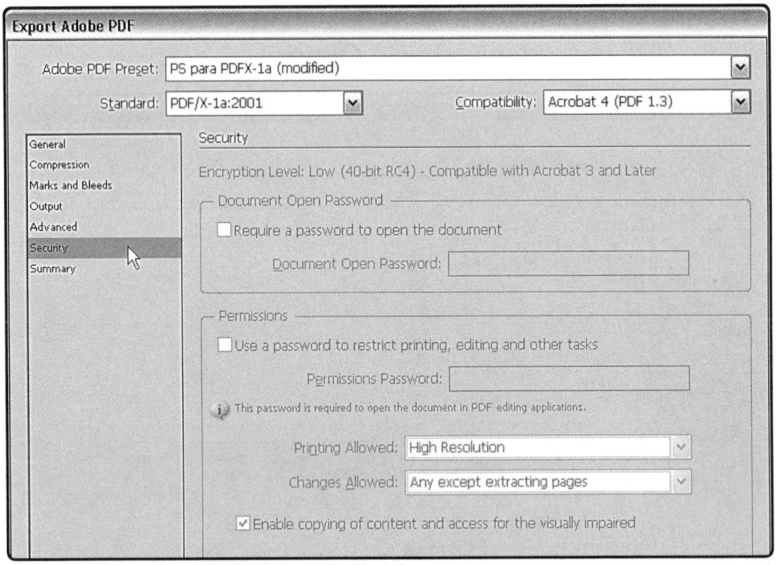

8. Clique na opção **Summary**. Revise de forma criteriosa as opções marcadas ou não nesse resumo e pressione o botão **Export**.

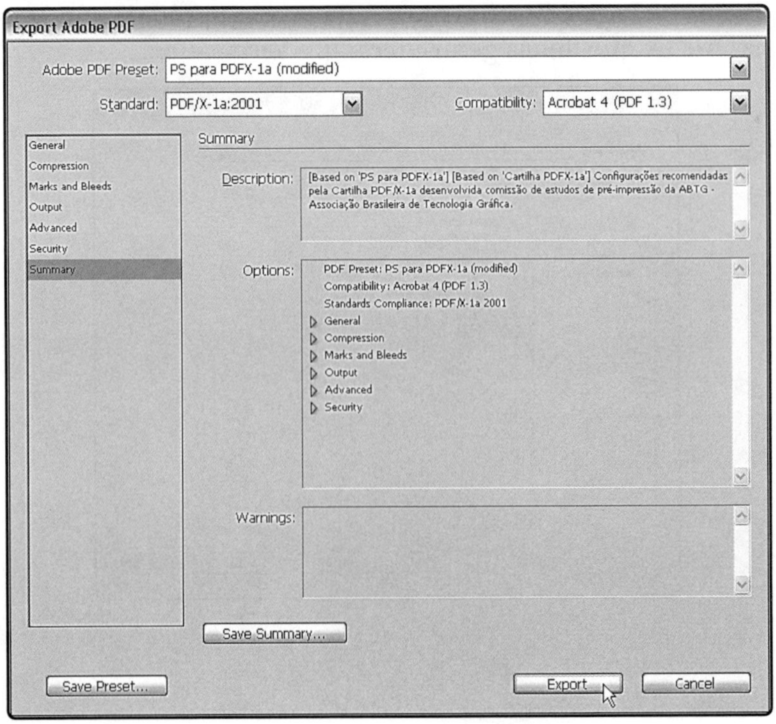

QuarkXPress 8

1. Escolha a opção ***Export Layout as PDF*** do menu *File*. No quadro de diálogo que se abrirá, vá para um diretório de sua preferência, digite o nome para seu arquivo PDF e pressione o botão **Options**.

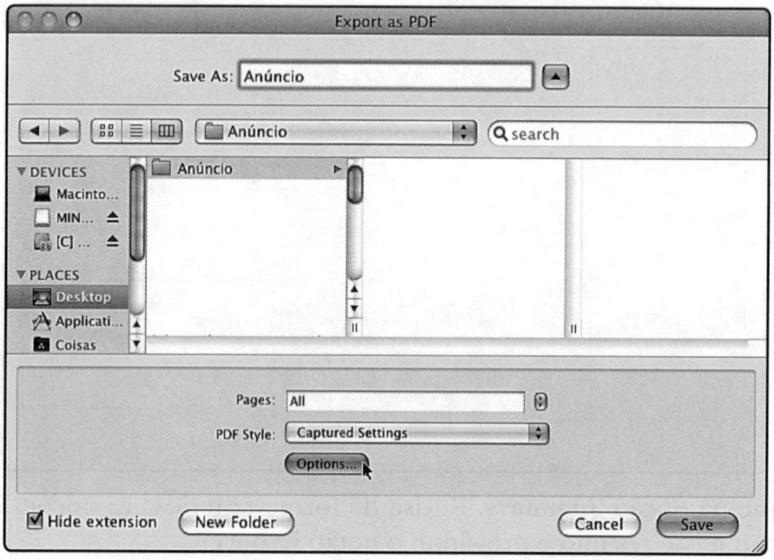

2. Clique na aba **Pages**. Escolha opcionalmente a opção de conformidade de norma PDF/X que deseja gerar no campo **Verification**.

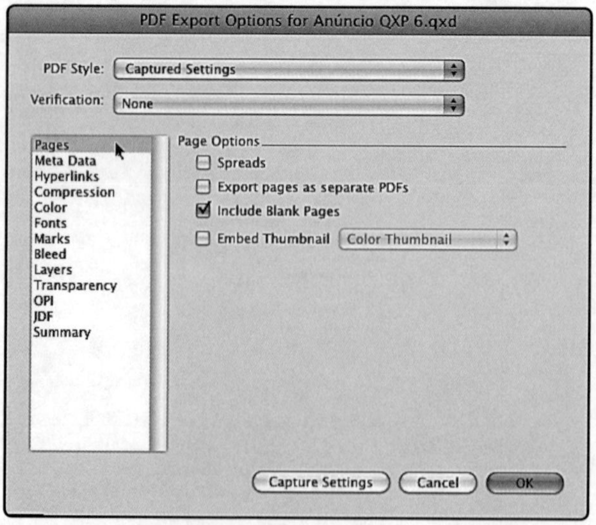

3. Clique na aba **Meta Data**.

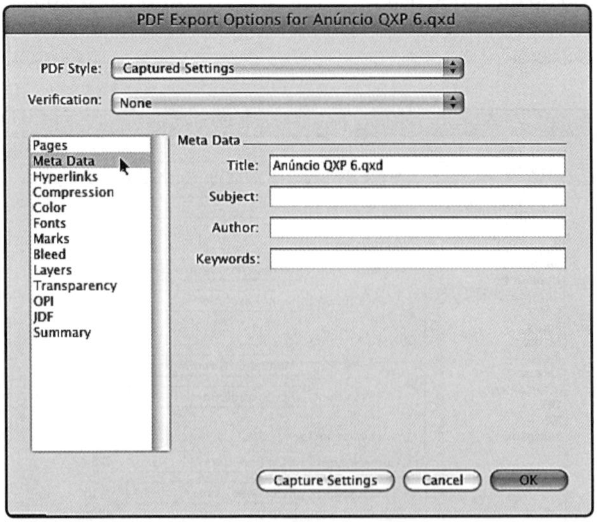

4. Clique na aba **Hyperlinks**.

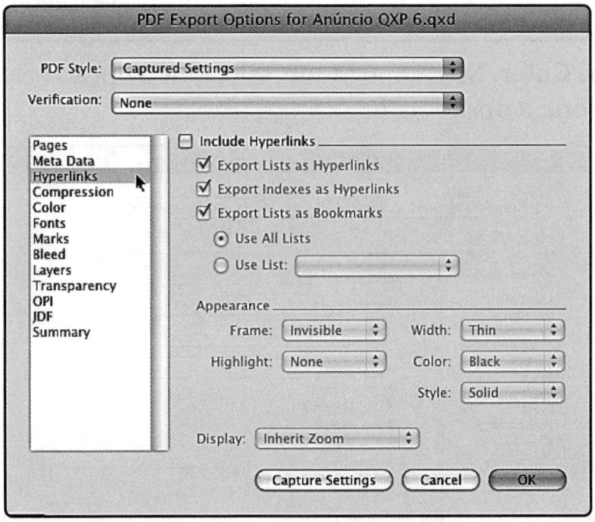

5. Clique na aba **Compression**. Escolha as opções *Manual JPEG Low, Keep resolution* e **Compress Text and Line Art**.

ATENÇÃO

Ao contrário do que pode parecer, a opção JPEG Low prioriza a qualidade das imagens em detrimento da compressão.

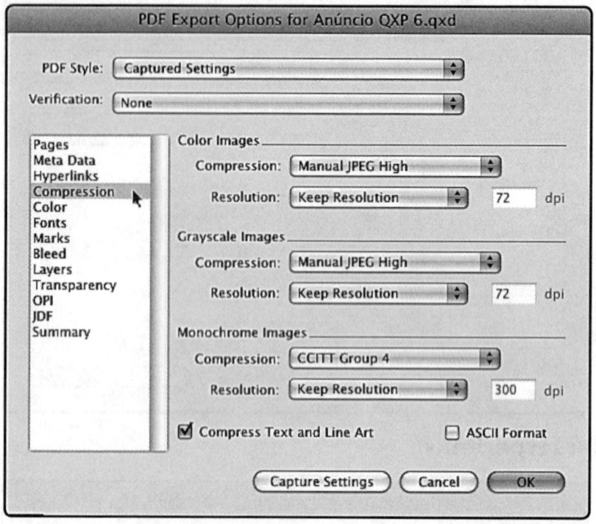

6. Clique na aba **Color**. No campo **Mode**, selecione a opção *Composite* e no campo **Setup**, selecione a opção *As Is*.

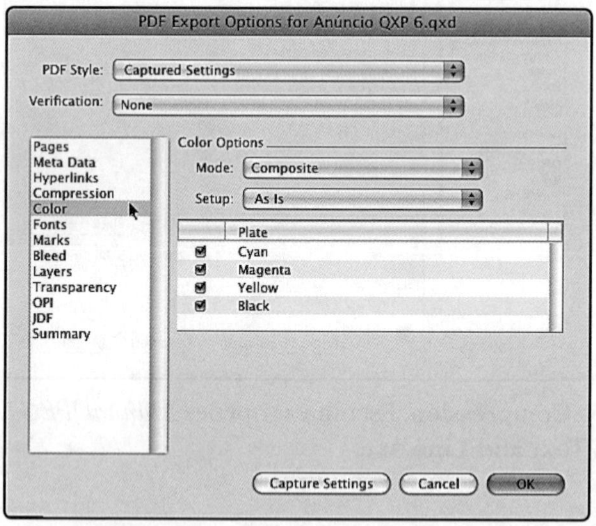

7. Clique na aba **Fonts**. Marque a opção **Select All**.

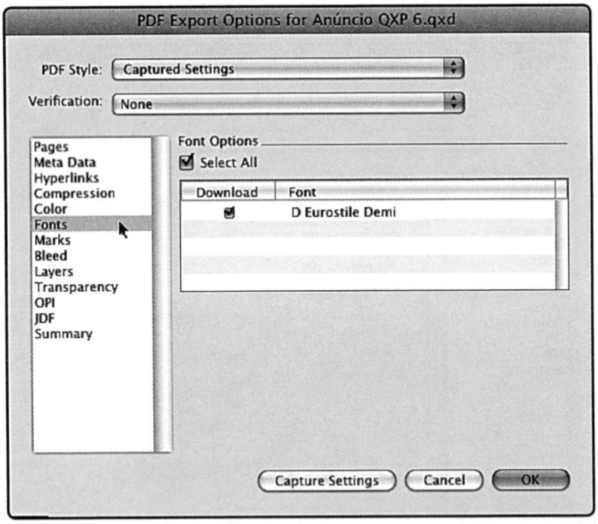

8. Clique na aba **Marks**. Escolha a opção *Centered* no campo **Mode**. No campo **Offset**, digite um valor de aproximadamente *3,5 mm* (*10 pt*) para a distância das marcas de corte e registro em relação aos limites da página.

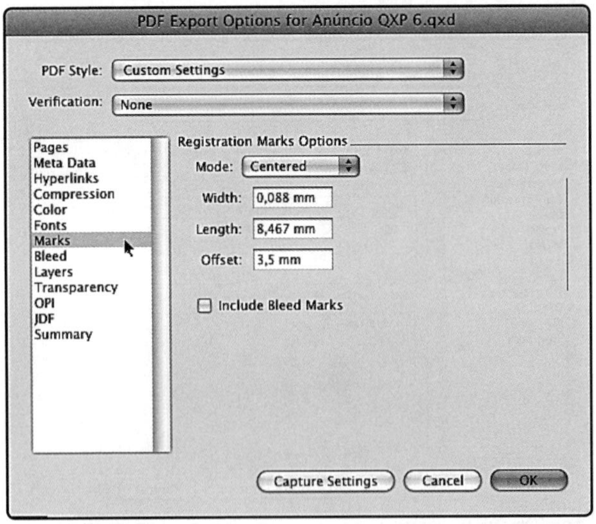

9. Clique na aba **Bleed**. Na opção **Bleed Type**, escolha a opção *Symmetric* e digite um valor no campo **Amount**, entre 3 e 5 mm para a área de sangria.

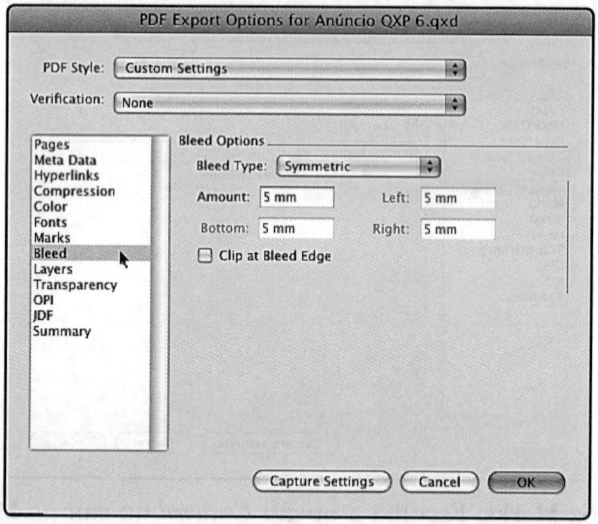

10. Clique na aba **Layers**. Escolha as camadas que devem ter seu conteúdo impresso.

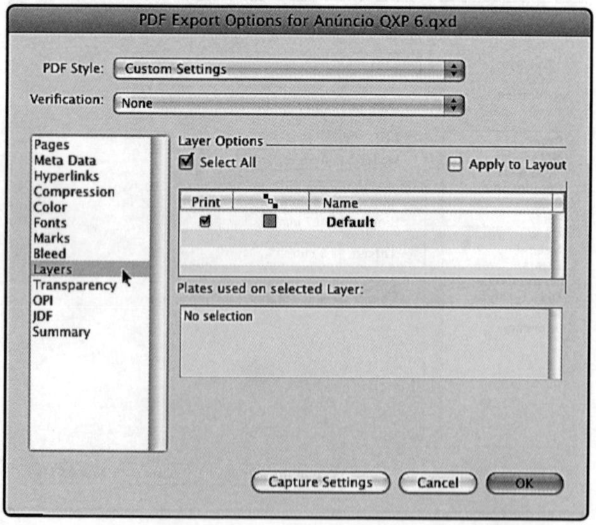

11. Clique na aba **Transparency**. Defina os valores de resolução para os elementos vetoriais, degradês e sombras.

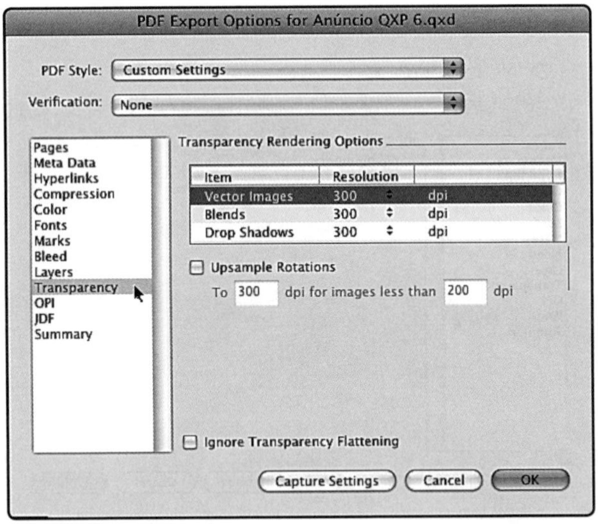

12. Clique na aba **OPI**. Desmarque as opções caso não trabalhe em regime OPI.

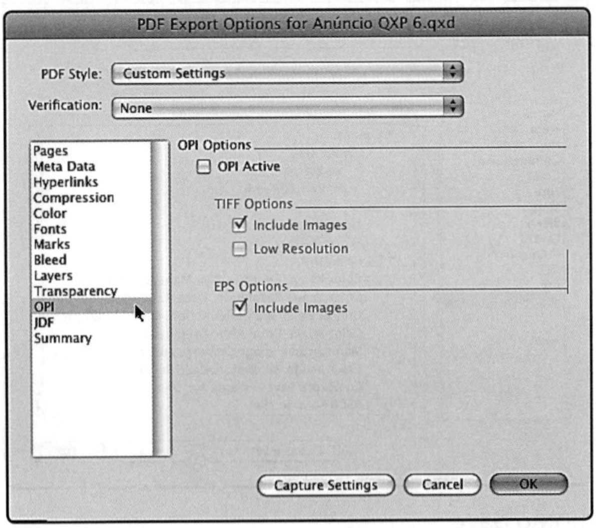

13. Clique na aba **JDF**. Desmarque a opção caso não trabalhe com um fluxo baseado na tecnologia JDF.

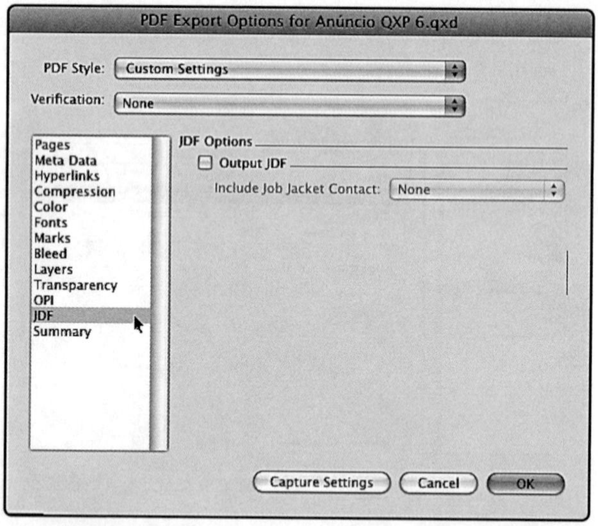

14. Clique na aba **Summary**. Confira as informações e pressione o botão **OK**.

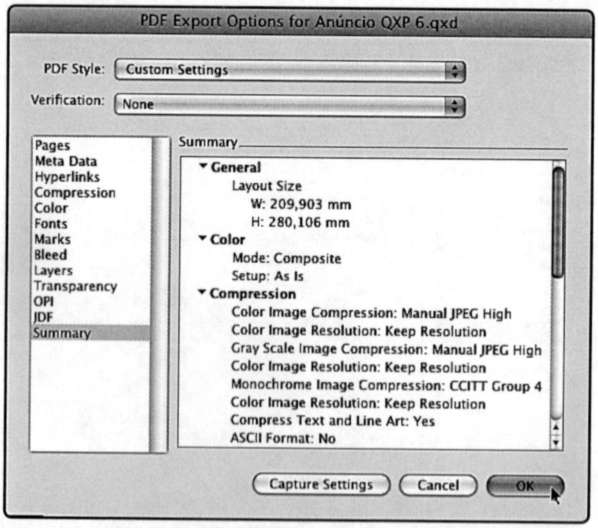

15. Pressione o botão **Save**.

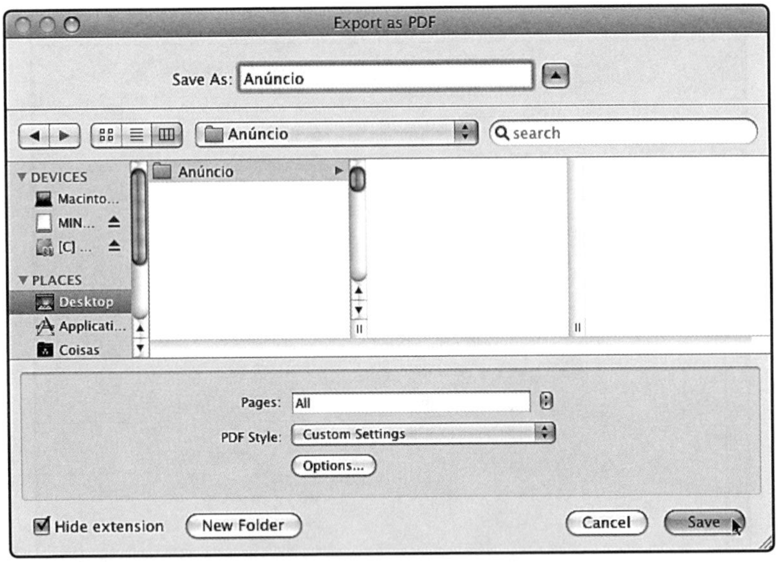

Illustrator CS2, CS3 ou CS4

1. Escolha a opção ***Export*** do menu *File*. No quadro de diálogo que se abrirá, escolha a opção *Adobe PDF* no campo **Salvar como tipo**, vá para um diretório de sua preferência, digite o nome para seu arquivo PDF e pressione o botão **Salvar**.

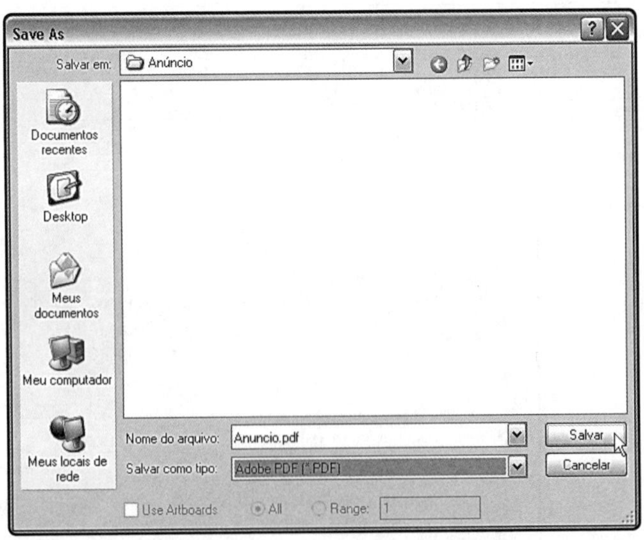

2. No campo **Adobe PDF Preset**, selecione um dos PDF Settings que acabamos de configurar. Nos campos **Standard** e **Compatibility**, respectivamente, escolha opcionalmente a norma e a versão do PDF que deseja gerar.

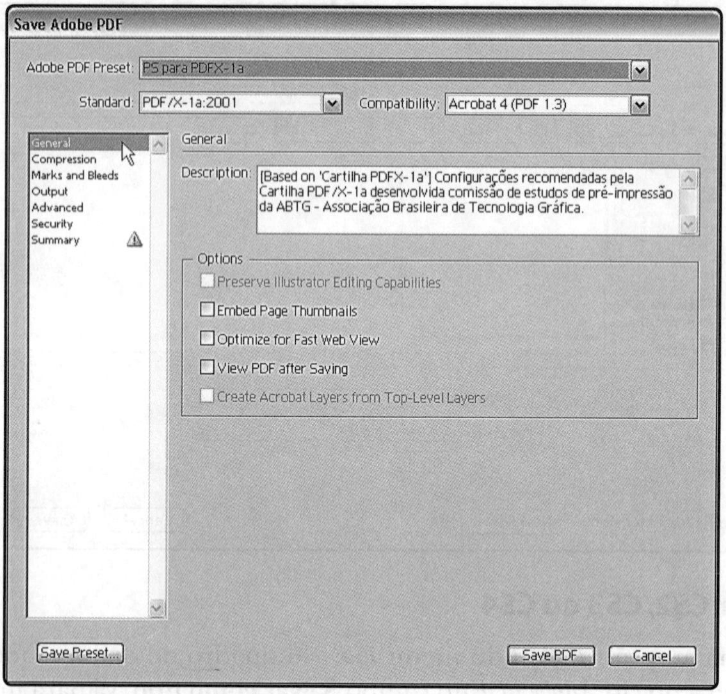

3. Clique na opção **Compression**.

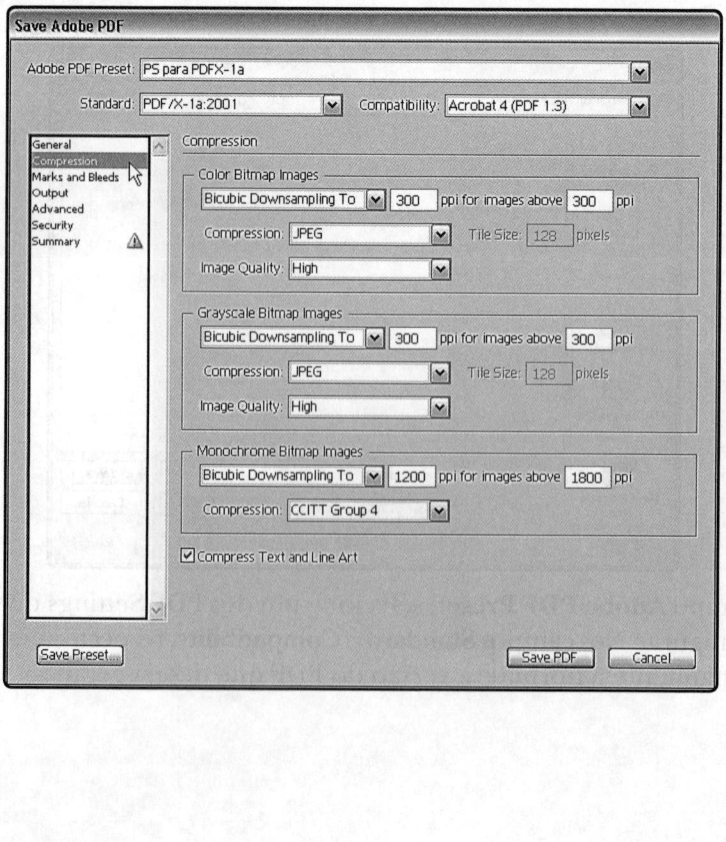

4. Clique na opção **Marks and Bleeds**. Marque a opção **All Printer´s Marks**. No campo **Offset**, digite um valor de aproximadamente *3,5 mm* (*10 pt*) para a distância das marcas de corte e registro em relação aos limites da página.

   Nos campos **Bleed**, digite um valor de sangria entre *3* e *5 mm* para os campos **Top** (superior), **Bottom** (inferior), **Left** (esquerdo) e **Right** (direito).

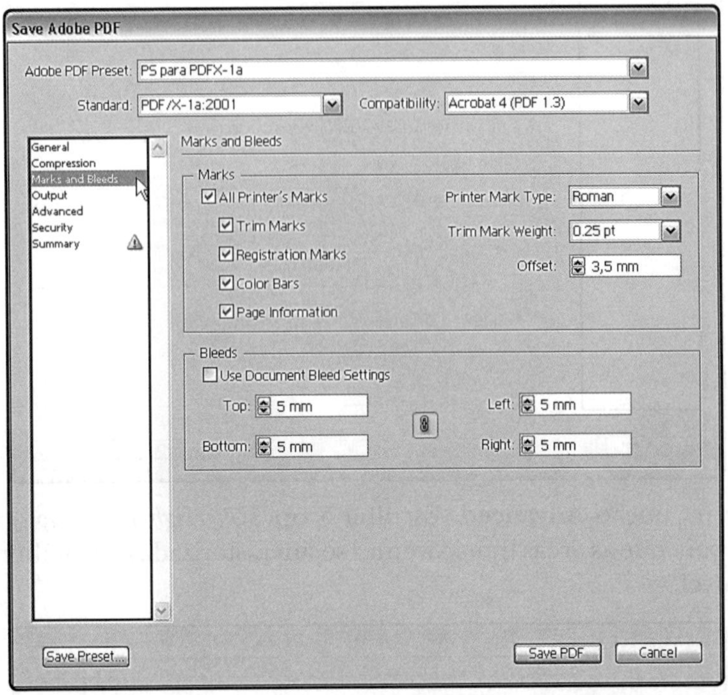

5. Clique na opção **Output**. No campo **Colour Conversion**, caso queira que o PDF exportado esteja de acordo com uma das normas PDF/X, selecione a opção *Convert to Destination (Preserve Numbers)* e no campo **Output Intent Profile Name**, selecione um dos perfis de condição de impressão. Caso contrário, escolha a opção *No Color Conversion.*

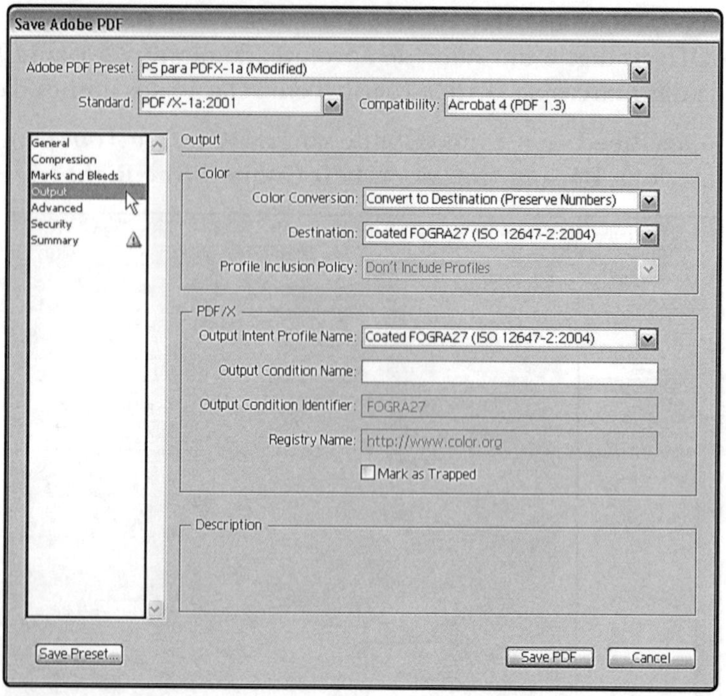

6. Clique na opção **Advanced**. Escolha a opção *[High Resolution]* no campo **Preset** para que as áreas transparentes sejam rasterizadas na melhor qualidade disponível.

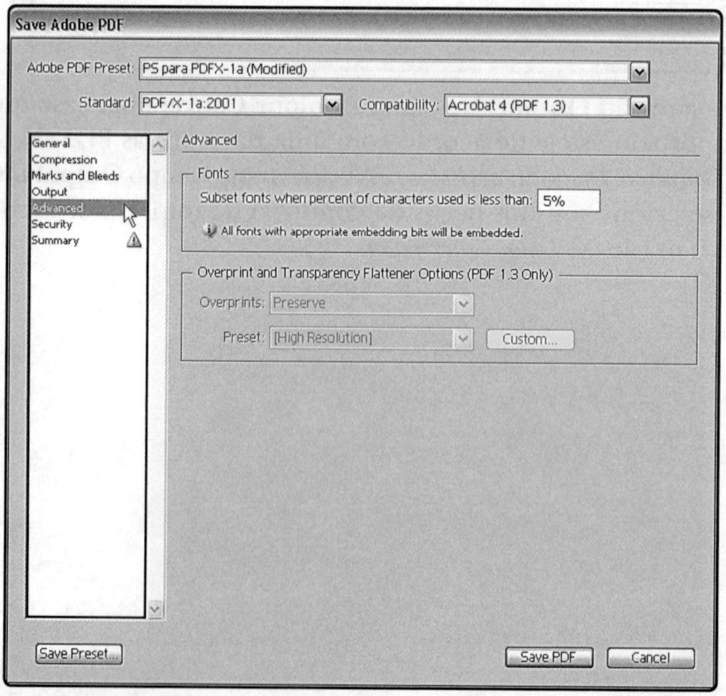

7. Clique na opção **Security**. Recomendamos que não atribua nenhuma senha a esse PDF.

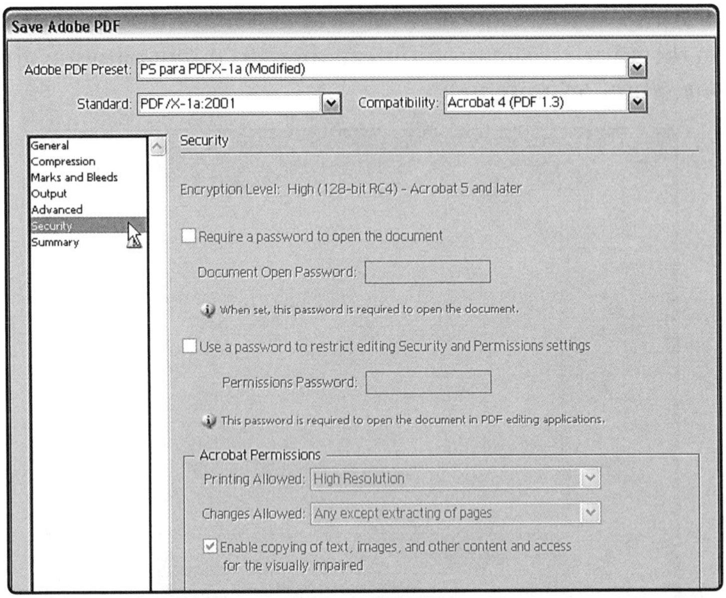

8. Clique na opção **Summary**. Revise de forma criteriosa as opções marcadas ou não neste resumo e pressione o botão **Export**.

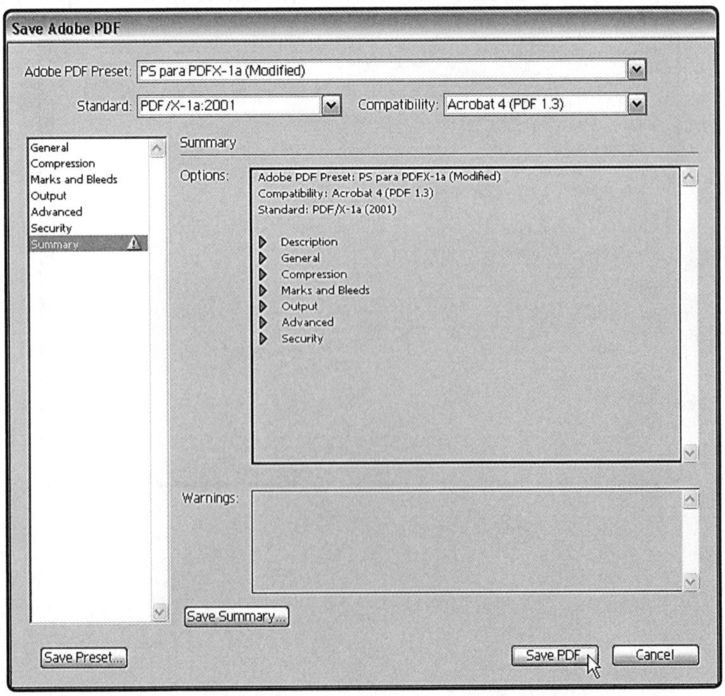

CorelDRAW 12, X3 ou X4

1. Escolha a opção ***Publicar em PDF*** do menu *Arquivo*. No quadro de diálogo que se abrirá, escolha a opção *PDF/X-1a* no campo **Predefinição de PDF**, vá para um diretório de sua preferência, digite o nome para seu arquivo PDF e pressione o botão **Configur**.

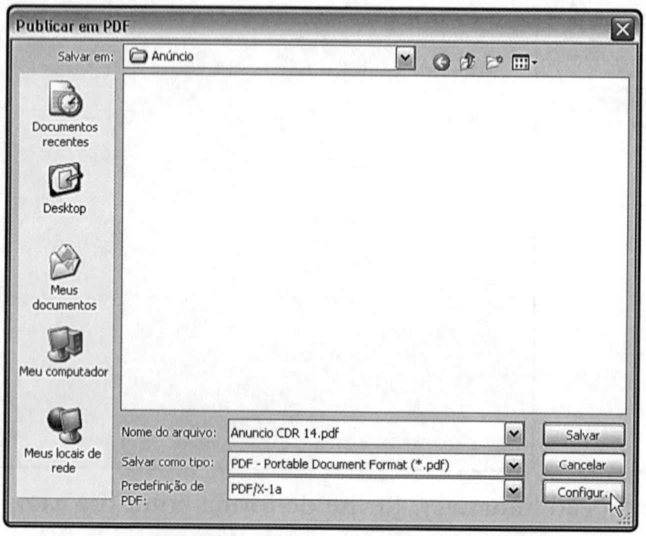

2. No campo **Compatibilidade**, selecione opcionalmente a opção *PDF/X-1a.*

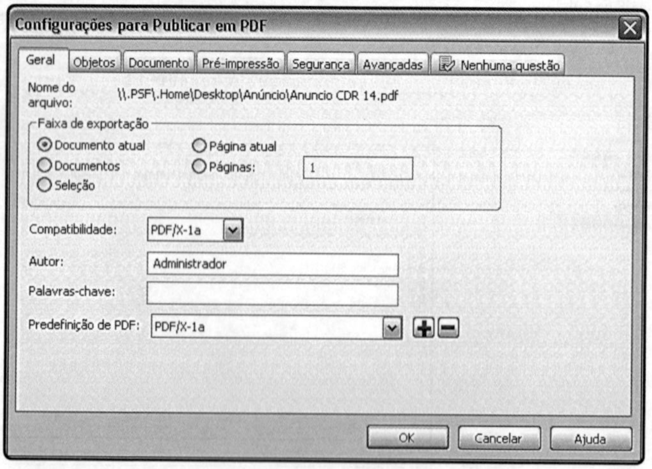

3. Clique na aba **Documentos**. Escolha a opção *JPEG* no campo **Tipo de compactação** e ajuste para *Alto*. Desmarque a opção **Converter TrueType em Type 1**.

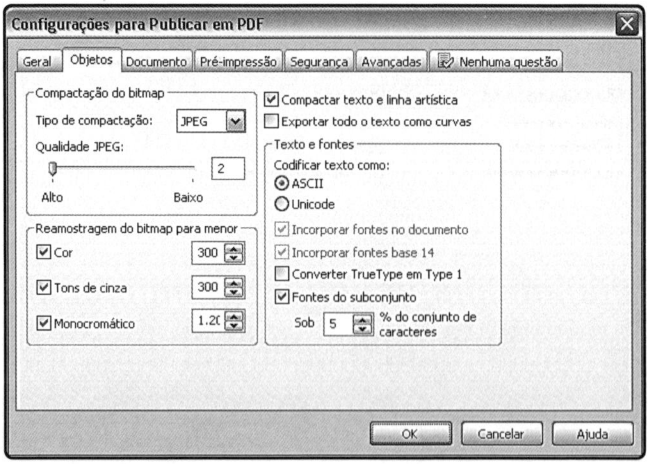

4. Clique na aba **Documentos**.

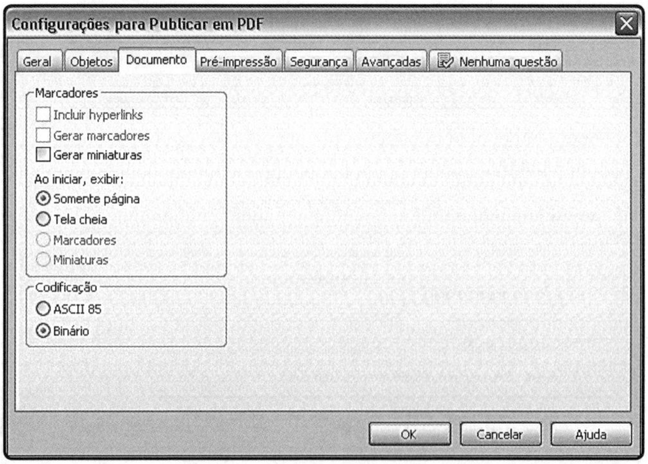

5. Clique na aba **Pré-Impressão**. No campo **Limite de sangramento**, digite um valor de sangria entre *3* e *5 mm*. Marque as opções da área **Marcas da impressora**.

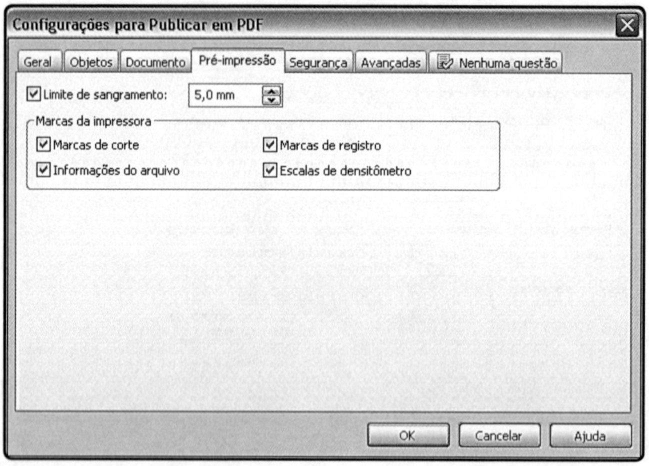

6. Clique na aba **Segurança**. Recomendamos que não atribua nenhuma senha a esse PDF.

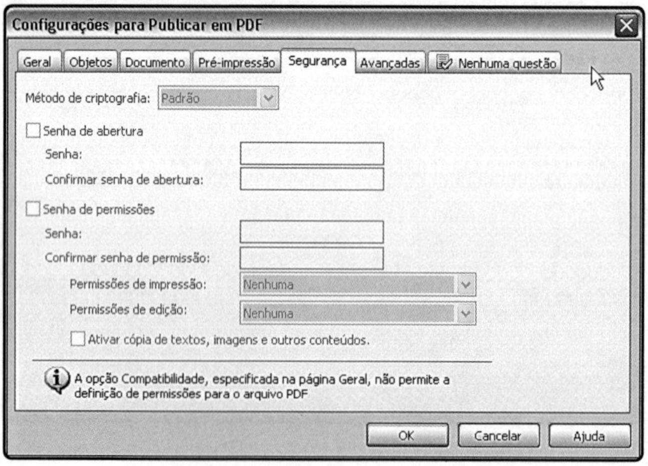

7. Clique na aba **Avançadas**. No campo **Saída de todos os objetos**, escolha a opção *Nativo*.

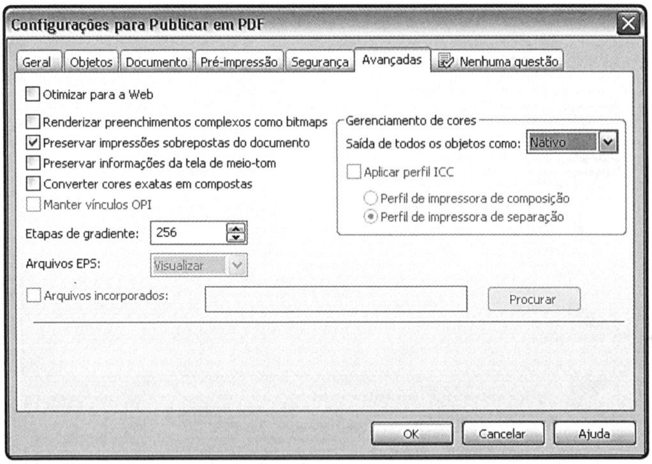

8. Clique na última aba. Revise de forma criteriosa as opções marcadas ou não nesse resumo e pressione o botão **OK**.

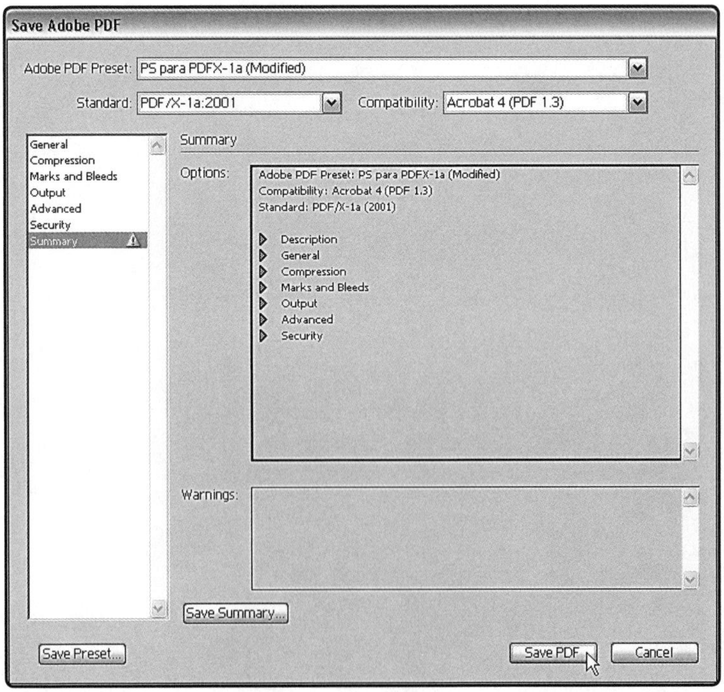

9. Pressione o botão **Salvar**.

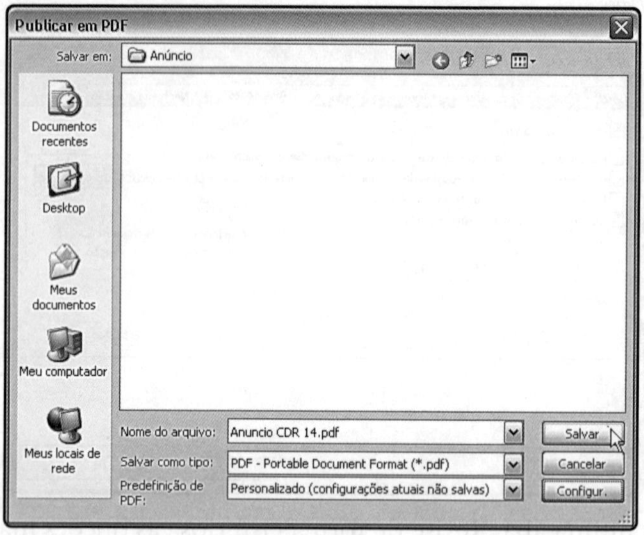

Índice Remissivo

D

E

F

G

H

I

Q

R

S

T

U

V

W

X

Z

Referências Bibliográficas

ADOBE. *PDF Reference: Adobe Portable Document Format version 1.3.* Adobe Systems, 2000.

HORIE, R. M.: *Acrobat Professional 9 para Uso Gráfico.* São Paulo: Bytes & Types, 2008.

HORIE, R. M.: *Preparação e Fechamento de Arquivos para Artes Gráficas – Windows e Mac OS.* São Paulo: Érica, 2005.

HORIE, R. M. ; VICENTINI, V.; LOPES, A. B.: *Utilizando o Photoshop 7.* São Paulo: Érica, 2003.

JAEGGI, S. *PDF: Workflow / Production Processing and outputting PDF files.* VisionWork/ Heidelberg/Creo, 1999.

ROMANO, F.: *Acrobat PDF and workflow In-Details.* Prentice Hall, 2000.

ZIPPER, B.: *PDF + Print 2.0: PDF handbook for prepress industry.* Seybold, 2002.

Manuais originais dos aplicativos

- InDesign 1.0, 1.5, 2.0, CS, CS2, CS3 e CS4
- PageMaker 5, 6.0, 6.5 e 7.0
- QuarkXPress 3, 4.1, 5, 6, 7 e 8
- Photoshop 5.0, 5.5, 6.0, 7.0, CS, CS2, CS3 e CS4
- Illustrator 7, 8, 9, 10, CS, CS2, CS3 e CS4
- CorelDRAW 7, 8, 9, 10, 11, 12, X3 e X4
- Acrobat Professional 7, 8 e 9

Marcas Registradas

Windows 95, 98, Me, 2000, XP e Vista são marcas registradas da Microsoft Corporation.

Macintosh é marca registrada da Apple Computer Inc.

Photoshop, PageMaker, Illustrator, InDesign e Acrobat são marcas registradas da Adobe Systems Incorporated.

CorelDRAW é marca registrada da Corel Corporation.

QuarkXPress é marca registrada da Quark Inc.

Todos os demais nomes registrados, marcas registradas ou direitos de uso citados neste livro pertencem aos seus respectivos proprietários.

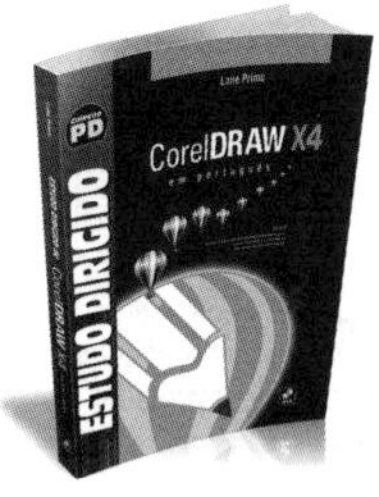

Estudo Dirigido de CorelDRAW X4 em português

Autora: Lane Primo • Código: 2083 • 264 páginas • Formato: 17 x 24 cm

O livro explora o programa de maneira agradável, ao aplicar os conceitos em atividades práticas e contextualizadas. Destinado aos estudantes e útil aos que já utilizam o programa, podendo verificar os novos comandos da versão X4, plataforma Windows Vista, e assim ampliar seus conhecimentos.
São abordados os elementos básicos do programa, ferramentas de desenho, texto, tabela, efeitos, inserção de código de barras, importação, exportação e publicação de arquivos para impressão, web, dispositivos móveis e PDF, bem como impressão para composição e separação, preparação de arquivos para *bureau* de serviços, imposição de páginas e transformação de imagens bitmap em vetorial para alteração.
Apresenta o Corel PHOTO-PAINT, que realiza a transferência de imagens de dispositivos digitais e as correções mais comuns. Traz algumas novidades da versão X4, entre elas a ferramenta Tabela.

AutoCAD 2009 - Utilizando Totalmente

Autores: Roquemar Baldam e Lourenço Costa, Adriano de Oliveira (Colaborador) • Código: 2045 • 480 páginas • Formato: 20,5 x 27,5 cm

Para desmistificar os novos recursos dessa poderosa ferramenta de CAD para projetar, visualizar e documentar idéias, esta obra foi desenvolvida, a qual explica didaticamente e com exemplos práticos as ferramentas, comandos, funções e potencialidades do programa em toda a sua extensão, útil tanto aos estudantes como aos usuários mais experientes.
Para facilitar o aprendizado, o livro foi dividido em quatro partes, que abrange 2D, 3D, conteúdo avançado e customização. Apresenta passo a passo os recursos de gerenciamento, criação de objetos, visualização, dimensionamento, cotas, modelamento, texturas, animações, iluminação fotométrica e recuperação de desenhos.
Mostra as novidades da versão 2009 como interface Ribbon, a ferramenta Action Recorder, novas ferramentas interativas, imagens raster, interface OLE, publicação de arquivos DWF e DWFx, scripts, customização, hachuras, rotinas AutoLISP e muito mais.

AutoCAD 2009 - Um Novo Conceito de modelagem 3D e Renderização

Autora: Adriano de Oliveira • Código: 2014 • 304 páginas • Formato: 17,5 x 24,5 cm

Estudantes e profissionais da área vão encontrar nesta obra um conteúdo objetivo e didático sobre os principais recursos 3D e de Render para desenvolver trabalhos com maior qualidade e produtividade, pois a abordagem dos comandos é feita de maneira completa, explorando todas as suas possibilidades.
O livro mostra como trabalhar com vistas, estilos, variáveis, composição de objetos 3D, Loft, Sweep, aplicação de malhas, coordenadas, Grips e Subobject.
Detalha os novos conceitos de visualização com o uso dos comandos ViewCube e ShowMotion, operações booleanas, Move 3D, Rotate 3D, Array 3D, Mirror 3D e Align, além da edição de vértices, emissão de Photons na cena, mapeamento, efeito de neblina, iluminação, importação e exportação de imagens e impressão.
No decorrer da leitura fornece também exercícios explicados passo a passo para fixação dos conceitos estudados.

Estudo Dirigido de AutoCAD 2009

Autora: Claudia Campos Netto Alves de Lima • Código: 2038 • 352 páginas • Formato: 17 x 24 cm

Direcionada aos profissionais de desenho que precisam iniciar o trabalho com o AutoCAD, esta obra também é indicada a estudantes e professores. A didática do estudo leva o leitor a conhecer os comandos do programa passo a passo, com exercícios a cada capítulo.
Aborda configuração do ambiente, desenhos em 2D com criação, edição e visualização, geração de cotas e bibliotecas, ferramenta Ribbon, coordenadas absolutas, links com planilhas, ferramentas de precisão, geração de arquivos em outros formatos, dimensionamento e impressão de diversas formas.

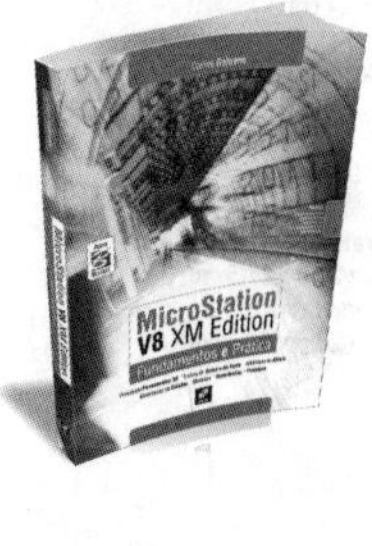

MicroStation V8 XM Edition - Fundamentos e Prática

Autor: Carlos Galeano • Código: 1963 • 416 páginas • Formato: 17,5 x 24,5 cm

O MicroStation é a base para operação de programas avançados como InRoads, PlantSpace, TriForma, Mechanical Systems, entre outros.
Este livro aborda amplamente as principais características do MicroStation V8 XM e mostra como preparar o ambiente para executar trabalhos em 2D, como estilos de cotas, de texto, de multilinhas e biblioteca de níveis. Ao mesmo tempo ensina desde a construção de uma simples linha até os procedimentos da montagem de uma folha de desenho para impressão usando diferentes tipos de modelo e referências anexadas. Cada assunto apresenta uma série de exercícios ilustrados para fixação do aprendizado.

SolidWorks Office Premium 2008 - Teoria e Prática no Desenvolvimento de Produtos Industriais

Autor: Arivelto Bustamante Fialho • Código: 1932 • 560 páginas • Formato: 20,5 x 27,5 cm

Didaticamente estruturado e ricamente ilustrado, o livro apresenta, do básico ao avançado, uma gama de comandos que fornece um rápido aprendizado e a utilização de grande parte de seus recursos. Ao final de cada capítulo traz uma série de exercícios com níveis de dificuldade crescentes.

Ensina a utilização de ferramentas que permitem criar modelos com segurança, editá-los, personalizá-los, analisar estruturalmente, criar montagens e verificar interferências e colisões. Descreve como projetar moldes, estruturas de perfis soldados e componentes em chapas, gerar imagens fotorrealísticas e layouts de plotagem com todas as vistas necessárias, incluindo vista explodida, lista de materiais e muito mais.

SolidWorks 2007 - Projeto e Desenvolvimento

Autor: Cássio Bocchese • Código: 1918 • 288 páginas • Formato: 20,5 x 27,5 cm

De forma pedagógica e didática, este livro apresenta os principais recursos dessa poderosa ferramenta 3D para projetos mecânicos. Destinado a estudantes e projetistas de produtos e processos ligados ao mundo virtual.

Traz exercícios para a compreensão de comandos de modelagens básicas, técnicas de configuração de peças, criação de montagens, criação de peças com características de chapas metálicas, detalhamento de peças e montagens, além de explorar o universo da modelagem híbrida, sólidos mais superfícies e as principais características de montagens Top-Down com suas particularidades.

3ds Max 9 - Prático e Ilustrado
Autores: João C. da Silva e Fábio Calciolari • Código: 1659 • 560 páginas • 20,5 x 27,5 cm

Adobe® Photoshop CS - Guia Prático - em português
Autor: Carlos Eduardo Ferreira Lima • Código: 0514 • 240 páginas • 17 x 24 cm

Autodesk Inventor 8 - Projetos Mecânicos Virtuais
Autor: José Eduardo Cunha Lazzuri • Código: 0093 • 256 páginas • 17 x 24 cm

Autodesk Inventor 10 - Teoria e Prática - Versões Series e Professional
Autora: Michele David da Cruz • Código: 0646 • 392 páginas • 17,5 x 24,5 cm

Autodesk Inventor® 11 - Guia prático para projetos mecânicos 3D
Autora: Michele David da Cruz • Código: 1421 • 424 páginas • 17,5 x 24,5 cm

Autodesk Inventor 2008 - Teoria e Prática
Autora: Michele David da Cruz • Código: 1895 • 424 páginas • 17,5 x 24,5 cm

AutoCAD 2008 - Utilizando Totalmente
Autores: Roquemar Baldam e Lourenço Costa Colaborador: Adriano de Oliveira
Código: 1833 • 464 páginas • 20,5 x 27,5 cm

AutoCAD® 2007 - Modelagem 3D e Renderização em Alto Nível
Autor: Adriano de Oliveira • Código: 1162 • 280 páginas • 17 x 24 cm

AutoCAD 2007 - Utilizando Totalmente
Autores: Roquemar Baldam e Lourenço Costa • Código: 1550 • 464 páginas • 20,5 x 27,5 cm

AutoCAD 2006® - Utilizando Totalmente
Autores: Roquemar Baldam e Lourenço Costa • Código: 00751 • 432 páginas • 20,5 x 27,5 cm

AutoCAD® 2005 - Guia Prático - 2D & 3D
Autora: Élia Y. Matsumoto • Código: 0441 • 368 páginas • 17,5 x 24,5 cm

AutoCAD 2004 - Teoria e Prática 3D no Desenvolvimento de Produtos Industriais
Autor: Eng. Arivelto B. Fialho • Código: 9956 • 352 páginas • 17 x 24 cm

AutoCAD 2004 - Utilizando Totalmente
Autores: Roquemar Baldam e Lourenço Costa • Código: 9794
488 páginas • 20,5 x 27,5 cm

AutoCAD 2004 - Fundamentos - 2D & 3D
Autora: Élia Yathie Matsumoto • Código: 9476 • 432 páginas • 17 x 24 cm

Autocad 2002 - Utilizando Totalmente
Autor: Roquemar Baldam • Código: 8615 • 488 páginas • 20,5 x 27,5 cm

AutoCAD 2000 - Utilizando Totalmente 2D, 3D e Avançado
Autor: Roquemar Baldam • Código: 6280 • 536 páginas • 20,5 x 27,5 cm

CorelDRAW X3 - Ilustrações Profissionais
Autor: William Pereira Alves • Código: 1598 • 384 páginas • 17,5 x 24,5 cm

CorelDRAW 11 - Descobrindo e Conquistando
Autor: William Pereira Alves • Código: 8720 • 368 páginas • 17 x 24 cm

Diagramação com InDesign CS3
Autor: João Carlos de Carvalho Fidalgo • Código: 1581 • 296 Páginas • 17,5 x 24,5 cm

Estudo Dirigido de 3ds Max 9
Autor: Adriano de Oliveira • Código: 1567 • 320 páginas • 17 x 24 cm

Estudo Dirigido de AutoCAD 2007
Autora: Cláudia Campos Lima • Código: 1189 • 304 páginas • 17 x 24 cm

Estudo Dirigido de Autocad® 2006
Autora: Claudia Campos Lima • Código: 0808 • 296 páginas • 17 x 24 cm

Estudo Dirigido de AutoCAD 2005 - enfoque para Mecânica
Autoras: Cláudia C. Lima e Michele David da Cruz • Código: 0360 • 344 páginas • 17 x 24 cm

Estudo Dirigido de Adobe Photoshop CS2 em português
Autora: Lane Primo • Código: 0891 • 240 páginas • 17 x 24 cm

Estudo Dirigido de Adobe Photoshop CS3 em português
Autora: Lane Primo • Código: 1888 • 304 páginas • 17 x 24 cm

Estudo Dirigido de AutoCAD 2008
Autora: Claudia Campos Lima • Código: 1727 • 336 páginas • 17 x 24 cm

Estudo Dirigido de AutoCAD 2004
Autora: Cláudia Campos Lima • Código: 9492 • 224 páginas • 17 x 24 cm

Estudo Dirigido de AutoCAD 2004 Avançado
Autora: Claudia Lima Campos • Código: 9905 • 240 páginas • 17 x 24 cm

Estudo Dirigido de AutoCAD 2002
Autora: Claudia Campos Lima • Código: 8372 • 192 páginas • 17 x 24 cm

Estudo Dirigido de CorelDRAW X3 em português
Autora: Lane Primo • Código: 1308 • 256 páginas • 17 x 24 cm

Estudo Dirigido de CorelDRAW 12 em português
Autora: Lane Primo • Código: 0301 • 248 páginas • 17 x 24 cm

Estudo Dirigido de Photoshop 7.0 em português
Autora: Lane Primo • Código: 9549 • 192 páginas • 17 x 24 cm

Estudo Dirigido de Photoshop 6 em Português
Autora: Lane Primo • Código: 8526 • 192 páginas • 17 x 24 cm

Modelagem de Personagem para Jogos com 3ds max 8
Autores: João C. Silva e Fabio C. Aguiar • Código: 0964 • 208 páginas • 17 x 24 cm

Modelagem Automotiva e de Produtos com Rhinoceros 3.0 e 3ds max 8
Autor: Adriano de Oliveira • Código: 0956 • 336 páginas • 17 x 24 cm

Modelagem e Animação com Blender
Autor: William Pereira Alves • Código: 0638 • 296 páginas • 17,5 x 24,5 cm

Pro/ENGINEER Wildfire 3.0 - Teoria e Prática no Desenvolvimento de Produtos Industriais - Plataforma para Projetos CAD/CAE/CAM
Autor: Eng. Arivelto Bustamante Fialho • Código: 1146 • 592 páginas • 20,5 x 27,5 cm

Plotagem e Impressão com AutoCAD 2004
Autor: Cláudio Mello de Alcântara • Código: 9840 • 232 páginas • 17 x 24 cm

Preparação e Fechamento de Arquivos para Artes Gráficas
Autor: Ricardo Minoru Horie • Código: 0867 • 336 páginas • 17 x 24 cm

Renderização com AutoCAD® 2006
Autora: Rosa Katori • Código: 0689 • 224 páginas • 17 x 24 cm

São Paulo Vista do Alto
Autores: Irineu Idoeta, Ivan V. Idoeta e Jorge P. Cintra • Código: 0468
96 páginas • 31 x 32 cm

SolidWorks 2004 - Projeto e Desenvolvimento
Autores: Edilar Predabon e Cássio Bocchese • Código: 9964 • 408 páginas
20,5 x 27,5 cm

Utilizando Totalmente o AutoCAD R14 - 2D, 3D e Avançado
Autor: Roquemar Baldam • Código: 5209 • 416 páginas • 20,5 x 27,5 cm

Utilizando Totalmente o AutoCAD 2000 - 2D, 3D e Avançado
Autor: Roquemar Baldam • Código: 6280 • 536 páginas • 20,5 x 27,5 cm

CADASTRO PARA MALA DIRETA

Ao preencher este formulário e enviá-lo à Editora Érica por fax (11) 2097-4060 ou pelo correio, você receberá informações periódicas sobre os nossos lançamentos.

Desejo cadastrar-me para receber informações sobre os lançamentos

Livro: Arte-Finalização - Preparação e Fechamento de Arquivos PDF
Autor: Ricardo Minoru Horie **Código: 2199**

Nome:

Endereço para correspondência:

Bairro:

Cidade:

Estado: **CEP:** -

Telefone: 0 X X -

Fax: 0 X X -

E-mail:

Onde este livro foi comprado?

( ) Banca
( ) Livraria
( ) Loja
( ) Outro ____________

Onde você tomou conhecimento do livro?

( ) Anúncio
( ) Catálogo
( ) Escola
( ) Outro ____________
( ) Internet
( ) Mala Direta
( ) Revista

PRT/SPM-4707/94
UP AC ÁGUA
RASA

CARTÃO RESPOSTA
NÃO É NECESSÁRIO SELAR

o selo será pago por
EDITORA ÉRICA LTDA.

03399-999 SÃO PAULO - SP

recortar